KB273862

거부의 생각들

: 마쓰시타 고노스케 운명을 살리는 가르침 365

시작하며

나와 타인은 생김새도 다르고 기질도 다르다. 취향도 다르다. 그래도 괜찮다—라는 마쓰시타 고노스케의 말에는 인간과 인간, 서로가 서로의 '다름'을 백화요란(百花繚乱)의 풍요로움으로서 느끼고, 모두가 각자의 빛을 발하며 함께 번영하는 그런 낙원 건설을 염원하는 고노스케의 진심이 숨쉬고 있다. 마쓰시타전기(현 파나소닉)의 사업 경영에도 그 바탕에는 이런 이상이 깔려 있었다.

그러나 세상 사람들은 고노스케가 품고 있었던 그러한 순수한 이상보다는 사업가로서 큰 부를 이룬 비결에 많은 관심을 가지고 있는 것 같다. 실제로 몇 번이나 고액납세자 명단에서 일본 1위를 차지한 고노스케는 성공의 이유에 대한 질문을 자주 들었다. 그런 질문에 어느 날 고노스케는 "세상만사는 하늘의 섭리로 결정되는 것이 90%이고, 나머지 10%만이 인간이 할 수 있는 한계"라는 생각을 피력했다.

질문을 던진 사람은 더 구체적인 대답을 기대했을 것이다. 그러나 고노스케가 어려서부터 남들보다 더 많은 고생을 한 끝에 사업으로 성공한 사람이었다는 것을 안다면 이런 발언의 진의가 보이지 않을까?

아버지의 재산 탕진으로 가세가 기울어 9살 때부터 뎃치[01]로 일하게 된다. 선천적으로 약하게 태어난 그는 회사에 취직해서 성실하게 일했을 뿐인데도 건강이 나빠져 의사

---

01) 공장·상점 따위에서 기한을 정하고 견습하는 소년. (역주)

로부터 고향에서 요양할 것을 권유받는다. 독립한 후에도 아내가 전당포에 드나들지 않으면 내일 먹을 식량조차 없을 정도로 찢어지게 가난했다. 누가 봐도 불운하고 위태로운 시작이었으니 "내 운명은 이미 정해져 있어서 내 의지와 노력으로는 어찌할 수 없다"는 비관적인 생각을 갖게되었다고 하더라도 이상하지 않을 것이다.

그러나 젊은 고노스케는 포기하지 않았다고 한다. 그리고 날마다 일에 최선을 다하다 보니 사업이 점점 확장했고, 점차 전기제품을 통해 사회를 풍요롭게 만들겠다는 확고한 사명감을 갖게 되었다. 그 과정에서 많은 사람을 만나고 도움을 받아 결과적으로 '성공'을 거두게 된다.

고노스케는 "어떻게든 될 수 있는 10%를 노력하면, 그 10%는 엄청난 효과를 가져온다. 10% 혹은 20%를 어떻게 노력하느냐에 따라 자신의 80% 혹은 90%의 운명이 얼마나 빛날 수 있는지가 정해진다."라고도 말한다. 그야말로 실제 경험을 바탕으로 한 견해와 사고방식이라고 할 수 있을 것이다.

∞ 소년기의 경험—'용감하고 숭고한 생애'를 만나다

고노스케가 많은 사람을 만나고 도움을 받았던 예를 덴치 시절에서 찾아보자. 고노스케는 맞은편 집 아이가 학교에 다니는 모습을 부러움의 눈길로 쳐다보면서 매일 열심히 일했다. 그가 일하는 자전거 점포의 주인인 고다이 오토키치와 그의 부인은 고노스케에게 잘해주었다. 인생 최대의 은인이다.

고노스케의 아버지인 마사쿠스는 고다이 오토키치의 형이다. 그는 사립 오사카 맹아원에서 원장으로 일하는 고다이 오토키치의 아버지인 고다이 고헤에라는 인물을 만나게 된다.

16세에 시력을 잃은 고헤에는 고다이 가문의 장남으로서 오토키치를 비롯한 동생들과 어머니를 돌보는 부지런한 사람이었다. 안마사로 일하며 생계를 꾸려나갔지만, 허투루 안마 일만 하는 것이 아니라 그 일을 통해 쌓은 신뢰와 인맥으로 토지나 가옥을 알선하게 된다. 그 재능을 마음껏 발휘하고 나자, 그다음에는 자기처럼 눈이 불편한 사람들에게 도움이 되는 사업을 시작한다. 오사카에 최초로 맹아원을 설립한 것이다. 1900년의 일이었다.

고노스케는 이 고헤에에 대한 존경심을 평생 잃지 않았다. 자전거 점포에 들를 때마다 "성실한 열의가 있으면 자석처럼 주위 사람들을 끌어들이고 조력을 얻을 수 있다는 인생관에 대해서 많은 것을 배울 수 있었다"라고 후년에 밝힌 바 있다.

고다이 고헤에는 메이지기[02] 의 고명한 사상가이자 사업가이기도 했던 우치무라 간조가 말하는 "용감하고 숭고한 생애"를 다음 세대를 살아갈 고노스케에게 보여 주고 싶었던 것이리라. 고노스케는 "가장 큰 유산은 돈도 사업도 사상도 아닌 '삶의 방식'이다"라는 고다이의 생각에 감화되어, 그 정신을 자신의 삶 속에 녹여냈다.

---

02) 1868년 10월 23일~1912년 7월 30일까지의 45년간. (역주)

자신의 처지를 겸허히 받아들이고 그 운명을 살려 긍정적으로 살아가는 인물을 소년기에 만난다는 것은 가장 큰 행운이다. 고노스케가 역경으로밖에 보이지 않는 자신의 운명을 가리켜 "순경도 좋고 역경도 좋다"라고 말할 수 있었던 것도 그러한 연속된 '마음의 경험'으로부터 얻은 바가 컸기 때문이 아닐까 하는 생각이 든다.

그럼 실제로 어떻게 해야 우리는 우리 나름의 "역경도 좋다"라는 마음가짐을 가질 수 있을까? 그리고 어떻게 해야 자신의 운명을 살려 운명의 특혜를 받는 사람―세상에서 말하는 성공한 사람과는 조금 다르다는 것은 이미 알았으리라 믿는다―이 될 수 있을까?

고노스케가 살았던 시대에 비해 지금은 자기가 좋아하는 일을 하면서 살 수 있는 시대이고, 열린 일자리도 수없이 많다고 할 수 있다. 그러나 바로 지금의 그런 시대이기에 '나'라는 한 인간을 잘 파악하고 살리는 것이 더욱 요구될 것이다.

그렇다면 어떻게 해야 '나를 파악'할 수 있을까? 고노스케는 '자기 관조'―자신의 바깥에서 객관적으로 자신을 보고, 반성할 것은 반성하는 작업을 했다. 2010년 말에 일본에서 《마쓰시타 고노스케 성공의 금언 365》를 간행한 것도 그 자기 관조를 독자들이 일상생활 속에서 실천할 때 고노스케의 말이 이른바 '보조선'이 되고 '힌트'가 되었으면 좋겠다는 바람에서였다.

이 책은 널리 활용할 수 있도록 새로 각 페이지 상단에 요약문을 배치하고, 이에 맞추어 〈인생을 만들기 위한 '금언’ 노트〉 페이지를 추가했다. 각 월말에 수록된 이 페이지는 매월 자신의 소감을 적음으로써 ‘과거의 나’를 ‘지금의 나’의 시선으로 다시 바라볼 수 있도록 만든 페이지이다. 3년 분을 준비했다.

나를 확실히 파악하기 위해 ①어떤 말과 문장이 마음에 크게 와닿았나, ②그것은 왜인가, ③앞으로 행동에 어떻게 살릴 것인가와 같은 것들을 날짜와 함께 적어서 자신의 ‘운명을 살리는’ 양식으로 삼았으면 좋겠다.

∞ 나만의 ‘금언’을 만들고, 인생을 만든다

고노스케가 사업의 성공으로 자산가가 된 것은 사실이지만, 동시에 그는 말과 생각의 자산가이기도 했다. 이 책에는 고노스케가 남긴 그 ‘자산’의 주요한 것들을 방대한 기록에서 엄선하고 선별하여 수록했다. 그러한 말들 중에서 ‘금언’을 찾을 것인가, 고노스케의 생각을 참고하면서 나만의 ‘금언’을 만들 것인가는 독자 여러분의 판단에 맡기도록 하겠다.

고노스케가 자주 말했듯이, 한 사람 한 사람이 ‘다듬으면 빛나는’ 존재이고, ‘사회를 발전시키는 한 명의 선수’이다. 그런 자각과 책임감으로 운명을 살리고 자신의 길을 개척해서 가치 있는 인생을 만들어가는 데 도전하는 분들에게 이 책이 다소나마 이바지할 수 있다면 그보다 큰 기쁨은 없겠다.

PHP연구소

목차

이 원고에는 수십 년 전 당시 시대배경에 따른 기술이 있습니다.
일부 현대의 가치관과 동일하지 않은 부분도 있으나, 저자인 마츠
시타 코노스케의 의도를 존중하여 원문의 표현을 그대로 남기기
로 했습니다.

▮ 안내드리는 말씀

이 원고에는 수십 년 전 당시 시대배경에 따른 기술이 있습니다.
일부 현대의 가치관과 동일하지 않은 부분도 있으나, 저자인 마츠
시타 코노스케의 의도를 존중하여 원문의 표현을 그대로 남기기
로 했습니다.

1月

/

운명을 살리다

절대 무리하지 않는다

우주나 대자연의 작용을 거스르지 않고,
순응하는 곳에 '성공'이 나타난다.

다양한 사람들로부터 예상치 못한 질문을 듣게 된다. "당신의 사업 경영의 비결은 무엇입니까?", "당신이 돈을 버는 노하우는 무엇입니까?", "억만장자가 되려면 무슨 특별한 방법이 있습니까?", "사람을 잘 부리는 데는 어떤 방법이 있습니까?" 등등 마치 내가 경영의 신이나 돈 벌기의 천재라도 되는 양 질문 공세를 한다.

그럴 때 내가 자주 하는 말이지만, 세상에는 그런 비결이나 노하우, 그것만 알면 뭐든 할 수 있는 묘수 같은 것은 절대로 없다고 생각한다. 인간만사, 모든 세상사는 하늘의 섭리로 정해지는 것이 90%이고, 나머지 10%만이 인간이 할 수 있는 한계라고 생각한다.

이렇게 말하면 나를 '운명론자'라고 규정하겠지만, 내가 말하는 90% 하늘의 섭리론은 사람들이 흔히 말하는 '운명론'과는 조금 뉘앙스가 다르다. 즉 내가 말하고 싶은 것은 "절대로 무리하지 말라"는 것이다. 우주나 대자연을 거스르지 말고, 오히려 우주나 대자연에 융화되어 그것과 일체가 되는 것. 이것이 인간 본연의 모습이고, 그 결과로 나타나는 것이 세상에서 말하는 성공이나 성취, 혹은 억만장자가 아닐까?

《일의 꿈 삶의 꿈(仕事の夢 暮らしの夢)》

운명을 인정한다

자신의 운명을 인정하고, 자랑하지 말고,
주눅들지 말고, 자신의 의지로 나아간다.

젊은 이들에게 해도 되는 말인지 모르겠지만, 나는 이렇게 생각하고 있다. 인간은 90%까지는 운명에 의해 결정되어 있다고 할 수 있다. 나머지 10%를 자신의 의지로 좌우할 수 있는 것이다.

90%가 정해져 있다라고 하니, 노력해 봤자 보람이 없는 것으로 보일 것이다. 그래서 마음 같아서는 노력으로 자신의 운명을 100% 바꿀 수 있다고 말을 바꾸어 청년들을 격려하고 싶다. 그것을 거의 정해져 있다고 말하면 재미가 없어 보이니 말이다. 그러나, 나의 말은 이것을 뚫고 나가면 발버둥 치지 않아도 된다는 것이다. 말하자면 안심입명(安心立命)03)이 있다.

나는 세상의 많은 사람들처럼 어려운 인생을 거쳐왔다. 그러나 그 어려움들을 모조리 자력으로 극복했다고 생각하지 않는다. 그런 상황에 놓여 있었기 때문에 지금의 내가 있다고 생각한다. 즉, 그런 운명이었다는 것을 인정할 뿐이다. 그러니까 지금의 나를 자랑할 필요도, 주눅들 필요도 없다. 이렇게 생각하고 있다.

물론 어떻게든 내 뜻대로 되는 10%를 노력하면 그 10%는 비상한 효과를 가져온다. 그러나 발버둥 친다 해도 10%의 차이가 아닐까.

《젊음에 보내다(若さに贈る)》

---

03) 안심입명: 마음을 편안히 하고, 천명에 따라 삶의 길을 확립하다. (역주)

운명의 특혜를 받는 사람

자신의 적성에 맞게 살며, 기쁨으로
오늘의 일에 최선을 다하는 사람이 운명의 특혜를 받는다.

나에게 당신 같은 자식이 있다면, 혹은 손자가 있다면 나는 내 모든 경험담을 들려주고 이렇게 말해 주고 싶다.

"너에게는 너의 생각이 있을 것이다. 하지만 만약 내 말에 약간이라도 일리가 있고 공감이 가는 부분이 있다면 너도 그런 생각으로 해 보지 않겠느냐?"

자신의 적성에 맞게 살며 기쁨으로 오늘 일에 최선을 다하는 것, 그것이 용기 있는 사람이라고 나는 생각한다. 똑같은 일이라도 "이런 일은 좀 그렇다"는 닫힌 생각도 있거니와 "이런 일은 할 수 있다"는 열린 마음도 있다. 전자는 운명에 압도당하는 사람이고, 후자는 운명에 순응하여 운명의 특혜를 받는 사람이다. 당신은 어디까지나 후자여야 한다.

《젊음에 보내다(若さに贈る)》

성공과 실패의 사고방식

성공은 운 때문이다.
실패는 자신 때문이다.

나는 내 경영 방식에 대해서 이렇게 생각해 왔다. 즉 일이 잘 풀릴 때는 "이건 운이 좋았던 것이다"라고 생각하고, 잘 안 풀릴 때는 "그 원인은 나에게 있다"라고 생각했다. 다시 말해서 성공은 운 때문이지만, 실패는 자신 때문이라는 것이다.

일이 잘 풀릴 때, 그것을 자신의 힘으로 한 것이라고 생각하면 자만심과 안일함이 생겨서 다음에는 실패를 초래하기 쉽다. 사실 성공이라고 해도 그것은 결과론적인 이야기일 뿐, 그 과정에는 작은 실패가 수없이 많다. 자만심과 안일함이 있으면 그런 작은 실패들이 눈에 보이지 않게 된다. 그렇게 되면 작은 실패들은 자칫 큰 실패로 이어질수도 있다. 그러나 "이것은 운이 좋아서 성공한 것이다"라고 생각하면 그런 작은 실패에 대해서도 하나하나 반성하게 된다. 반대로, 잘 풀리지 않았을 때 그것을 운의 탓으로 돌려 "운이 나빴다"라고 생각한다면 그 실패의 경험을 살릴 수 없다. 자신의 방식에 잘못이 있었다고 생각하면 거기서 여러 가지로 반성할 수도 있고, 같은 실수를 반복하지 않게 되어 문자 그대로 "실패는 성공의 어머니"가 된다.

《실천경영철학(実戦経営哲学)》

꿈의 철학

희망을 잃지 않고, 내일의 꿈을 갖는다.
꿈만큼 멋진 것은 없다.

사람은 모두 희망을 잃어서는 안 된다. 바꿔 말하면, 내일의 꿈을 가지라고 말하고 싶다. 이 꿈을 갖는다는 것을 인생에서 얼마나 중요한 일인지 모른다고 늘 생각하게 된다.

나는 옛날부터 비상한 꿈을 가지고 있었다. 그래서 결론부터 말하면, 일도 전부 꿈에서 나온 것이다. 사람들로부터 "당신의 취미는 무엇입니까?"라는 질문을 자주 듣는데, 나는 "저는 취미가 없습니다. 굳이 말하자면 꿈이 취미라고 할 수 있지요."라고 대답하고 있다.

사실 꿈처럼 멋진 것은 없다. 공상은 얼마든지 할 수 있고, 한도가 없다. 광활한 미개척지에 가서 그곳의 개척 왕이 될 수도 있고, 위대한 발명을 해서 사회에 큰 공헌을 할 수도 있고, 혹은 어마어마한 부를 거머쥐는 것도 꿈에서는 가능하다. 나처럼 재주가 없는 사람은 꿈이라도 꿔야 하는 것인지도 모르지만, 그런 의미에서 공상도 즐거운 것이라고 생각한다. 이것이 내 꿈의 철학이라고나 할까.

《일의 꿈 삶의 꿈(仕事の夢 暮らしの夢)》

뜻은 잃지 않고

어떤 경우에도 뜻을 품고, 성공을 믿는다.
전심전력을 다하여 살아간다.

마쓰시타전기[04] 를 처음 창업했을 때, 나는 그저 먹고살기 위해서 일했다. 그래서 커다란 공장을 짓겠다는 생각은 꿈에도 하지 않았다. 병에 걸려도 먹을 수는 있어야 한다는 생각만 했었다. 그것이 오늘날의 마쓰시타전기로 성장했다. 마쓰시타 정경숙[05] 은 그와는 달리, 처음부터 뜻을 품고 전심전력으로 하겠다는 결심으로 운영하고 있다. 그렇기 때문에 성공을 믿으며, 내 뜻은 변하지 않는다.

나는 패전과 동시에 모든 재산이 동결되었다. 게다가 일도 없는데 1만 5천 명의 직원에게 월급을 주어야 했기 때문에 일본 제일의 채무왕이 되었다. 그런 힘든 시기도 있었지만, 그래서 오늘을 얻을 수 있었다. "고난이 그대를 옥으로 만든다"라는 속담이 있지만, 인생에는 어쩔 수 없는 일들도 있다. 도망치고 싶어도 도망칠 수 없고, 죽고 싶어도 죽을 수 없다. 그래도 뜻만 잃지 않으면 할 수 있다.

《그대에게 뜻은 있는가—마쓰시타 정경숙 숙장 문답집
(君に志はあるか—松下政経塾 塾長問答集)》

---

04) 마쓰시타 고노스케가 1918년 창업한 회사로 현 파나소닉.

05) 松下政経塾. 마쓰시타 고노스케가 1979년에 설립한, 미래 리더를 육성하는 공익재단법인.

끊임없이 노력한다

금방 잘되는 일은 별로 없다.
끈기 있게, 참을성 있게, 꾸준히 노력한다.

'하는 일마다 역효과를 낸다. 열심히 노력하는데도 잘되지 않는다'. 긴 인생에서는 때때로 그런 상황에 빠져서 골치 아플 때가 있다.

그럴 때일수록 중요한 것은 역시 뜻을 잃지 않고 꾸준히 노력하는 것이다. 어떤 일이든 금방 잘되는 경우는 흔치 않다. 끈기 있게, 참을성 있게, 꾸준히 노력해야 비로소 나름의 성과를 올릴 수 있는 것 같다.

내가 22살에 독립하여 직접 고안한 소켓을 제조·판매하기 시작했을 때도 그랬다. 4개월을 들여 만든 소켓도 판매 가격은 당시 돈으로 10엔도 되지 않았다. 사업을 계속하기는커녕 내일의 생계를 걱정하는 지경까지 내몰렸다. 만일 그때 '더는 못 해 먹겠다' 하고 그 사업을 포기했다면 오늘날의 나도, 마쓰시타전기라는 기업도 없었으리라는 것은 두말할 필요도 없다.

《인생의 마음가짐(人生心得帖)》

오늘 하루를 열심히

큰 뜻을 품고 성공하지 못하는 사람이 있다.
큰 뜻을 품지 않아도 성공하는 사람은 있다.

스무살 무렵을 돌이켜보면, 생활을 안정시키고 싶다는 지극히 평범한 바람밖에 없었다. 물론 말은 이렇게 해도 아무 생각 없이 살았던 건 아니다. '오늘 하루를 더 좋은 하루로 만들고 싶다', '오늘 하루를 열심히 살고 싶다'는 생각은 진지하게 했던 것 같지만, 솔직히 말하면 큰 뜻을 품고 일을 했던 건 아닌 것 같다.

하지만 약 50년이 지나 생각해 보면, 큰 뜻을 품고 일을 해서 성공했다고는 할 수 없지만, '그날 그날을 성실하게 임함으로써 큰 뜻을 품고 열심히 일한 것과 같은 성과를 거둘 수 있었던 게 아닐까' 하는 생각이 든다.

그런 나의 경험으로 미루어 볼 때, 큰 뜻을 품는 것도 그 자체는 실로 중요하고 훌륭한 일이지만, 큰 뜻을 품었기에 먼 곳만 보고 오늘 하루의 발밑은 돌아보지 않는 경우도 꽤 있는 것 같다는 생각이 든다. 큰 뜻을 품고 성공하지 못하는 사람이 있다. 하지만 큰 뜻을 품지 않고 묵묵히 하루하루를 살아 마침내 큰 뜻을 품은 것과 같은 성과를 거두는 사람도 있다.

《마쓰시타 고노스케 발언집11(松下幸之助発言集11)》

덕의 길

기술과 달리, 덕은 배울 수 없다.
스스로 깨닫는 수밖에 없다.

"덕이 중요하다. 어떻게든 덕을 쌓고 싶다."라고 생각한다면, 이미 당신은 덕의 길에 들어섰다고 할 수 있다.

"덕이란 이런 것이다. 이렇게 해라.", "그럼 그렇게 하겠습니다"와 같은 것과는 다르다. 더 어렵고 복잡한 것이다. 스스로 깨닫는 수밖에 없다. 그 깨닫는 과정으로서 이런 대화를 나누는 것이다.

"서로 덕을 쌓자. 그런데 덕이 뭐지?", "글쎄. 어떤 걸까?" 하는 것에서부터 시작하는 것이다. 인간으로서 가장 고귀한 건 덕이고, 그러므로 덕을 쌓아야 한다.

기술은 가르칠 수 있고, 배울 수도 있다. 그렇지만 덕은 가르칠 수도, 배울 수도 없다. 스스로 깨닫는 수밖에 없다.

《리더를 꿈꾸는 당신에게—마쓰시타 정경숙 숙장 강의록
(リーダーを志す君へ—松下政経塾 塾長講話録)》

마음을 개혁한다

나쁜 해는 생각하기에 따라서 의미 있는 해이다.
마음의 개혁이 이루어지는 경사스러운 해이다.

"나쁜 해는 생각하기에 따라서 우리로 하여금 많은 생각을 하게 하는 해이고, 평생 생각하지 못했던 것을 생각하는 해이다" 우리는 이런 식으로 생각해야 한다. 따라서 유난히 나쁜 해는 동시에 마음의 개혁이 이루어지고, 그것이 장차 엄청난 발전의 기초가 될 거라고 생각한다.

이렇게 생각해 보면, 나쁜 해가 꼭 비관적인 해는 아니다. 그것은 새로 출발하는 경사스러운 해이다. 그러니 모두 한 가지라도 제대로 해 보시기 바란다. 오늘날 불경기에 빠지고, 그 밖에도 여러 가지 어려움에 직면해 있기는 하지만, 그 직면한 상황을 무작정 두려워해서는 안 된다. 오히려 그럴 때일수록 모든 것에 대하여 사고방식을 바꾸면 지금까지 생각하지 못했던 것도 생각해 낼 수 있다. 그러므로 이런 불경기를 맞이했다는 것은 생각하기에 따라서는 대단히 의미 있는 해이다.

《마쓰시타 고노스케 발언집25(松下幸之助発言集25)》

일을 좋아하느냐 아니냐

좋아하는 일을 하면서 고생하는 것은 힘들지 않다.
도리어 용기가 샘솟는다.

책임감 있는 자리에서 여러 부하 직원을 거느리고 일을 하다 보면 그중에는 내 생각대로 움직여 주지 않는 부하도 생긴다. 사사건건 따지고 드는 사람도 있고, 오해하는 사람도 있고, 좀처럼 내 뜻에 순순히 따라 주지 않는 경우도 생긴다. 그럴 때 인간이라면 누구나 때로는 "답답하다", "골치 아프다", "짜증난다"라고 생각하게 된다.

그러나 그런 생각이 들더라도 한편으로는 "어떻게든 오해를 풀고 저들을 훌륭하게 키워내자. 협조하게 만들자."라고 마음을 고쳐먹고 자기 자신을 위로하는 것이 필요하다. 그렇지 않으면 일의 성공은 기대할 수 없을 것이다. 그리고 나는 그렇게 생각을 바꾸어 마음가짐을 전환할 수 있느냐 없느냐는 그 사람이 일을 좋아하느냐 아니냐에 달려 있다고 생각한다.

좋아하면 그렇게 힘들이지 않고도 할 수 있다. 일시적으로는 "짜증난다, 답답하다"라고 생각되더라도 다음 순간에는 "이 고생을 이겨내는 것이 재미있다"라는 생각이 들기 때문에 도리어 용기가 샘솟는다. 그러나 싫어하면 그렇게 되지 않는다.

《사원의 마음가짐(社員心得帖)》

고뇌도 좋다

고뇌에 빠지고 궁지에 몰리더라도
다시 일어서면 무언가를 만들어낼 수 있다.

쇼와 21년[06] 11월 3일에 PHP연구소[07]를 설립했는데, 당시 나는 정신적으로 극심한 고뇌에 빠졌다. 정치가 무너져 더 이상 어떻게 할 수가 없었다. 극단적으로 말하면, 자살이라도 하지 않으면 안 될 상황에 내몰렸다. 하지만 그 시기를 꿋꿋하게 버틸 수 있었다. 그리고 PHP를 연구해야겠다는 생각을 하게 된 것이다.

이것은 나의 도피처였을지도 모른다. 매우 고통스러운 상황에 내몰렸기 때문에 PHP를 생각하게 된 것이라는 생각도 든다. 고통 속에서도 얼마간의 빛을 발견할 수 있었다면 PHP는 생각하지 않았을지도 모른다. 그러나 빛조차 보이지 않을 정도로 괴로운 상황에서도 PHP를 탄생시킬 수 있었던 건, 밑바닥까지 떨어질 뻔한 순간에 이를 악물고 가지 하나에 꼭 매달렸던 모습이 있었기 때문인 것 같다. 그 매달린 가지가 PHP였던 것이다.

그렇기 때문에 고통스러울 수도 있지만, 고통스러워도 괜찮다고 생각한다. 고통스러워야 한다. 하지만 마지막까지 그 고통에 빠져서는 안 된다. 괴로움에만 빠져 있으면 안 된다. 거기서 어떤 경지를 열고, 다시 일어서야 한다.

《마쓰시타 고노스케 발언집25(松下幸之助発言集25)》

---

06) 1946년 (역주)

07) 'PHP'는 'Peace and Happiness through Prosperity'(번영을 통한 평화와 행복을)의 머리글자를 딴 말로, '물질적, 정신적 번영을 통해 평화와 행복을 실현해 나가겠다'는 마쓰시타 고노스케의 소망에 따라 1946년 11월에 설립되었다. (역주)

오늘의 최선, 내일의 최선

오늘의 최선은 내일에는 더 이상 최선이 아니다.
날마다 새로운 신용을 만들어내는 것이 중요하다.

요즘은 노포라고 불리는 곳도 망해가는 곳이 적지 않다. 그것은 많은 경우 과거의 아성에 얽매여 사회 변화에 대응하지 못하는 데에 하나의 원인이 있는 것 같다.

물론 선대나 그 이전 세대가 땀 흘려 쌓아올린 아성은 가게의 신용이 담긴 소중한 것이다. 하지만 빠르게 변화하는 오늘날에는 그저 과거의 명성에만 의존하면 내일의 발전은 없다. 늘 손님들의 요구를 적절히 파악하여 시시각각 대응할 수 있도록 노력하고, 매일매일 새로운 신용을 창출해 나가는 것이 중요하다.

설령 자기 회사에서 히트 상품을 내놓았다 하더라도 그것에 안주하지 말고, 그 상품을 라이벌로 삼아 고객이 더 좋아할 만한 그 다음 상품을 고민하는, 그런 날마다 새로운 모습을 만들어 나가는 자세가 중요하다.

오늘의 최선은 내일이 되면 더 이상 최선이 아니다. 내일은 내일의 최선을 만들어 나가야 하는 것이다.

《인생담의(人生談義)》

불황도 좋다

불황은 진정한 공부를 할 수 있는 기회이다.
철저하게 개선에 임할 수 있는 좋은 기회이다.

인간은 쉽게 안이함에 빠지는 존재라 5년, 10년 순조롭게 성장하는 상태가 지속되면 어딘가가 느슨해져 만일의 사태에 대한 준비가 소홀해지기 쉽다. 그럴 때 불경기가 닥치면 쾅하고 무너지게 되는 그런 경우가 많다.

그러므로 3년에 한 번쯤 약간의 불경기가 오는 것, 그리고 10년에 한 번쯤 커다란 불경기가 오는 것은 일면으로는 서로의 안녕을 위하고 회사를 위하는 길이 될 수 있다. 사실은 호황일 때 어떻게 했느냐가 불황기에 드러나는 것인데, 역시 인간은 아무리 똑똑하더라도 어떤 일이 닥쳤을 때 어느 정도 걸려 넘어지지 않으면 진지하게 임하지 않게 된다. 이런 생각으로 불황이라는 것에 도망가지 말고 맞서고, 느슨한 사내 분위기를 다잡고, 개선해야 할 점을 철저하게 개선해 나가는 것이 중요하다. 불황일 때야말로 몸소 체감하며 진정한 공부를 할 수 있는 좋은 기회인 것이다.

《마쓰시타 고노스케 경영어록(松下幸之助 経営語録)》

전심전력을 다한다

전심전력으로 혼신의 힘을 다하는 모습이 사람을 움직인다.
지혜와 힘이 모이고, 성과를 낳는다.

다소 엄격하게 말하자면, 본업에 온몸과 마음을 다 바쳐도 거기서 기쁨이 생기지 않는다면 본업에서 떠나야 한다고 볼 수도 있을 것이다. 능력의 문제가 아니다. 거기에 전심전력을 다하는 기쁨을 가질 수 있느냐 없느냐의 문제이다.

역부족이라고 느끼는 사람이 많을 것이다. 그러나 부족한 가운데서도 혼신의 힘을 다한다면 그 모습은 정말 훌륭한 모습이라고 생각한다. 그런 모습이 사람에게 감명을 주고, 사람을 움직이게 한다. 거기에 지혜와 힘이 모여서 성과를 낳을 수 있게 된다.

그러나 그런 것이 없다면 아무리 힘이 있어도 그 정도에 머물러서 큰 성과는 낼 수 없을 것이다. 따라서 그런 의미에서 본업에 온몸과 마음을 다하는데도 재미가 생기지 않는 것은 용납할 수 없는 일이라고 할 수 있다.

《경영의 마음가짐(経営心得帖)》

일의 맛, 일의 기쁨

일의 형태는 시대에 따라 바뀐다.
그러나 그 본질은 바뀌지 않는다.

처음에는 시시하다고 생각했던 일도 몇 년쯤 열심히 하다 보면 점점 재미가 생긴다. 그리고 그때까지는 스스로도 깨닫지 못했던 자신의 적성이 개발되며 그런 일이 자주 일어난다. 즉 일이라는 건 하면 할수록 맛이 난다. 그리고 그런 일의 맛을 조금이나마 알게 되기까지는 "돌 위에서도 3년[08]"이라는 속담처럼 역시 일반적으로 3년은 걸린다고 할 수 있지 않을까?

옛날, 내가 젊었을 때는 입사 후 얼마 못 가 그만두는 사람이 지금에 비해 적었던 것 같다. 그 이유 중에는 일의 종류 자체가 그리 많지 않았다는 것도 있다. 그러나 그 이상으로 선배나 여러 사람으로부터 "돌 위에서도 3년"이라는 속담을 자주 듣고, 또 스스로도 그렇게 다짐하며 참고 인내했다. 그러는 사이에 점점 일의 맛과 일의 기쁨을 발견하게 되지 않았나 생각한다.

나는 예나 지금이나 일의 형태는 변해도 그 본질에는 변함이 없다고 생각한다.

《사원의 마음가짐(社員心得帖)》

---

08) 고생 끝에 낙이 온다, 참고 견디면 복이 온다는 뜻의 일본 속담. (역주)

자진해서 고생한다

고생은 사서라도 해야 한다.
그렇게 해야 지식과 학문이 살아난다.

옛날 말이지만, "힘든 일은 사서라도 해라. 고생을 싫어해서는 안 된다. 고생은 오히려 사서라도 해야 한다."라는 말을 우리는 어렸을 때 배웠다. 나는 이러한 가르침을 들은 적이 있다.—"고생은 피하겠다는 나약한 태도는 금물이다. 고생은 자진해서 해야 한다. 고생은 사서라도 해야 한다. 그래야만 진정한 인간이 되는 것이다. 진짜 강인한 사람이 되는 것이다. 단순한 지식, 학문으로는 안 된다. 그것을 넘어서는 강인함을 마음속에 뿌리내려야만 여러분이 배운 지식과 학문이 살아나는 것이다. 그런 뿌리 없이는 학문, 지식은 오히려 방해가 된다, 여러분의 출세에 방해물이 되는 것이다."

당시에는 너무 혹독한 말이라고 느꼈지만, 긴 인생을 거쳐 지금 돌이켜 보면 그것이 얼마나 귀중한 말이었는지 깊이 음미하게 된다.

《사원가업(社員稼業)》

서로 간에 운명을 살린다

주어진 모든 것을 겸허히 받아들이고,
그것들을 서로 간에 긍정적이고 적극적으로 살려야 한다.

누구든 서로의 일생을 예견할 수는 없다. 알려고 해도 알 수 없는 면이 있다. 그러나 모르는 범위에서도 신념을 가지고 자기 자신의 길을 씩씩하게 걸어가겠다는 생각을 해야 한다. 그러면 설령 큰 성공을 거두어도 기고만장해지지 않고, 반대로 실패해도 놀라지 않게 된다. 그저 평탄한 대로를 가듯 처세의 길을 걸어갈 수 있고, 또 그런 곳에 희망으로 빛나는 인생이 열린다.

서로의 마음속에 그런 것을 갖고 있지 않으면 약간의 고난에도 동요할 수 있다. 혹은 "저 녀석은 잘나가는 꼴이 괘씸하다"라는 생각이 들 수도 있고, 질투심이 들 수도 있다. 그것은 인간의 일면이기도 하지만, 결코 생산적인 생각은 아닐 것이다.

운명을 살린다고 말하면 호들갑스럽게 들릴지도 모르지만, 각자가 자신에게 주어진 천분, 특성 또는 가정이나 직장 등의 사회 환경 일체를 있는 그대로 겸허히 받아들이고, 이를 서로 간에 긍정적이고 적극적으로 살려야 한다.

《인간으로서의 성공(人間としての成功)》

자신을 인정한다

자신의 성격을 원망해도 소용없다.
우선은 겸허하게 인정해 본다.

아주 잘 자는 사람도 있을 것이고, 나처럼 잘 자지 못하는 사람도 있을 것이다. 그것을 바꿀 수는 없다. 어떤 사람은 밤에 잠들지 못하는 체질을 가졌다. 또 다른 사람은 잘 자는 체질을 가졌을 것이다. 두 사람이 "네 수면을 나에게 조금만 나눠줘라", "그거야 얼마든지 나눠주지"라는 대화 끝에 "이렇게 잠들면 된다"라고 가르쳐준다고 한들 그 말처럼은 되지 않는다. 그렇게 체질이 타고난 것이기 때문이다. 그러니까 그것을 원망해도 소용없다. 포기라고 해야 할까, 나는 그런 것을 느낀다.

지금까지 어느 정도는 그런 일로 괴로워한 적도 있지만, 결국은 이것을 점차 깨닫게 되었다. "겸허하게 인정하자. 나는 원래 그렇게 태어났다. 아주 뚱뚱한 사람도 있고 마른 사람도 있듯이 사람은 다양한 체질을 가지고 있다. 그것을 일일이 괴로워하면 안 된다. 그것을 겸허히 인정하자."라고 말이다.

《사원가업(社員稼業)》

일의 의미를 발견한다

지금의 일을 내 것으로 만든다.
그 일의 의미를 스스로 찾는다.

나는 주어진 자신의 일을 어떻게 받아들이고, 어떤 생각을 가지고 그것에 임하느냐가 매우 중요하다고 생각한다. 그저 주어진 일이니까 어쩔 수 없다는 생각으로 특별한 흥미도 보람도 없이 꾸역꾸역 하는 사람도 있을 것이고, 개중에는 이런 일은 자신에게 맞지 않으니 다른 일을 하고 싶다는 사람도 있을지도 모른다.

그러나 나는 기본적으로 그런 생각은 자신에게 도움이 되지 않는다고 생각한다. 주어진 일을 자기 나름대로 어떻게 소화하고 어떻게 자기 것으로 만들 것인가에 흥미를 가지고 임하면, 자기가 하는 일의 의미를 찾아내고, 보람을 느낄 수 있다. 그런 자세로 주어진 일을 수행해 나가는 것이 바람직하지 않을까?

《그 마음가짐이 좋다(その心意気やよし)》

자신의 능력을 검토한다

능력이나 적성은 고정적인 것이 아니다.
자신의 노력으로 발전·향상시킬 수 있다.

100의 힘을 가진 사람이 그것을 제대로 인식하고 최소한 95의 일을 하지 않으면 본인에게도 사회에도 손해이다. 그렇게 늘 자신의 능력을 검토하고 적성에 맞는 일을 해 나간다면 불평불만은 저절로 없어지고, 오히려 기쁘고 즐겁게 일을 할 수 있게 될 것이다. 큰 일을 하는 것이 중요한 게 아니다. 일에 성공하는 것이 중요하다.

다만 이 경우 또 하나 중요한 건 그런 능력이나 적성은 고정적인 불변한 게 아니라는 것이다. 아니, 많은 경우는 발전하고 향상되며, 오히려 자신의 노력으로 발전시키고 향상시켜야 한다. 따라서 일면으로는 그때 그때의 자신의 능력을 검토하고 그 능력을 뛰어넘는 일은 하지 않겠다는 마음가짐을 가지면서도 다음에는 더 큰 일, 고도의 일에 적응할 수 있도록 능력을 높일 필요가 있다. 그러면 자기 자신에게 그 작용이 효과적으로 살아나 큰 기쁨이 되며, 나아가서는 회사와 세상에도 공헌하는 결과가 된다.

《그 마음가짐이 좋다(その心意気やよし)》

청춘은 마음의 젊음이다

늘 앞으로 나아가는 힘만 잃지 않으면
마음의 젊음은 영원히 따라온다.

나에게는 10년 전부터 소위 좌우명으로 삼고 있는 하나의 글이 있다. 바로

청춘

청춘은 마음의 젊음이다
신념과 희망으로 넘치고
용기에 차서 날마다 새로운 활동을 계속하는 한
청춘은 영원히 그 사람의 것이다

라는 것인데,

이는 고희연 때 어떤 사람에게 받은 미국의 시인 사무엘 울만의 시 〈청춘〉에서 힌트를 얻어서 지어 본 시이다.

여기에는 늘 젊게 살고 싶다는 희망과 늘 젊게 살아야 한다는 교훈이 담겨 있다. 해가 갈수록 육체적인 나이가 드는 것은 누구나 피할 수 없는 사실이지만 마음의 젊음은 마음가짐에서 오며, 그것은 반드시 겉으로 드러나게 되어 있다. 즉 늘 앞으로 나아가는 힘만 잃지 않으면 젊음은 알아서 따라온다는 것이 내 신념이다.

《경영의 비결이 여기에 있다는 것을 깨달은 가치는 100만 냥
(経営のコツここなりと気づいた価値は百万両)》

경험을 살린다

매 순간순간이 공부가 된다.
이렇게 생각하면 사람은 경험을 할수록 똑똑해질 것이다.

뭐니 뭐니 해도 경험이 중요하지만, 짧은 일생에서 모든 것을 다 경험할 수는 없다. 다만 생각하기에 따라 적은 경험이라도 많이 살릴 수 있다. 한 번이라도 해 보면 어떤 상황에서 그것이 살아나게 된다. 그러므로 아주 짧은 순간이라도 전부 공부가 된다고 생각해야 한다. 여러분이 지금의 지혜와 재능만으로 별 효과를 볼 수 없다고 생각하더라도 지금 이 순간만 모를 뿐이지 앞으로 언젠가 일을 할 때가 되면 반드시 살아날 것이다. 따라서 경험할수록 똑똑해진다.

가령 겨우 1리면 1리, 10분이면 10분 걸리는 길을 걷고 있는 경우에도 우리는 무언가를 경험하게 된다. 거기서 무언가를 얻게 된다. 나무 한 그루, 풀 한 포기도 전부 자기 발전에 도움이 되는 것이다.

《그대에게 뜻은 있는가—마쓰시타 정경숙 숙장 문답집
(君に志はあるか―松下政経塾 塾長問答集)》

살아 있는 연극을 즐긴다

이 세상은 소위 살아 있는 연극이다.
서로가 그 연극을 하는 주인공이다.

오늘날의 상태는 말하자면 살아 있는 연극이다. 가부키 같은 연극을 보고 "아, 재미있다. 배우가 연기를 잘하네."라고 즐길 때가 있다. 그러나 지금의 이 세계, 이 세상은 정말로 살아 있는 연극이다. 그리고 우리는 진짜 배우이다. 주인공 그 자체이다. 서로가 그런 주연 배우인 것이다. 그런 연극이 시작되었다고도 볼 수 있는 것이다.

지금의 자신을 그런 식으로 생각한다면, "나는 천재일우의 기회에 태어났다. 전에 없던 인생을 만났다. 그런 시대를 만났다는 것은 과거 수천억 명의 사람 중 누구보다 축복받은 시대에 태어난 것이다. 이 기쁨을 순수하게 기뻐하며 명배우로서 연기해야 한다."라는 식의 생각을 서로가 갖는 것이 중요하지 않을까 한다.

게다가 "내가 연기하는 것을 동시에 사람들이 보고 있다. 나 자신도 보고 있다. 그것은 전부 무료다. 관람료는 필요 없다." 이렇게 생각하면 '피가 끓고 심장이 뛴다'고 해도 좋을 만큼 재미있는 시대에 태어났다는 생각도 든다.

《위기 일본을 향한 나의 호소(危機日本への私の訴え)》

느긋하고 대범한 인생을 연다

일도 인생도 수명이 다하는 그 순간까지
온 정신을 쏟아부어야 한다.

우리의 일에는 그것이 언제가 될지 모르겠지만, 거기에는 '하나의 수명'이라는 것이 있다. 하지만 그렇다고 해서 노력해 봤자 소용없다고 포기해 버린다면 천수를 누릴 수 없다. 이는 말하자면 인간은 언젠가 죽는다며 무절제한 생활을 하는 것과 같다.

그러기보다는 오히려 수명이 다하는 그 순간에도 그 안에서 자신을 살리는 것, 즉 온 정신을 쏟아붓는 것이 중요하지 않을까 싶다.

모든 건 수명이 있음을 이해하고 서로가 거기에 모든 걸 쏟아붓는 자세로부터 커다란 안도감, 다시 말해 느긋하고 대범한 인생이 열리는 것 아닐까 하고 생각한다.

《쇼후(松風)》 1964년 1월호

지식과 지혜

지식은 인간이 가진 도구이며,
지혜에 의해 운영되는 것이다.

과학과 지식은 크게 발전했지만, 그 지식을 활용해서 인간 생활을 향상시켜야 할 지혜는 별로 발전하지 못했다는 생각이 든다.

지혜와 지식은 같은 것이 아니냐고 할지도 모르지만, 지혜와 지식은 조금 다르다. 사전을 찾아보면, 지식은 어떤 것에 대해 아는 것으로, 이는 누구나 배우거나 공부함으로써 습득할 수 있다. 반면 지혜는 사물의 이치를 깨닫고 시비와 선악을 분별하는 마음의 작용으로, 이는 그리 쉽게 배우거나 습득할 수 없다. 몸소 경험을 거듭함으로써 체득되는 것이다.

그리고 지식은 지혜에 의해 운영되고 처리된다. 따라서 지혜는 인간 그 자체라고 할 수 있고, 한편 지식은 인간이 가진 이른바 도구와 같다고 할 수 있다. 이 점을 명확하게 구분해서 생각하지 않으면 하나의 큰 문제가 된다는 생각을 한다.

《그 마음가짐이 좋다(その心意気やよし)》

성공의 원칙

일하지 않고 성공하는 경우는 흔치 않다.
일하는 양에 따라서 성공하는 것이 원칙이다.

나는 앞으로 80년을 더 살아서 천수를 누리고 더 많은 돈을 벌어야겠다는 생각에 지금 열심히 살고 있다. 젊은 사람들은 나보다 그런 의욕을 더 강하게 갖고, 희망을 품고, 성공을 믿으며 일을 해 나가지 않을까.

소박하게 벌겠다고 생각하면 질리지 않는다. 세상에 거저 먹는 일은 없으니까 결국 흘린 땀방울의 양에 비례해서 성공하게 된다. 땀도 흘리지 않고 성공하는 경우도 가끔은 있지만, 아주 운이 좋은 사람이나 그렇지 흔한 일은 아닐 것이다. 그래서 난 제일 열심히 일한다. 그러면 부하 직원들이 열심히 하는 사장의 모습을 보고 어떻게든 우리도 해내야겠다고 생각하기 때문에 자연스럽게 모두가 열심히 일하게 된다. 젊은 경영자는 그렇게 해서 성공하는 것 같다.

그러므로 성공을 믿고, 자신이 선두에서 솔선수범해야 한다. 생각과 방식에는 여러 가지가 있겠지만, 원칙적으로는 일하지 않는 자는 성공하지 못할 것이다. 지혜를 쓰든 몸을 쓰든 아무튼 일해야 한다. 그 일하는 양에 따라서 성공하는 것이다. 아주 간단하다.

《사장이 될 사람들이 알아 두어야 할 것
(社長になる人に知っておいてほしいこと)》

자신을 움직이는 커다란 힘

자신은 운명적인 힘에 의해 움직여지고 있다.
그 운명에 순종하면서 자신을 살려 나간다.

모든 것을 스스로 생각하고 스스로 결정한 것처럼 느껴지는 전기기구 제조 일이었지만, 나는 역시 거기에 어떤 운명적인 힘이 작용하고 있다는 생각이 든다.

어떤 시대에 태어나든 그 시대에 따라 각각 기회를 얻어 나름대로 활동하고, 자신을 살려 나가는 건 가능할 것이다. 그러나 어떤 특정한 일을 한다는 것은 그 시대에 태어나지 않으면 불가능하다. 그러므로 인간은 일면으로는 자신의 의지에 의해 길을 구할 수도 있지만, 반면 자신의 의지 이외의 커다란 힘의 작용에 의해 움직여진다고 생각하는 것도 중요하지 않을까? 만약 그렇게 생각할 수 있다면, 나는 거기에서 매우 강력한 것이 탄생할 거라고 생각한다.

인간이 자신의 의지만으로 움직이고 있다고 생각하면 어떤 일이 생겼을 때 동요하기 쉽다. 그렇지만 자신은 더 커다란 힘에 의해 움직여지고 있다고 생각한다면, 그것에 순순히 따르려고 함으로써, 일종의 포기라고 하면 어폐가 있지만, 거기서 하나의 안도감이 생겨나지 않을까?

《그 마음가짐이 좋다(その心意気やよし)》

불평이 맺어 주는 인연

불평과 질타는 고마운 것이다.
성심성의껏 대처하면 새로운 인연이 맺어진다.

고객이 불평을 말해 주는 것은 매우 고마운 일이다. 그 덕분에 인연이 맺어진다. 불평하지 않는 고객은 그대로 '이제 그 회사 제품은 사지 말아야지'라며 끝내 버릴지도 모른다. 그러나 불만을 말하는 고객은 그 당시에는 "이제 당신의 제품을 사지 않겠어요"라는 식으로 말했더라도 우리 쪽에서 그 말을 듣고 달려가 "일부러 와 주셔서 감사합니다"라고 말을 건네면 그것으로 진심이 통하게 된다. 그렇기에 우리가 어떻게 대처하느냐에 따라서 도리어 인연이 맺어지는 경우가 많은 것 같다.

물론 질타를 받았을 경우, 그것을 내버려두거나 우리의 대처가 나쁘면 인연이 끊어져 버린다. 그러므로 질타 받았을 때는 "이건 고객과 인연을 맺을 기회다"라는 생각으로 꼼꼼히 살펴서 불만의 원인을 파악하는 동시에 성심성의껏 대처해야 한다. 불평을 기꺼이 듣는다기보다는 그것을 하나의 기회로 살려 나가는 것이 중요하다.

《경영의 마음가짐(経営心得帖)》

인생의 묘미를 맛본다

시시각각 변하는 세상의 섭리에 흔들리지 않고,
겸손하고 성실하게 각자 맡은 바 소임을 다해야 한다.

가끔은 조용히 흘러가는 구름을 올려다보라. 빨라졌다가 느려졌다가, 커졌다가 작아졌다가, 하얗다가 흐렸다가, 높았다가 낮았다가, 한순간도 같은 모습을 유지하지 않는다. 무너질 듯 말 듯 순간순간 모양을 바꾸면서 푸른 하늘의 한복판을 변화무쌍하게 흘러간다.

이는 마치 사람의 마음, 사람의 운명과 닮았다. 사람의 마음은 날마다 바뀐다. 그리고 사람의 처지도 어제와 오늘이 같지 않다. 오늘의 안녕이 그대로 내일의 안녕으로 이어지지는 않는다. 내일은 생각지 못한 재난을, 생각지 못한 불운을 슬퍼해야 될지도 모른다. 아침에 슬픈 마음으로 집을 나선 사람이 저녁에 예상치 못한 기쁨을 안고 돌아오지 않으리라고 누가 단언할 수 있겠는가? 시시각각 변하는 세상의 섭리에 인간은 기뻐하기도 하고 슬퍼하기도 하는 것이다.

기쁨도 좋고 슬픔도 좋다. 세상은 흘러가는 구름과 같다. 이렇게 생각하면 어쩌면 마음의 심란함도 어느 정도 가라앉을지도 모른다. 그리고 기뻐도 우쭐하지 않고 슬퍼도 쓸데없이 절망하지 않는 이런 마음가짐으로 겸손하고 진지하게 각자 맡은 바 소임을 다한다면 거기에서 인생의 묘미도 맛볼 수 있지 않을까?

《쇼후(松風)》 1960년 6월호

한 사람의 각성

한 사람이 먼저 눈뜬다.
그 각성으로 인해 모두가 행복해진다.

나는 한 사람이 먼저 눈뜨는 것이 필요하다고 생각한다. 한 사람이 눈뜸으로써 전체가 감화되고, 그 집단은 훌륭한 집단으로 변모해서 위대한 성과를 내게 된다.

나라가 어지러울 때 한 사람의 영웅이 나타나 나라를 구하는 내용이 옛날이야기에 자주 등장하는데, 이것과 비슷한 의미라고 생각한다. 나는 여러분이 이를 충분히 생각하고 자신의 일에 열정을 쏟아 거기에서 삶의 보람을 찾으면 좋겠다.

그리고 한 사람이 눈뜨면 모두가 행복해진다는 걸 생각하면서 활동하기를 당부하고 싶다.

《쇼후(松風)》 1978년 10월호

인생을 만들기 위한 금언 노트

1월분을 읽은 후, '어떤 말과 문장이 마음에 가장 와닿았나?',
'그것은 왜인가?', '앞으로 행동에 어떻게 살릴 것인가?'
이 세 가지를 자문자답하고, 간결하게 정리해 봅시다.

___________   년   월   일

___________   년   월   일

___________   년   월   일

2 月

/

자신을 파악하다

그것은 해도 좋은 일인가

해 보고 싶은 일이 있을 때, 그 실력이
지금의 자신에게 있는지 없는지 스스로에게 물어보라.

여기 "내 적성을 어떻게 찾을 수 있을까?"라는 문제가 있다. 이는 꽤 어려운 문제로, 자신에 대해 올바른 평가를 내린다는 건 지극히 어려운 일이라고 할 수 있다.

나는 지금까지 일을 시작할 때 그 일이 나에게 맞는지, 내 회사에 맞는지, 또 그것을 할 만한 실력이 있는지 등을 늘 자문자답을 통해 판단하려고 노력해 왔다.

때로는 간절히 이 일을 꼭 하고 싶다고 생각한 적도 여러 번 있다. 그러나 하고 싶다는 것과 해도 좋은가 아닌가 하는 것은 역시 다른 문제가 아닐까 생각한다.

따라서 직접 해 보고 싶을 때는 우선 그 일이 자신에게 맞는지 아닌지, 자신에게 그럴 만한 실력이 있는지 없는지를 조용히 자문자답하라. 그 결과, 하고 싶지만 자신에게는 아직 그럴 만한 실력이 없다고 생각하면 포기하고, 자신이 그 일에 대해 적성을 가지고 있다고 판단되면 하는 융통성 있는 태도가 중요하다.

《왜(*なぜ*)》

자신의 성과를 평가한다

이번 달의 성과를 평가하고, 자문자답하여,
자신의 성과를 높이고 새로운 지평을 열어 나간다.

가령 여러분의 월급이 10만 엔인데 10만 엔어치의 일 밖에 하지 않았다면 회사에는 아무것도 남지 않는다. 그러면 회사는 주주들에게 배당을 줄 수 없고, 국가에 세금도 납부할 수 없다. 따라서 자신의 이번 달 성과가 과연 어느 정도였는가를 늘 스스로에게 물어볼 필요가 있다.

물론 어느 정도의 성과가 타당하고 바람직한가는 일률적으로 말할 수 없지만, 상식적으로는 10만 엔의 월급을 받는 사람이면 적어도 30만 엔의 일을 해야 할 것이고, 회사에서 바라기는 100만 엔을 해 주었으면 한다.

이런 식으로 자신의 성과를 평가하고 자문자답해서 자신의 성과를 높이고, 더 나아가 새로운 지평을 열어 나가야 한다.

《사원의 마음가짐(社員心得帖)》

책임과 삶의 보람

책임을 지는 것에 삶의 보람이 있고,
인간으로서의 가치도 있다.

사람은 본디 책임을 지는 것에 인간으로서의 가치가 있다. 책임을 지는 것이 크면 클수록 그만큼 가치가 높다고 할 수 있다. 따라서 책임을 짐으로서 삶의 보람도 있다. 책임을 지고 삶의 보람을 느끼는 것—이것은 아주 중요한 일이라는 생각이 든다.

책임을 지고 거기에서 삶의 보람을 느끼지 않는다면 아무리 스무 살이 넘었어도 어엿한 성인이 아니라고 할 수 있다. 그런 무책임한 사람들이 득실거리는 사회는 건전하다고 할 수 없다. 지금은 민주주의 사회라고 말하지만, 만일 그런 무책임한 사람을 무책임한 상태인 채로 살게 놔두는 사회라면 민주주의는 허울일 뿐이다.

또 당신이 어떤 적성을 가지고 어떤 사회에서 일을 하든 한 걸음 한 걸음 묵묵히 걸어가면 지위도 점점 높아지고 사업도 성장할 것이다. 하지만 그 기본은 책임의 자각이다. 이것 없이는 당신은 인간으로서 존재할 수 없다고 해도 과언이 아니다.

《젊음에 보내다(若さに贈る)》

철저함의 차이

사회에 대해 철저하게 책임을 진다.
그 철저함에 "이 정도면 충분하다"는 없다.

사회에 대한 책임을 생각하며 일하는 두 회사가 있다고 치자. 그런데 두 회사가 가지고 있는 철저함에는 종이 한 장의 차이가 있다. 그러면 비슷한 일을 해도 한쪽은 "이 정도면 충분하다"라고 생각하지만, 다른 한쪽은 "아직 부족할지도 모른다"라고 생각하게 된다. 이 정도면 충분하다고 생각하면 거래처로부터 불평이 들어와도 "그렇지만 우리도 충분히 노력하고 있다"라는 생각에 자꾸 반박하게 된다.

그러나 아직 부족하다고 생각하면 그런 불평도 민감하게 받아들여 대처하게 된다. 그런 일이 상품에서, 기술에서, 판매에서, 더 나아가 경영 전반에서 이루어지면 훌륭한 실적으로 연결된다.

그리하여 처음에는 종이 한 장의 차이에 불과했던 것이 세월을 거듭할수록 커다란 차이를 낳게 된다.

《경제담의(経済談義)》

자신을 점수로 평가한다

지금까지의 성과와 실패를 점수로 매겨 본다.
통산해서 플러스가 되는가?

제아무리 성인군자라도 완전무결한 인간이 되는 건 불가능하다. 왜냐하면 신은 인간을 인간으로서 만들었지, 신처럼 완벽한 존재로 만들지 않았기 때문이다. 따라서 우리가 인간인 이상 한 가지 일만 성공할 수도 있을 것이고, 때로는 잘못도 할 수 있다. 그것은 인간으로서 어쩔 수 없는 일이며, 말하자면 당연한 모습이다. 하지만 잘못한 일과 잘한 일을 통산했을 때 잘한 일이 플러스가 되도록 일하고 생활하지 않는다면 이는 인간으로서 결코 바람직한 자세라고 할 수 없다.

가령 어떤 사람은 어떤 일에 매우 뛰어난 자질을 가지고 있다. 그리고 거기에 인생을 걸어 성과를 낸다. 그것을 지금 점수로 나타내고, 반대로 실패한 것 역시 점수로 나타내 보면 과연 어떻게 될까? 나는 전자가 후자보다 점수가 높아야 한다고, 즉 최소한 플러스가 되어야 한다고 생각한다. 그것을 스스로 평가해서 자신이 몇 점 정도인지를 냉정하게 생각해 보는 것이 중요하다.

《쇼후(松風)》 1967년 11월호

책임 있는 행동

개인의 실패는 주변과 사회에 악영향을 끼친다.
그런 자각을 가지고 책임감 있게 행동하라.

오늘날의 사회에서 사람들은 서로 밀접하게 연관되어 있다. 누구든 혼자서는 살 수 없다. 이런 사회에서 자신의 적성에 맞는 일로 성공한다는 것은 단지 자기 혼자의 행복이 아니라 동시에 사회 전체에 대한 공헌이기도 하다.

한편 적성도 없는데 개인적인 감정이나 욕망에 사로잡혀 일하면 실패할 확률이 높다. 게다가 그 실패는 자기만의 실패가 아니다. 한 개인의 실패는 주변 사람들은 물론이고 사회 전체에 악영향을 끼치고 손해를 준다고 할 수 있다.

나는 이 점을 모든 사람이 분명히 자각해야 한다고 생각한다. 이런 분명한 자각을 가지고 책임감 있게 행동해야 그 사회는 발전한다고 생각한다.

《왜(なぜ)》

주좌[09]를 지킨다

책임 의식이 없는 개인의 집합체는
매우 신뢰할 수 없는 존재이다.

지금 가령 서로가 사장이라고 해도, 사장으로서의 책임을 자각하지 않는다면 그 지위는 유지될 수 없을 것이다. 자기한테 유리할 때만 사장이라고 생각하면 안 된다. 유리할 때든 불리할 때든 시종일관 사장이라는 의식을 가지고 있어야 한다. 부장이면 부장, 과장이면 과장의 의식을 가지고 있어야 한다. 그런 의미에서 보면, 한 인간으로서 살아갈 때는 각자 개인으로서의 주좌라는 것이 있다. 이 주좌를 단단히 붙잡고 있어야 한다. 동시에 개인으로서의 책임을 바르게 자각해야 한다. 말하자면 주좌란 이런 것이다. 그런 것을 가지고 있지 않는다면 개인은 매우 신뢰할 수 없는 존재이다. '오합지졸'이라는 말이 있는데, 그런 사람들은 주좌를 갖고 있지 않은, 자기의식을 갖고 있지 않은 사람들이라 할 수 있다.

따라서 개개인 각자의 입장에서 주좌를 지키는 것이 필요하다. 즉 나름의 책임 의식을 가져야 한다. 그렇게 할 때 비로소 개인의 존재가 분명해질 것이다.

《위기 일본을 향한 나의 호소(危機日本への私の訴え)》

---

09) 主座. 고노스케가 지도자의 자세를 말할 때 자주 썼던 용어로, "자신을 잃지 않고, 자주성과 주체성을 가지고 가르침을 받아들이고 존중하면서 그것을 살려 나가는 것"을 뜻함. (역주)

자신의 일의 인기

내 일이 사회에 받아들여지고 있는가?
그것을 모르고서는 다음 일로 나아갈 수 없다.

소위 연예인은 자신의 인기를 딱할 정도로 신경을 쓴다.

그날의 무대가 관객들에게 어떤 인상을 주었는지 매일 진지하게 반성해서 좋으면 더 발전시키고, 나쁘면 어떻게든 개선하기 위해 잠시도 쉬지 않고 노력한다. 인기가 자신의 생명을 좌우한다는 것을 이렇게까지 심각하고 뼈저리게 느끼는 사람들은 또 없을 것이다.

물론 이것이 지나치면 폐해도 생기지만, 이런 마음가짐이 있기에 치열하게 자신의 실력으로 세계를 헤쳐 예술적 진보를 만들어내는 것이다.

이는 서로가 충분히 본받아야 할 부분이다. 현재 자신이 하는 일이 사람들에게 어떤 영향을 주고 사회에 어떻게 받아들여지고 있는지를 모르고서는 누구든 다음 일로 나아갈 수 없다. 그것이 아무리 사소한 일일지라도 이런 매일의 반성이 다음 노력을 낳고 진보를 앞당긴다. 물론 불필요하게 이에 얽매여 쓸데없이 머리를 싸맬 필요는 없지만, 이른바 자신이 하는 일의 인기에 대해서 스스로 무관심해서는 안 될 것이다.

《속편·길을 열다(続·道をひらく)》

선배에게 물어본다

자신이 없을 때는 선배에게 물어본다.
그렇게 해서 올바른 판단을 내린다.

스스로 생각해 봐도 좀처럼 판단이 서지 않거나 자신에게 적성이 있는지 없는지, 자신의 회사에 그 적성이 있는지 없는지 등 올바른 평가를 내리기 어려운 경우도 종종 있을 것이다. 그럴 때 나는 어떻게 대처해 왔는가 하면, 나는 그것을 주변 사람들에게 물어보았다. 소위 선배들에게 "지금 제가 굉장히 고민하고 있습니다. 이런 일이 하고 싶은데 과연 저에게, 그리고 회사에 그럴 만한 실력이 있는지, 저와 회사에 적합한 일인지 잘 모르겠습니다. 선배님은 어떻게 생각하십니까?"라고 물어본다.

그 사람은 이해관계가 없는 제삼자이기 때문에 "자네는 지금 다행히 잘하고 있지만, 거기까지 손을 뻗으면 위험하네. 그만두는 게 현명하네."라는 식으로 알려준다. 그것으로 납득이 갈 때는 거기서 그만둔다. 하지만 그런 말을 듣고도 하고 싶을 때가 있다. 그럴 때는 제2의 인물에게 다시 한번 물어본다. 그리고 그 사람한테도 같은 대답을 들으면, '내가 상담한 두 사람이 모두 안 된다고 하고, 나도 확고한 자신감이 없으니 내가 생각해도 위험한 것 같다. 그렇다면 그만두어야겠다'라고 생각하면 된다.

《왜(なぜ)》

나는 나

100억 명의 사람이 있어도 나는 나다.
남과는 다르다는 긍지를 가져라.

사람과 개는 다르다. 이것은 보기만 해도 알 수 있다. 그래서 우리는 개를 흉내내지 않는다. 인간으로서의 긍지를 알게 모르게 가지고 있기 때문이다. 그러나 겉모습만 봐서는 알 수 없는 것이 인간이다. 물론 생김새도 다르고 성격도 다르다. 이는 누구나 알고 있다. 그래서 어떤 사람을 다른 사람과 착각하는 경우는 없다. 그런데도 어째서 모두 그토록 다른 사람들과 똑같이 행동하고 싶어 하는 것일까?

나는 나다. 100억 명의 사람이 있어도 나는 나다. 거기에 자신의 긍지가 있고, 자신감이 있다. 그리고 이런 사람이 사회 번영을 위해 진정 필요한 사람이다. 자기를 잃은 사람이 100억 명 있어 봐야 오합지졸에 불과하다. 자기를 인식하지 않고 그저 남의 흉내만 내고 싶어 하는 건 마치 인간이 개를 흉내 내는 것과 같다. 거기에는 아무런 긍지도 없다.

자신이 남과 다른 점을 더 곰곰이 생각해 보자. 그리고 남을 흉내 내지 말고 자신의 길을 자신의 힘으로 걸어가자. 거기에 서로의 행복과 번영의 길이 있다.

《속편·길을 열다(続·道をひらく)》

승부의 결과

오늘의 승부 결과를 오늘 알기 위해서라도
자신의 실력이 현재 얼마나 향상되었는지 반성한다.

우리는 실력에 맞는 일을 사회에 대하여 약속했다. 여러분은 사회에 약속한 것이다. 이것을 생각하면, 과연 여러분은 자신의 실력이 이만큼이나 향상되었다고 (자신 있게) 말할 수 있을까? 지금 당신에게 이것을 묻고 싶다.

생각해 보면, 사실 사회 자체에는 씨름판이 있고, 우리는 씨름 경기를 하고 있는 것이다. 그런데 심판이 없어서 승부를 바로 알 수가 없다. 하지만 넓은 의미에서는 심판이 있다. 무슨 말이냐 하면, 회사는 업계에서 날마다 씨름을 하고, 2~3년 안에 자연스럽게 업계 사람들이 혹은 일반 수요자들이, 더 나아가서는 사회인들이 어느 한쪽의 손을 들어서 판정을 내려 준다. 승부는 그런 식으로 결정 난다. 그렇지만 이것은 순간적으로 승부가 나는 씨름처럼 간단하지 않다. 매우 긴 시간이 걸린다. 그러나 2~3년이 지난 후에 '이쪽이 졌다, 이쪽이 이겼다'라는 것을 알아도 이미 늦는다. 그래서 나는 오늘의 승부의 결과는 오늘 알아야 한다고 생각한다. 그러기 위해서는 당신이 매일 자신의 실력이 얼마나 향상되었는지 반성해야 한다. 당신의 실력이 늘지 않았다면 회사의 실력도 늘어나는 일은 없다고 나는 생각한다.

《마쓰시타 고노스케 발언집25(松下幸之助発言集25)》

시련에 몸을 던진다

시련에 부딪치는 기개가 있는가?
기꺼이 몸을 던진다는 기상이 있는가?

아직 수련 중인 젊은이들은 직장을 고를 때도 오히려 어려운 부서를 고르는 정도의 기상이 필요하다. 회사든 남들이 싫어하는 일이든 "힘든 부서에서 수련하는 것도 재미있다, 열심히 하자"라는 마음으로 기꺼이 부딪치려는 기개가 필요하다고 생각한다.

사람은 어떤 일을 나쁘게 받아들이고 슬퍼하려 들면 한도 끝도 없고, 심지어 자살하는 사람마저 나온다. 이것은 마음을 어떻게 먹느냐에 달렸다. 성공한 사람들의 전기를 읽어 보면, 보통 사람이라면 시련을 못 이겨 자살할 상황에서도 오히려 기꺼이 그 시련에 부딪친다.

《사물을 보는 방식 생각하는 방식(物の見方 考え方)》

두려움을 느낀다

부모, 사람들의 시선, 신, 자기 자신 따위에
두려움을 느끼는 자세가 필요하다.

아이는 부모님이나 선생님에게 두려움을 느낄 것이다. 점원은 주인을 두려워하고, 사원은 사장을 두려워한다. 회사에서 최고 지위에 있는 사장도 사람들의 시선이 두려운 것처럼, 사람은 각자 두려운 것을 가지고 있다. 타인만 두려운 것이 아니라 자기 자신이 두려운 경우도 있다. 걸핏하면 나태해지는 게으름이 두려운 사람도 있을 것이고, 툭하면 타인에게 오만하게 구는 자신의 성격이 두려운 사람도 있을 것이다. 어떤 일을 할 때 자신의 용기 없음, 신념 없음이 두려운 경우도 있을 것이다. 또 신이 두렵다거나 자신의 운명이 두려운 경우도 있을지도 모른다. 이렇게 단순히 개한테 물리는 두려움과는 다른, 더 정신적인 의미에서의 두려움을 항상 느낄 필요가 있지 않을까 생각한다.

왜냐하면 사람은 어떤 것에 대해 두려움을 느끼면서 그것에 대해 몸을 사리는 걸 중요하게 생각해야 한다. 만약 그런 두려움을 가지고 있지 않다면, 결국 자기 마음대로 행동함으로써 자신을 망치는 경우가 적지 않기 때문이다.

《인간으로서의 성공(人間としての成功)》

다양한 관점

하나의 사물에도 다양한 관점이 있다.
관점에 따라서 마이너스도 되고 플러스도 된다.

같은 한 가지 일이라도 그것에 대해 여러 가지 관점이 있고, 다양한 측면에서 생각할 수 있다. 따라서 언뜻 보면 마이너스라고 생각되는 것들도 사실은 나름대로의 플러스가 있는 것이 세상 이치가 아닐까 싶다. 말하자면 비가 내리면 옷이 젖어서 싫다고 보는 관점도 있는 반면, 농작물을 촉촉하게 적셔 준다고 반기는 관점도 있는 것이다.

하지만 그중 한 면만 보고 거기에만 집착하다 보면 자칫 마음을 괴롭히거나 극단적인 경우에는 절망해서 스스로 목숨을 끊는 불행한 모습에 빠질 수도 있다.

《솔직한 마음이 되기 위해(素直な心になるために)》

평상심이 중요하다

대참사를 일으키지 않기 위해서라도
서로 평상심과 평정심이 불가결하다.

시간에 쫓겨 허둥거리다가 신호도 보지 않고 차도로 뛰어들어 마침 달려온 자동차에 치여 다치거나, 때로는 목숨마저 잃는 사례는 실제로 적지 않다. 자동차 운전자가 너무 서두르다가 무리하게 추월해서 사고를 일으켜 다수의 사상자를 내는 일도 빈번하게 일어난다.

비록 목숨이 오가는 전쟁터는 없어졌지만, 이렇게 목숨이 오가는 불미스러운 모습들이 속출하고 있는 것을 보면 평상심과 평정심이 오늘날에도 필요 불가결하다는 걸 통감하게 된다.

사람들과 협상할 때도, 또 시험을 치거나 스포츠 경기에 참가할 때도 마찬가지로 평상심과 평정심이 중요하지 않을까?

《솔직한 마음이 되기 위해(素直な心になるために)》

능력과 승진·승격

지위·직책에 어울리는 능력이 없다면
승진을 고사하는 것도 생각해야 한다.

흔히 듣는 이야기지만, 어떤 사람은 평사원이던 시절에는 일도 잘하고 아주 유능했지만 주임이 되더니 부하 직원도 제대로 부리지 못하고 자신도 일을 잘하지 못한다는 경우도 있고, 과장으로서는 아주 훌륭한 과장이었지만 부장을 시켰더니 실적이 영 오르지 않는다는 경우도 있다. 이것은 결국 그 사람에게 그 지위에 어울리는 능력이 없었다는 뜻일 거다.

우리나라에는 이른바 '연공서열제'라는 게 있어서 능력 이외의 고려사항에 의해 승진·승격시키는 일이 아직 일면에는 있는 것 같다. 그리고 과장이나 부장이 된다면 본인도 기쁘고 주위에서도 축복하지만 안타깝게도 본인에게 그럴 만한 능력이 없어 결국 회사에도 마이너스가 되고 본인도 불행해지는 일도 일어난다.

그러나 만일 그 사람이 자신의 실력이나 한계를 제대로 인식하고, 가령 회사에서 "자네, 부장이 되어 주게"라는 말을 들었을 때 "아닙니다. 저는 과장은 할 수 있지만 부장이 되기에는 역부족이니 사양하겠습니다."라고 말했다면 그 사람은 일단 실패하지 않을 것이고, 과장으로서 성공할 수 있는 사람이라고 생각한다.

물론 그 반대 경우도 말할 수 있을 것이다.

《그 마음가짐이 좋다(その心意気やよし)》

실패의 싹

사회에 자신을 과시하고 싶다는
누구에게나 있는 욕심이 인생의 실패의 싹이 된다.

오늘날 돌이켜보면, 내가 거절하려고 마음만 먹었다면 못할 것이 없었다. 나는 하고 싶지만 국가를 위한 일은 이리도 많았다. 그것조차도 충분히 못하고 있었다. 거기다 비행기까지 만들라고 하는데, "그러면 둘 다 만족스럽게 해낼 수 없게 되니 나라를 위해서 거절하겠습니다"라고 말했으면 훌륭한 답변이었을 것이다. 그렇게 말하지 않고 "그것도 해 보겠습니다"라고 수락한 데에 내 욕심이 있었다.

누구든 사람인 이상 그런 마음은 있다. 좋게 말하면 이상이라고도 할 수 있고 꿈이라고도 할 수 있지만, 거기에는 허세도 있다. 사회에 자신을 과시하고 싶은 마음을 인간이라면 몇 살을 먹어도 가지고 있다. 그 범주가 개인의 일이든 사회의 일이든 혹은 국가의 일이든, 인생의 실패는 전부 그런 것에서 싹트는 것 같다.

《일의 꿈 삶의 꿈(仕事の夢 暮らしの夢)》

거저먹는 일은 없다

남의 집 마당에 핀 꽃이 빨갛게 보일 때도 있지만
그것은 마음의 착각이다. 이 세상에 편한 일은 없다.

사람이 평정심을 잃으면 남의 집 마당의 꽃이 빨갛게 보이고, 나만 미련하게 열심히 사는 것 같고, 다른 사람들은 모두 편하게 힘 안 들이고 돈을 벌고 있다고 생각하게 된다. 그래서 자기도 뭔가 한탕 노려보고 싶지만 세상은 그리 호락호락하지 않다.

인간인지라 때로 이런 번민을 느끼는 것도 무리는 아니지만, 이 세상에 거저먹는 일은 결코 없다. 편한 일은 없다. 그렇게 보이는 건 내 마음의 착각일 뿐, 사실은 누구나 한 걸음 한 걸음 꾸준히 쌓아 올린 착실한 성과를 보여주고 있는 것이다.

《길을 열다(道をひらく)》

곧바로 치료한다

회사도 국가도 '병'에 걸리면
곧바로 치료해야 한다.

사람이 병에 걸리듯이 회사도, 그리고 국가도 가끔 병에 걸리는 경우가 있는 것 같다. 그럴 때는 개개인이면 약을 먹거나 해서 치료한다. 그러나 회사나 국가는 세간의 시선을 신경 쓰느라 먹어야 할 약도 먹지 않는 경우가 생긴다. 즉 병에 걸렸다는 사실을 알리고 싶지 않다는 마음이 작용하는 것이다.

그렇지만 약을 먹지 않고 있으면 하루 만에 나을 병도 닷새, 열흘이 지나도록 낫지 않게 될지도 모른다. 그러므로 회사나 국가가 뭔가 좋지 않은 상태에 빠졌다는 것을 알게 되면 체면 따지지 말고 지체 없이 곧바로 치료하는 것이 중요하다. 해야 할 때는 뭐라도 해야 한다.

《생각하는 대로(思うまま)》

천 가지 고민도 결국은 하나

가장 큰 문제만 고민한다.
그것이 인간의 마음의 자연스러운 작용이다.

천 가지 고민이 있어도 결국 고민하는 건 하나이다. 가장 큰 것을 고민한다. 그런 법이다.

내 지금까지의 경험에서 볼 때 동시에 대여섯 가지의 문제가 한꺼번에 발생했던 적이 있다. 말하자면 각각이 고민의 씨앗이다. 전부 골치 아픈 문제이다. 그러나 그런 모습을 반복하는 사이에 이윽고 한 가지 고민도 열 가지 고민도 결론은 하나라는 것을 깨달았다.

결국 그때의 가장 큰 고민이 머릿속을 차지하게 된다. 머릿속이 그것으로 가득 차게 되면 다른 것들은 두 번째, 세 번째로 밀려나게 된다. 그랬기 때문에 또 어떻게든 해낼 수 있었던 것이다. 열 가지, 스무 가지나 되는 문제를 동시에 고민한다면 도저히 버텨내지 못할 것이다.

하지만 다행히 그렇게는 되지 않는다. 말하자면 마음의 자연스러운 작용으로서 인간은 가장 큰 고민만 하게 된다. 그렇게 되어 있다. 물론 그것으로 나머지 고민이 해소되는 것은 아니다. 그러나 그렇게까지 고민하지는 않는다. 그래서 인간은 어떻게든 해 나갈 수 있다. 살 길이 열리는 것이다.

《사람을 활용하는 경영(人を活かす経営)》

사람의 마음은 신축성이 있다

인간의 마음은 정말 재미있다.
신축성이 있어서 자유롭게 조종할 수 있다.

인간의 마음은 정말 신기하다.

나는 인간의 마음을 자주 손오공의 여의봉에 비유해서 생각한다. 알다시피 손오공의 여의봉은 손오공이 생각하는 대로 늘어났다 줄어들었다 한다. 때로는 6척으로 늘어나 나쁜 사람을 혼내 주기도 하고, 작게 줄어들어서 귓구멍에 들어가기도 한다. 정말 자유자재다. 인간의 마음도 꼭 이 여의봉 같지 않을까?

소위 슬픔의 늪에 빠진 마음은 이 여의봉이 작게 줄어든 모습이다. 그런 때는 늘려 주어야 한다. 반대로 천하를 차지하겠다는 용맹한 기개는 여의봉이 길게 늘어났을 때의 모습이다. 이것도 지나치게 늘어나면 조금 줄여 주어야 한다. 이처럼 어떤 때는 쭉 늘려 보기도 하고 어떤 때는 약간 줄여 보기도 하고, 이렇게 자유롭게 조종할 수 있는 인간의 마음은 정말 재미있다고 생각한다.

《인생담의(人生談義)》

전기 읽는 법

위인처럼 해도 실패한다.
위인의 전기를 참고는 하되 흉내 낼 것은 못 된다.

야마오카 소하치[10]라는 사람이 도쿠가와 이에야스의 전기를 썼다. 그 전기는 재계에서 꽤 유행했었다. 경영자라면 이에야스의 전기를 읽으라고 한다. 이에야스가 어떤 때 어떤 사람을 썼는지, 어떻게 했는지 하는 것들을 철저히 연구해서 쓴 글이다. 굉장히 유익한 내용이라서, 재계의 간부가 되려는 사람은 모두 그것을 읽었다. 나도 어떤 사람한테 그 책을 권유받았다. "자네도 읽어 보지 그래?"라고 말이다. "왜 읽는데?"라고 묻자 "굉장히 유익한 내용이거든"라고 한다. "나는 됐네" 나는 이렇게 말했다. "뭐가 됐다는 거야?" "그건 이에야스밖에 할 수 없는 일들을 쓴 것이지 않나? 이에야스가 아닌 사람이 이에야스가 한 대로 했다가는 실패하지 않겠나? 나는 읽을 필요가 없을 것 같네. 재미있으니까 읽어 보라든가 위안이 되니까 읽어 보라든가 참고삼아 가볍게 읽어 보라고 한다면 읽겠지만, 유익하니까 그대로 따라 해 보라고 한다면 그건 큰 실수네. 마쓰시타와 이에야스는 다르니까 말이네. 이에야스도 내가 한 대로 따라 하면 실패할 것이고, 나도 이에야스가 한 대로 따라 하면 실패할 것이네."

이는 당신도 마찬가지이다. 이것이 매우 중요한 부분이다.

《사원가업(社員稼業)》

10) 역사 소설을 중심으로 활약했던 일본의 소설가. 1907~1989년. 본명은 후지노 쇼조. (역주)

배우고 소화한다

선배나 동료·부하, 회사 바깥에게도 가르침을 청한다.
그리고 내 것으로 만들고, 내 기술로 만든다.

자신이 담당하고 있는 기술, 자신이 전문으로 하는 기술에 대해서는 10년이 지나도 전문가가 될 수 있을지 없을지 생각해 보아야 한다. 그리고 자신이 기술부장에 임명되어도 완벽하게 해낼 수 있는 기술을 보유하고 있을지 없을지, 그것을 자문자답해 보라. 그리고 그 기술을 갖고 있지 않다고 생각될 때, 그것을 보유할 수 있게 공부를 어떻게 하면 좋을지 생각하라.

자기 혼자 할 수 있는가? 혼자 할 수 없다면 어떻게 하면 되는가? 선배한테 가르침을 청하는 것도 하나의 방법이다. 동료에게 상담해서 서로 공부하는 것도 방법일 것이다. 회사 안에 그런 사람이 없으면 회사 바깥에서 그것을 구하는 것도 필요하다. 혹은 부하 직원에게 그것을 구할 수도 있을 것이다. "부하는 나보다 기술이 떨어지니까 부하에게 도움을 구해도 성장하지 못할 것이다"라고 생각한다면 큰 착각이다.

절반은 선배한테 배우고, 절반은 부하 직원에게 배워라. 그 두 가지 가르침을 자신이 소화하고, 스스로 거기에서 무언가를 추구해 나가고, 무언가를 만들어내고, 자기 것으로 삼고, 자기 기술로 삼는 것이 반드시 필요하다.

《마쓰시타 고노스케 발언집28(松下幸之助発言集28)》

이야기를 듣는다

젊은 사원일 지라도 문제를 발견하면 의견을 말한다.
책임자는 기꺼이 그 의견을 듣는다.

회사에 입사한 당신은 앞으로 "이렇게 하면 안 될 것 같은데?" 하는 점을 많이 발견할 거라고 생각한다. 그러다가 어느 정도 시간이 지나면 뭐가 뭔지 모르게 된다. 하지만 입사 직후에는 순수하기 때문에 잘 알 수 있다. 남을 위기에 몰아넣는다는 그런 의미가 아니라, 깨닫게 되는 것이 많다. "이렇게 해 보면 어떨까요?"라는 걸 책임자에게 얼마든지 말할 수 있을 것이다.

또 책임자도 그것을 기꺼이 들으려고 노력해야 하지 않겠냐고 나는 말하곤 한다. "우리는 상사로서 최선을 다하고 있지만, 그렇게 생각하면서도 무엇이 옳은지 알 수 없는 경우도 있습니다. 제삼자나 신입사원에게 다양한 의견을 듣고 '아하, 그건 생각해 볼 문제로군' 할 때가 많기 때문에 되도록 여러 사람의 의견을 잘 들어야 합니다."라고 늘 이야기한다.

《사원가업(社員稼業)》

큰길과 밭둑길

많은 사람은 눈앞의 넓은 길을 두고 무리하게
벗어나기 때문에 좀처럼 성공하지 못한다.

사람은 모두 각자 이름이 있다. 먼저 그 이름을 분명히 인식해야 한다. 예를 들어 야마모토 사부로라면 "나는 야마모토 사부로다"라고 분명히 자신을 느껴야 한다. 그런 다음에 중요한 것이 하나 더 있다. "나는 일본인 야마모토 사부로다"라는 것이다. 또 그 사람이 회사에 들어가면 "일본의 어떤 어떤 회사의 사원 야마모토 사부로다"라는 인식을 새로 가져야 한다. 그리고 회사와 운명을 같이하겠다는 각오를 마음속에 심고 신조로 삼는 것이 좋다. 그러면 그 사람의 존재 가치는 매우 커지고, 그 사람의 주위도 감화시킬 수 있다. 이런 사람은 어떤 회사에서나 극히 드물지만, 성공한 사람은 대부분 이런 사람들 중에서 탄생하는 것 같다.

나는 성공은 아주 쉬운 일이라고 생각한다. 하지만 많은 사람이 성공하지 못하는 건 큰길이 있는데도 무리하게 밭둑길로 가기 때문이다. 눈앞에 큰길이 있는데 이쪽이 더 좋을 것 같다며 밭둑길로 가면 도랑에 빠지게 되고, 빠지지 않더라도 길이 나빠서 앞으로 나아가기 힘들게 된다.

《사물을 보는 방식 생각하는 방식(物の見方 考え方)》

자기 인식을 그르치지 않는다

자신의 실력을 잘못 인식·판단하면
큰 실패로 이어지게 된다.

자신의 실력을 제대로 인식하는 것이 중요하다. 자신의 실력이 종합적으로 지금 어느 정도인지, 그것이 어떻게 배양되고 있는지를 인식하는 것이 매우 중요하다. 이는 자기 인식이라고도 할 수 있다. 우리가 그런 것을 생각하고 일한다면 개개인의 약간의 실패는 있을지언정 큰 실패는 절대 없을 것이다. 그렇지만 이 자기 인식은 아주 어려운 것이다. 하지만 우리 개인이 자기 인식을 하는 것 이상으로 어려워 하는 건 회사 전체의 실력을 판단하는 일이다. 자기가 자기를 판단하기도 어렵지만, 자기 회사의 실력을 종합적으로 인식하는 것은 그 이상으로 어렵다. 그러나 그 어려운 인식을 어느 정도 하지 않으면 정말로 오류가 없는 일은 불가능하다고 생각한다.

회사의 경영자는 여러 가지로 계획을 세우는 것도 필요하다. 그러나 그 계획을 세우는 근간에는 그런 자기 실력에 대한 인식이 있어야 한다고 생각한다. 그 실력을 잘못 인식하면 큰 실패를 하게 될 것이다. 우리 회사도 과거에 무수한 실패를 했다. 그 실패의 원인을 물어본다면, 역시 회사의 전체 실력을 잘못 판단했기 때문이다.

《길은 무한하다(道は無限にある)》

나는 무엇을 해야 하는가

자신을 잘 돌아보고, 사심 없이 이해한다.
그런 후에 "나는 무엇을 해야 하는가?"를 생각한다.

자기 성찰이 강한 사람은 자기 자신을 잘 안다. 즉 자기가 자기를 잘 들여다보는 것이다. 나는 이것을 '자기 관조'라고 부른다. 나의 몸에서 마음을 잠시 떼어내어 외부에서 다시 한번 자신이라는 존재를 재검토해 볼 수 있는 사람은 자기 자신을 객관적이고 냉정히 이해할 수 있는 사람이다.

이런 사람은 실수가 매우 적다. 자신에게 얼마만큼의 실력이 있는지, 자신은 어느 정도로 할 수 있는지, 자신의 적성은 무엇인지, 자신의 결점은 어디에 있는지 따위를 아주 자연스럽게, 무엇에도 얽매이지 않고 발견할 수 있는 사람이다. 그런 후에 "나는 무엇을 해야 하는가?"를 생각하기 때문에 그 사람의 행동에 실수가 적은 것은 말하자면 당연한 일이다.

사람이 가진 마음의 작용이라는 건 예나 지금이나 크게 다르지 않은 것 같다. 전국 시대 무장들의 흥망의 역사를 되돌아봐도 이 자기 관조가 가능한 무장과 그렇지 않은 사람들의 차이가 고스란히 흥망성쇠로 이어지는 경우가 많아서 참으로 흥미롭다.

《쇼후(松風)》 1964년 2월호

각자의 삶의 보람

삶의 보람은 다양해도 된다.
사람마다 다양해도 된다.

이 세상에 인간으로 태어난 이상, 삶의 보람을 느낄 수 있는 인생을 살고 싶다는 건 모두의 소망일 것이다. 이렇다 할 삶의 보람도 없이 그저 무의미하게 하루하루를 보낸다면 결코 행복한 인생이라고 할 수 없다.

그렇다면 그 삶의 보람을 어디서 찾아야 할까? 이것은 현실에서는 다양한 모습이 있을 것이다. 어떤 사람은 취미나 스포츠가 삶의 보람이라고 말할지도 모른다. 혹은 자신의 삶의 보람은 가정이라든가 아이의 성장이라고 말하는 사람도 있다. 또 돈을 모으거나 맛있는 걸 먹는 것이 가장 큰 삶의 보람이라고 말하는 사람도 있다.

이렇듯 삶의 보람은 사람마다 다양할 것이고, 또 다양해도 괜찮다.

《인생의 마음가짐(人生心得帖)》

오늘에 이르기까지의 여정

성과는 중요하지만, 성과를 낳는 과정과
그 배경을 더 중시해야 한다.

"로마는 하루아침에 이루어지지 않았다"라는 말이 있다. 당신이 어떤 일을 했든 오늘날 여기에 있는 이면에는 저마다의 성장 배경, 경과, 사정이 있기 마련이다. 그 배경이나 과정을 무시하거나, 무시까지는 아니어도 깊이 고찰하지 않고 경솔한 언동을 하는 것을 충분히 조심해야 한다.

길가의 하찮은 돌멩이 하나, 풀 한 포기도 그것이 거기에 있는 데에는 여러 사정이 있고, 유전(流轉)이 있었을 것이다. 그리고 풀에 마음이 있고 돌에 입이 있다면 우리에게 그 유전을 이야기하고, 오늘날 여기에 있는 사정을 절절하게 이야기했을 것이 틀림없다.

우리는 어떤 일을 할 때 그 일의 성과를 물론 중요하게 여겨야 하지만, 동시에 그 성과를 낳기까지의 과정도 더 중시해야 한다. 그렇게 함으로써 자연스러운 겸손이 생기고, 경솔한 판단도 피할 수 있게 될 것이다.

《쇼후(松風)》1977년 5월호

인생을 만들기 위한 금언 노트

2월분을 읽은 후, '어떤 말과 문장이 마음에 가장 와닿았나?',
'그것은 왜인가?', '앞으로 행동에 어떻게 살릴 것인가?'
이 세 가지를 자문자답하고, 간결하게 정리해 봅시다.

___________ 년   월   일

___________ 년   월   일

___________ 년   월   일

3月

/

생각하는 힘을 기르다

March

"왜?"를 묻는다

계속 발전하기 위해 "왜?"를 묻는다.
사심 없이 진지하게 물어본다.

아이의 마음은 솔직하다. 그래서 모르는 것이 있으면 바로 묻는다. "왜, 왜?" 하고. 아이는 진지하다. 진심이다. 그래서 주어진 대답을 스스로 진지하게 생각한다. 생각해서 납득이 가지 않으면 계속해서 질문한다. "왜, 왜?" 하고.

아이의 마음에는 사심이 없다. 집착이 없다. 좋은 것은 좋은 것이고, 나쁜 것은 나쁜 것이다. 그래서 본의 아니게 사물의 본질을 꿰뚫을 때가 종종 있다. 아이는 그렇게 성장한다. "왜?"라고 묻고, 그 대답을 듣고, 그 대답을 솔직하게 스스로 생각하고, 다시 "왜?"라고 물으면서 하루하루 성장해 나간다.

어른도 마찬가지이다. 날마다 새로워지기 위해서는 늘 "왜?"라고 물어야 한다. 그리고 그 대답을 스스로 생각하고, 또 다른 것에서도 대답을 구해야 한다. 솔직하고 냉정하고, 진심이고 진지하다면 "왜?"라는 질문의 씨앗은 곳곳에 있다. 그것을 못 보고 오늘은 어제처럼, 내일도 오늘처럼, 10년을 하루처럼 틀에 매몰될 때, 그 사람은 발전을 멈춘다. 사회의 발전도 멈춘다.

번영은 "왜?"라고 묻는 데서 비롯된다.

《길을 열다(道をひらく)》

일에 흥미와 이해를 갖는다

일의 사명감을 알게 되면
그 소중함도 알게 되고, 흥미도 생긴다.

꾸준히 긴장을 유지하기란 매우 어렵다. 그러나 마음속으로는 열심히 하겠다는 정신을 꼭 붙들고 해야 한다. 그러려면 그 일에 흥미를 느껴야 한다. 일에 대한 흥미를 갖느냐 갖지 못하느냐는, 하고 있는 일이 태생적으로 맞지 않는 사람도 개중에는 있겠지만, 대부분은 일에 대한 사명감을 알게 됨으로써 소중함도 알게 되어 흥미를 갖게 되는 것이다.

그러므로 그 일에 대한 이해도가 매우 높아야 거기서 흥미가 생기고, 열정이 생겨난다.

싫은데 어쩔 수 없이 열심히 하는 것은 정말 피곤하다. 금방 어깨가 뻐근해지기도 한다. 금방 실수하고, 능률도 오르지 않는다. 꾸지람을 듣고, 불만이 나온다. "어처구니없는 녀석일세", 이렇게 되는 것이다. 간단하다. 성공의 길과 실패의 길은 아주 간단하다. 나는 세상은 결코 어렵지 않다고 생각한다. 어렵지 않은 것을 어렵게 만드는 건 바로 본인이다. 자기 자신이 어렵게 만드는 것이다.

《마쓰시타 고노스케 발언집11(松下幸之助発言集11)》

새로운 해석을 발견한다

걱정에 굴하지 않는다.
새로운 해석을 발견하고, 극복한다.

가까운 예를 들어, 가령 계속된 장마로 걱정이 된다면 "아니다, 이 장마로 인해 풍부한 물이 공급되어 우리 생활에 도움이 된다"라는 식으로 생각한다. 말하자면 관점의 전환이다. 새로운 해석을 하는 것이다.

물론 실제로 일어나고 있는 문제는 이런 비가 내리는 경우처럼 간단하지 않고 더 복잡한 문제가 많다. 그렇기 때문에 그런 해석은 금방 나오지 않는다. 그래서 그런 해석에 도달하기 전까지 몇 시간씩, 길게는 며칠씩 걱정한다. 이것은 어쩔 수 없다. 이것은 불가피한 일이다.

이처럼 나도 늘 걱정을 가졌다. 다만 그 걱정에 굴하지 않는다. 마지막에 가서는 나름의 새로운 관점과 해석을 발견해 그 걱정을 극복해 나간다.

《사람을 활용하는 경영(人を活かす経営)》

서로의 소질을 살린다

사람은 누구나 연마하면 저마다 빛나는
각기 다른 훌륭한 소질을 갖고 있다.

나는 사람은 마치 다이아몬드의 원석과 같은 존재라고 생각한다. 즉 다이아몬드의 원석은 연마하면 빛을 발한다. 그리고 그것은 어떻게 연마하느냐에 따라서, 어떻게 컷팅하느냐에 따라서 각기 다른 찬란한 광채를 발한다. 이와 마찬가지로 사람은 누구나 연마하면 저마다 빛나는 각기 다른 훌륭한 소질을 갖고 있다. 그러므로 인재를 육성하고 활용할 때도 먼저 그런 인간의 본질을 제대로 인식해서 각자가 가진 뛰어난 소질을 살릴 수 있도록 배려하는 것, 그것이 기본 아니겠는가? 이런 인식이 없으면 아무리 좋은 인재가 있어도 그 사람을 인재로서 활용하기는 어려울 것이다.

《사람을 활용하는 경영(人を活かす経営)》

솔직한 마음이 된다

오늘도 솔직한 마음으로 사물을 보고 대처한다.
하루에 한 번은 그런 마음이 되어야 한다.

"어떻게 하면 솔직한 마음이 될 수 있을까요?"

이런 질문을 받은 적이 있다. 그때 저는 이렇게 대답했다.

"저도 역시 매일매일 솔직한 마음으로 살고 싶다고 생각합니다. 하지만 사람은 쉽게 그렇게 될 수 있는 게 아니죠. 그래서 저는 아침에 일어나면 신께 이렇게 기도합니다. '오늘도 솔직한 마음으로 사물을 보고 대처하게 해주십시오.' 그렇게 하루에 한 번이라도 그런 마음이 되도록 다짐합니다."

그랬더니 상대가 "역시 솔직한 마음이라는 것도, 어느 정도의 단계가 있는 것 같네요"라고 말했다.

나는 "그래요. 솔직한 마음이란 처음에는 진심으로 '솔직해야지'라고 생각하는 것부터 시작합니다. 그 마음이 조금씩 쌓여서, 어느 순간 자연스럽게 솔직한 마음이 발휘되죠. 처음부터 완벽하게 솔직한 사람은 없어요. 누구든지 실수를 하기도 하고, 실패도 하지요. 그래도 하루 한 번이라도 '오늘도 솔직한 마음으로 살고 싶다'고 생각하는 것, 그게 바로 솔직한 마음을 향한 첫걸음입니다." 라고 답했다.

《사원가업(社員稼業)》

강하고 바르고 총명하게

솔직한 마음이 되면 옳고 그름의 구별을 그르치지 않고
시의적절한 판단을 할 수 있다.

진정한 의미의 솔직함은 강력하고 적극적인 내용을 가진 것이라고 생각한다. 즉 솔직한 마음이란 사심이 없고 순수한 마음, 다시 말해 하나에 얽매이지 않고 사물을 있는 그대로 보려는 마음이라고 할 수 있다. 그런 마음에서 사물의 실체를 파악하는 힘도 생겨나지 않을까 한다. 따라서 솔직한 마음은 진리를 파악하는 작용을 가진 마음이라고 생각한다. 사물의 진실을 꿰뚫어 보고, 거기에 적응해 나가는 마음이라고 생각한다.

그러므로 솔직한 마음이 되면 해도 되는 것과 해서는 안 되는 것의 구별도 분명해지고, 옳고 그름의 판단도 그르치지 않고, 무엇을 해야 할지도 자연스럽게 알게 되는 식으로 모든 일에 대해 시의적절한 판단하에 힘차게 나아갈 수 있게 되지 않을까 한다. 서로 솔직한 마음이 된다면 "강하고 바르고 총명해진다"라고 생각한다.

《솔직한 마음이 되기 위해(素直な心になるために)》

대자연의 섭리를 접한다

자연과 친해지고, 자연의 움직임을 관찰하다 보면
자신이 갖은 내면에 솔직한 마음을 기를 수 있다.

솔직한 마음을 기르기 위해 중요한 것 중 하나로 자연과 친해지는 것, 다시 말해 대자연의 다양한 섭리와 모습을 접하는 것도 있지 않을까?

자연의 섭리에는 사심도 없고, 얽매임도 없다고 생각한다. 말하자면 문자 그대로 솔직하게 사물이 흘러가고, 솔직한 형태로 모든 것이 변화하고 있다고 생각한다. 따라서 그런 대자연의 섭리 속에 몸을 맡기고, 조용히 자연의 형태를 바라보고, 그 움직임을 관찰하다 보면 점점 솔직한 마음을 피부로 이해하게 되고, 그것을 자신의 내면에 기를 수도 있게 될 거라고 생각한다.

《솔직한 마음이 되기 위해(素直な心になるために)》

서로 소리 내어 외친다

끊임없이 '솔직'해지는 것을 염두에 둔다.
그것을 서로 소리 내어 외친다.

바쁜 일상에 쫓기다 보면 솔직한 마음이 되는 것을 잊어버릴 때가 종종 있는 것 같다. 그래서 서로 솔직한 마음이 되는 것을 잊어버리지 않도록 가끔씩 그때그때 서로 "솔직한 마음이 됩시다"라든가 "솔직한 마음으로!" 등 말하자면 하나의 구호 같은 걸 소리 내어 말하는 것이 필요하지 않을까 생각한다. 예를 들어 아침에 일어나 서로 얼굴을 마주 보며 "좋은 아침입니다. 오늘도 솔직한 마음으로 삽시다."라고 인사를 나누는 것이다. 직장에서 회의에 들어가기 전에 "그럼 솔직한 마음으로 검토해 봅시다!"라고 다 같이 외친 다음에 회의를 시작해 보자. 또 어떤 이야기를 할 때도 "솔직히 생각하면 이렇게 되지 않을까요?"라든가 "솔직히 보면 이렇게 말할 수 있을 것 같습니다"와 같이 끊임없이 서로에게 '솔직'이라는 단어를 말하면서 대화하는 것이다.

이렇게, 말하자면 자나 깨나, 앉으나 서나 일상의 모든 대화나 행동에서 끊임없이 솔직해지는 것을 염두에 두고, 그것을 소리 내어 외치는 것이다.

《솔직한 마음이 되기 위해(素直な心になるために)》

자기 관조에 힘쓴다

자신의 행동을 늘 냉정하게 되돌아본다.
마음을 밖으로 꺼내고, 밖에서 안을 들여다본다.

가령 무언가에 몰두해 있을 때 문득 제정신이 들거나 "내가 지금 뭘 하고 있는 거지?"하고 냉정하게 생각을 되돌아보게 되는 경우가 있다. 그것을 늘 냉정하게 할 수 있도록 노력하고, 또 실제로 그렇게 해 나가야 한다. 물론 자신의 마음을 안에서 밖으로 꺼내고, 밖에서 안을 들여다보도록 마음을 이동시키는 건 사실 매우 어렵다. 그러나 그것을 유념하고 스스로 훈련하다 보면 점점 그렇게 될 거라고 생각한다.

요컨대 그런 자기 관조에 의해 자신이 어디에 속박되어 있는지를 깨닫고, 이것을 고쳐나가야 한다. 즉 자기를 제대로 파악함으로써 자기중심에 빠지지 않고 사물을 판단할 수 있게 된다. 따라서 이 자기 관조는 구속되지 않는 솔직한 마음을 낳게 되고, 그 솔직한 마음을 점점 키워서 늘 사물의 실체를 바르게 파악할 수 있게 되는 것으로도 이어진다.

그러므로 자기 관조는 솔직한 마음을 기르기 위한 하나의 실천이며, 어떤 것을 할 때에도 이 자기 관조를 잊지 않도록 노력해야 한다.

《솔직한 마음이 되기 위해(素直な心になるために)》

사카모토 료마[11] 처럼

항상 몇 수 앞을 보고,
연구를 거듭하고, 늘 앞을 나아간다.

막부 말, 도사 번의 히가키 세이지[12]라는 사람이 당시 도사에서 유행하던 장도를 새로 장만해 에도에서 돌아온 사카모토 료마에게 보여주자 료마는 "자네는 아직도 그런 것을 차고 다니나? 내 것을 보게." 하며 소박하게 생긴 단도를 보여주었다. 그러면서 "대포나 총이 난무하는 세상에서 그런 대검은 무용지물이네"라고 말했다. 세이지는 "그렇구나!" 하고 깨달았다. 그러고는 료마와 비슷한 칼을 만들어서 다음에 료마가 돌아왔을 때 보여주었다. 그러자 료마는 "저번에는 그 칼로 충분하다고 했지만, 이제 칼은 필요 없네" 하며 권총을 꺼내 보여주었다고 한다. 그다음에 돌아와서는 "지금 시대에는 무술만으로는 안 되네. 학문을 해야 하네. 고금의 역사를 읽게." 하고 권했다고 한다. 또 그다음에 만나서는 "재미있는 것이 있네. 만국공법이라고 하는데, 문명국의 공통된 법률이지. 나는 지금 그것을 연구하고 있다네."라고 말했다고 한다. 세이지는 사람들에게 "그렇게 료마에게 늘 뒤처지는 것이 아쉬웠다"라고 말했다는데, 사카모토 료마라는 사람은 늘 몇 수 앞을 보고 있었기에 그런 자세가 나오지 않았을까 생각한다.

《솔직한 마음이 되기 위해(素直な心になるために)》

11) 1836~1867년. 일본 막부 말 도사 번의 무사, 사업가. 무역회사와 정치 조직을 겸한 가메야마 조합을 설립했다. 후에 삿초동맹의 성립에 힘쓰는 등 막부 타도 및 메이지 유신에 관여했다. (역주)

12) 본명은 히가키 나오에. 1839~1894년. 막부 말 도사 근왕당원, 메이지 시대의 경찰관. (역주)

일의 방식에 창의성을 더한다

편하게 일하면서 훌륭한 성과를 낸다.
그런 일의 방식을 더 연구해야 한다.

남들보다 한 시간 더 일하는 것은 귀한 일이다. 노력이다. 근면이다. 그러나 지금까지보다 한 시간 적게 일하면서 지금까지 이상의 성과를 내는 것도 귀한 일이다. 거기에 사람이 일하는 방식의 진보가 있지 않을까?

그것은 창의성 없이는 불가능하다. 연구 없이는 불가능하다. 일하는 행위는 귀한 것이지만, 그 행위에는 연구가 필요하다. 창의성이 필요하다. 이마에 땀을 흘리는 걸 칭찬하는 것도 좋지만, 이마에 땀 한 방울 흘리지 않는 모습도 칭찬해야 한다. 게으름을 부리라는 게 아니다. 편하게 일하는 연구를 하라는 것이다. 편하게 일하면서 훌륭한 성과를 낼 수 있는 일의 방식을 더 연구하자. 거기에서 사회의 번영도 생겨난다.

《길을 열다(道をひらく)》

360도의 시야

시야를 넓혀 모든 것을 받아들이고
각자가 가진 입장에서 활용할 수 있도록 고민한다.

시야를 좁게 가지면 안 된다. 모든 것, 모든 선악을 받아들이고 그것을 각자가 가진 입장에서 활용해 나가는 것이 중요하지 않을까 생각한다. 시야를 좁혀 "이 시야에 들어오는 것만이 옳다. 이 시야 밖에 있는 건 옳지 않다."라고 단정 짓는 걸 용인해서는 안 되지 않을까 하는 생각이 든다.

10도의 시야 안에 있는 것은 찬성하지만, 그 10도 밖에 있는 것은 전부 배격하는 식의 시각과 사고방식을 가지면 안 된다고 생각한다.

흔히 관용의 정신으로 시야를 넓히라는 말을 하지만, 관용의 정신으로 시야를 넓히면 안 된다. 본질적으로 넓혀야 한다. 360도의 시야를 가지고, 그 안에 있는 것들이 모두 어떻게 하면 활용될 수 있을까 하는 생각을 갖는 것이 본질적으로 넓힐 수 있다고 생각한다.

《마쓰시타 고노스케 발언집5(松下幸之助発言集5)》

계속 생각하면

좋다고 생각되는 것을 자꾸 제안한다.
계속 생각하면 생각할 것은 얼마든지 있다.

당신은 이 회사에 들어온 이상, 물론 상사나 선배에 대한 예의는 어디까지나 필요하지만, 사원으로서의 책임감을 가지고 좋다고 생각되는 것을 자꾸 제안하길 바란다.

계속 생각하면 한 가지 일에 대해 생각할 것은 얼마든지 있을 것이다. 생각하지 않으면 30년이 지나도 40년이 지나도 알 수 없다.

《사원가업(社員稼業)》

상식으로부터의 해방

상식에서 벗어나서 무언가를 만들어 내려면
무엇보다도 강한 열의가 필요하다.

'상식'이란 말하자면 선인들이 가진 지혜의 축적이므로 물론 중요하다. 하지만 새로운 것을 만들어 내기 위해서는 일단 상식에서 벗어나야 한다. 그러기 위해서는 열의가 강하게 요구된다.

지식이 풍부한 사람일수록 그것을 뛰어넘는 강한 열의가 필요하다고도 할 수 있을 것이다.

《인생담의(人生談義)》

발상의 전환

180도 관점을 전환해서 보면
새로운 깨달음과 새로운 생각이 탄생한다.

요즘 흔히 '발상의 전환'이라는 말하는데, 이것은 아주 중요하다고 생각한다.

발상의 전환이란 쉽게 말해 관점을 바꾸는 것일 테다. 지금까지 겉에서 보던 것을 180도 바꾸어 안쪽에서 보는 것이다. 이렇게 180도 관점을 전환해서 보면 지금까지 겉에서 봤을 때는 알 수 없었던 다양한 것들이 있다는 것을 알게 된다. 반대로 지금까지 안쪽에서만 봤다면 이번에는 겉을 봄으로써 알게 되는 것이 있다. 그런 것들을 바탕으로 거기에서 새로운 생각이 탄생하고, 개선과 발전으로 이어지게 된다.

《경제담의(経済談義)》

인간의 마음의 미묘함을 안다

미묘하게 움직이는 사람의 마음을 잘 알아
상대의 기분을 생각하고 행동하라.

생각해 보면 사람의 마음이란 정말 이상한 것이다. '인간의 마음의 미묘함'이라는 말도 있지만, 아주 사소한 일로 기뻐지고, 슬퍼지고, 혹은 분노를 느끼고, 또 크게 부풀었다가 쪼그라드는 등 미묘하게 움직이는 것이 사람의 마음이다. 그러므로 공동체 속에서 기분 좋게 생활하기 위해서는 서로 이를 잘 알고, 타인의 기분을 생각하면서 행동하는 것이 매우 중요하지 않을까?

《인생의 마음가짐(人生心得帖)》

일에서는 모두가 평등하다

회사를 더 좋게 만들겠다는 생각 위에 서 있는 한,
본질적으로는 사장도 신입사원도 평등하지 않은가?

신입사원이라고 해서 일방적으로 배우기만 해도 좋은가 하면, 나는 그러면 안 된다고 생각한다. 신입사원은 신입사원대로 선배를 가르친다고 하면 어폐가 있을지도 모르지만, 하루하루 일을 하면서 자신이 깨달은 것들을 자꾸 제언해야 한다고 생각한다.

"나는 신입사원이라 회사에서 가장 후배이고, 일에 대한 지식도 경험도 별로 없다. 그런데 제언이라니 건방지다. 선배가 하라는 대로 하면 된다."라고 하는 것도 하나의 생각이다. 하지만 나는 특히 일에 관해서는 그런 조심스러움은 불필요하다고 생각한다. 회사를 더 좋게 만들겠다는 생각 위에 서 있는 한, 본질적으로는 사장도 일개 신입사원도 평등하다, 이렇게 생각해야 한다.

선배 사원은 경험도 많고, 그 일에 대해서도 잘 알고 있을 것이다. 하지만 그렇기 때문에 도리어 선입관에 사로잡혀 현재의 상태를 당연시하고, 개선할 점을 깨닫지 못하는 면이 있다. 이 점에서 신입사원은 모든 것을 신선한 눈으로 볼 수 있기 때문에 "이건 이렇게 하면 좋지 않을까?" 하고 느끼는 경우도 적지 않을 것이다. 그런 것들을 자꾸 제언해야 한다.

《사원의 마음가짐(社員心得帖)》

올바른 가치 판단

모든 점에서 올바른 가치 판단이 가능한
그런 사람들이 모여서 번영을 실현시킨다.

회사와 상점이 발전하고 사회의 공기(公器)로서 빛을 발하기 위해서는 역시 사원의 훈육, 다시 말해 인간적인 성장을 위해 회사로서 한층 더 노력해야 한다고 생각한다. 그런 생각을 가지고 노력하는 회사에 들어가야 청년 사원의 장래가 매우 밝고 빛나는 것 아닐까?

그리고 회사는 그런 인간적인 생각을 기본으로 사원들이 올바른 비즈니스맨의 상식을 배양할 수 있도록 노력하는 것이 중요하다. 그러나 그러기 위해서는 우선 비즈니스맨으로서, 또 사회인으로서 올바른 가치 판단을 하지 못하면 안 된다. 따라서 회사에서는 모든 점에서 올바른 가치 판단을 할 수 있는 사람을 양성해야 한다. 가치 판단이 올바르면 자기 판단도 할 수 있다. 자기 판단을 하지 못하는 사람은 가치 판단도 하지 못한다. 따라서 그런 사람들이 모여 봤자 오합지졸에 불과하게 된다.

그러나 모든 면에서, 모든 곳에서 그리고 모든 때에 가치 판단을 어느 정도 할 수 있는 그런 사람들이 모이면 어떤 일이든 아주 순조롭게 진행되고, 번영이나 평화를 얻는 것도 그리 어렵지 않을 것이다.

《장사의 마음가짐(商売心得帖)》

돈의 가치

땀 흘려 돈을 벌면 그 가치를
충분히 살리고자 하는 것이 인간의 본능이다.

뜻밖의 수입이랄까, 남에게 받은 돈은 무심코 쓰게 되어 어느새 눈 깜짝할 사이에 사라지고 만다. 도대체 어디에 썼는지 모르게 된다. 그래서는 돈의 가치도 충분히 살리지 못한다. 하지만 반대로 같은 돈이라도 스스로 노력하고 고생해서 땀 흘려 번 돈은 물 쓰듯 펑펑 쓰지 못한다.

이런 것은 당신도 자주 경험할 텐데, 그것은 결국 인지상정이라고 할 수 있고, 예나 지금이나 변하지 않는 인간성의 일면이라고 할 수 있지 않을까?

이런 측면에서 나는 역시 돈이란 자기가 땀 흘리고 자기가 일해서 버는 것이 중요하다고 생각한다. 서로 간에 이마의 땀이 배어 있지 않은 돈은 받아서도 안 되고 빌려서도 안 된다는 생각을 갖는 것이 필요하며, 그래야만 그 사람의 인생이 견실해지고 돈의 가치도 고스란히 살아난다.

《PHP》 1984년 10월호

오해는 반성의 기회

오해를 풀려고 하는 건 당연한 일이지만,
그것을 자신의 반성의 기회로도 삼아야 한다.

오해는 흔히 있는 일이지만, 오해받기를 좋아하는 사람은 아무도 없다. 그러므로 그것을 풀려고 하는 것은 당연하다고 하면 당연할 것이다.

그러나 더 중요한 건 오해받은 걸 스스로 반성하는 것이다. 정말 옳은 일이라면 일부 사람이 오해하더라도 더 많은 사람들은 그것을 인정한다. 그것이 세상이라는 것이다.

이렇게 생각하면, 오해받았다고 해서 필요 이상으로 마음을 괴롭히기보다는 그것을 자신의 반성의 기회로 삼는 편이 좋다고 할 수 있다.

《생각하는 대로(思うまま)》

매일 궁리를 거듭한다

실패를 두려워하기보다는
생활에 궁리가 없는 것을 두려워하라.

생각해 볼 것, 노력해 볼 것, 그리고 해 볼 것. 실패하면 다시 하면 된다. 다시 해도 안 되면 한 번 더 궁리하고 한 번 더 하면 된다. 같은 것을 똑같이 아무리 반복해 봤자 아무 발전도 없다. 선례에 얌전히 따르는 것도 좋지만, 선례를 깨는 새로운 방법을 궁리하는 것이 중요하다. 해 보면 새로운 궁리의 길도 생긴다. 실패할까 봐 두려워하기보다는 생활에 궁리가 없는 것을 두려워하는 것이 좋다.

우리의 선조들이 하나하나 궁리를 거듭해 준 덕분에 오늘날의 생활이 탄생했다. 무심코 지나치는 삶의 조각들에도 고귀한 궁리의 흔적이 있다. 찻잔 하나, 펜 한 자루도 가만히 바라보면 얼마나 훌륭한 궁리의 결과인지 모른다. 그야말로 무에서 유를 낳은 정도의 창조이다.

다시 한번 생각해 보자. 어제와 같은 것을 오늘은 반복하지 않겠다. 아무리 작은 거라도 좋다. 아무리 사소한 거라도 좋다. 어제와 같은 걸 오늘은 반복하지 않겠다. 많은 사람의 이 사소한 궁리의 누적이 커다란 번영을 낳는다.

《길을 열다(道をひらく)》

새로운 눈으로 본다

늘 새로운 눈으로 사물을 보고,
구속되지 않는 마음으로 새로운 발상을 한다.

인간이라는 존재는 자칫 한 가지 생각에 사로잡히기 쉽다. 특히 과거의 상식이나 통념에서 좀처럼 벗어나지 못한다. 그러나 시대는 시시각각 변화한다. 어제 옳다고 여겼던 것이 오늘도 그대로 통용되는 것은 아니다.

그러므로 지도자는 과거의 상식, 고정관념, 그 외 그 어떤 것에도 사로잡히지 말고 늘 새로운 눈으로 사물을 보려는 마음가짐을 가져야 한다. 그리고 그 구속되지 않는 마음으로 계속해서 새로운 발상을 하는 곳에 진보도 발전도 있다.

《지도자의 조건(指導者の条件)》

스펀지처럼 흡수하는 머리

머리에 어떤 것이 들어오더라도
꽉 차지 않을 만큼의 공간을 비워 둔다.

학자나 기술자는 그것이 일이기 때문에 아무래도 한 가지에 몰두한다. 그건 그것대로 좋다. 하지만 동시에 많은 것을 흡수하는 유연한 머리도 필요하다. 어떤 것에 몰두하지만, 그것에 사로잡히면 안 된다. 몰두하되 동시에 머리를 스펀지처럼 만들어야 한다.

남에게 아주 좋은 이야기를 들었거나 큰 감명을 받았을 때 받은 감동으로 머리가 가득 차 버리면 다른 더 좋은 이야기를 들어도 머리에 들어오지 않는다. 그렇게 되면 안 된다. 우리는 어떤 것이 들어오더라도 그것을 꽉 채우면 안 된다. 공간을 비워 두어야 한다. 무엇이든 쏙쏙 스펀지처럼 흡수하는 머리가 되지 않으면 꼰대가 되고 만다. 꼰대가 되지 않더라도 "고지식한 사람이네. 저 사람은 기술자라 고지식해."라는 말을 듣게 된다.

이러면 안 된다. 기술자일수록 흡수를 잘해야 한다. 기술자만큼 모든 것을 받아들이는 데 거리낌이 없는 사람은 없다고 할 정도의 일면이 있어도 좋다고 나는 생각한다.

《마쓰시타 고노스케 발언집28(松下幸之助発言集28)》

사물을 울리고 있지 않은가

세상의 다양한 것들을 진정으로 활용한다.
그것이 가능한 것은 우리 인간뿐이다.

스스로 말하기는 민망하지만, 나는 적어도 더 좋은 제품을 만들고 싶다는 생각에 관해서는 사카타 산키치[13]에 뒤지지 않는 진지함을 갖고 있었다. 그 제품을 사용하는 고객을 위해서는 물론이고 그 제품을 땀 흘려 만드는 직원들의 노력에 대해서도 더 좋은 제품을 만들고, 그것이 쓸모 있게 활용될 수 있도록 하는 것이 책임자인 내 의무라는 의식을 갖고 있었다. 그것이 옳은 생각이 아닐까 생각한다.

꼭 장기말이나 제품에 국한되는 이야기가 아니라, 한 가지를 진정으로 활용한다는 건 쉽지 않은 일이다. 하지만 이 세상에 있는 다양한 것들을 살리고 활용할 수 있는 것은 우리 인간뿐이고, 그래야만 서로의 생활의 향상도 꾀할 수 있다. 오늘날 우리가 누리고 있는 풍요롭고 편리한 생활도 선조들의 것을 살리려는 치열한 노력으로 쌓아 올린 것이다. 이런 걸 생각하면서 주변을 돌아보면, 우리는 오늘날의 풍요로운 삶에 익숙해져 사물을 진정으로 살리려는 노력을 게을리함으로써 많은 것들을 울리고 있는 것이 아닐까 하는 생각도 든다.

《PHP》 1984년 4월호

---

13) 1870~1946. 장기 기사. 메이지부터 쇼와 초기에 살았던 전설적인 승부사.

실력에 달렸다

1000개가 팔리면 10만 개도 불가능하지 않다.
나머지는 실력과 방식과 열정에 달렸다.

장사에서는 상품이 가령 5개가 팔렸다면 어떻게 파느냐에 따라 1,000개는 더 팔린다고 봐도 좋다. 1,000개가 팔리면 10만 개도 결코 불가능하지 않다. 전혀 팔리지 않는다면 다른 이야기지만, 5명이라도 사는 사람이 있다는 건 그 상품이 사람들에게 인정받았다는 걸 보여주는 것이다. 사람들의 생각은 거기서 거기이기 때문이다.

나머지는 실력, 방식, 열정에 달렸다고 생각하면 그만큼 장사가 재미있어지고 힘도 나지 않겠는가?

《생각하는 대로(思うまま)》

자기 성찰을 중요시한다

자신의 행동을 반성한다.
그것은 인간이 가진 하나의 의무이다.

인간인 이상, 자기 성찰이 없으면 안 된다. 즉 자기 성찰은 인간이 가진 하나의 의무라고도 할 수 있지 않을까?

이 자기 성찰에 대해서는 표현이나 형태는 여러 가지로 다르지만, 그 마음가짐은 전쟁[14] 전의 우리나라에서도 많이 이야기되었던 것 같다. 내가 어렸을 때는 가정은 물론 학교에서도 상점에서도 회사에서도 매우 엄격하게 배웠고, 사회 전반의 분위기 속에도 자기 성찰을 중요시하는 풍조가 강했던 것 같다.

그러나 전후에는 일반적으로 이런 경향이 약해진 것 같다는 생각이 든다. 이른바 민주주의의 변질이라고나 할까, 별로 자기 성찰이라는 것을 중요시하지 않는 풍조가 확산되어 있는 것 같다. 그리고 거기에서 다양한 혼란이 야기되고 있는 측면이 있는 것 같다.

그러나 진정한 자기 성찰은 주의나 사상 이전의 이른바 인간으로서의 가장 중요하고 기본적인 마음가짐의 하나이며, 이 기본에서야 비로소 "우리가 무엇을 해야 하는가"를 알 수 있지 않을까?

《쇼후(松風)》1964년 2월호

---

14) 제2차 세계대전을 의미. (역주)

발명의 힌트

연구, 발명을 위한 힌트는
거리로 나가서 얻을 수도 있다.

발명의 힌트는 오히려 아마추어에게 있을지도 모른다. 나도 연구원들에게 "동료하고만 상의하면 안 된다. 거리로 나가서 힌트를 얻어라."라는 말을 자주 한다. 힌트는 어디에나 있지만, 그것을 힌트로 볼 수 있느냐 아니냐의 문제인 것이다.

《마쓰시타 고노스케 발언집13(松下幸之助発言集13)》

자연의 이치에 부합하는 모습

당연한 것을 당연하게,
적당하게 하는 것이 가장 건전한 모습이다.

인간이 건강을 유지하기 위해서는 먼저 영양분을 섭취하는 것이 중요하고, 부족하면 영양실조에 걸린다. 하지만 그것이 지나쳐도 영양 과다가 되어 건강을 해친다. 더울 때는 옷을 벗고, 추울 때는 껴입는다. 그렇다고 너무 두껍게 입으면 땀도 나고 괴로워진다. 요컨대 당연한 것을 적당히 당연하게 하면 되고, 이것이 자연의 이치에 부합하는 가장 건전하고 건강한 모습이라고 할 수 있다.

'자연의 이치'도, '적당'도 얼핏 모호해 보이지만, 이 모호해 보이는 이치를 몸으로 익히는 데에 진정한 학문, 인간의 살아 있는 학문이 있다고 생각한다. 과학이 발전해서 도리어 인간의 불행이 늘어나고, 지식이 발전해서 도리어 악행이 늘어나는 것도 이러한 살아 있는 학문에 대한 겸손함이 부족하기 때문이라고 해야 할까? 우리 회사의 발전도 자사의 발전만 생각하고 주위를 돌아보는 것을 잊어버리면 서로의 기반이 무너진다. 거기에는 자연스럽게 자연의 이치라고 할까, 중용이라고 할까, 적당이라고 할까, 겸손하게 그리고 여유롭게 가는 길이 있는 것이다.

《날마다 새롭게(日に新た)》

말투와 인간관계

직장을 밝게 만드는 것은 인간관계이고,
그것은 말투 하나로 바뀐다.

말투 하나도 받아들이는 사람에 따라서 느낌이 달라진다. 어떤 말투를 써도 똑같이 느낀다면 걱정이 없다. 그 대신 큰 감동도 없어서 밋밋하게 있게 된다. 그렇지만 말투 하나에 따라 받아들이는 사람에게 큰 변화가 생긴다. 자극을 받기도 하고, 그렇지 않기도 한다.

그런 것을 생각해 보면, 사람을 쓰는 사람이나 지도자의 위치에 있는 사람은 그런 것을 충분히 염두에 두고 직장의 분위기를 밝게 만들기 위해 시설을 잘 갖춰야 할 필요도 있을 것이다. 그러나 시설만으로는 매우 부족하다. 시설은 그 일부를 보완하는 것이다. 대부분은 역시 시설 이외의 인간관계이다. 말투라든가 그런 것들이 큰 역할을 한다.

《마쓰시타 고노스케 발언집26(松下幸之助発言集26)》

인생의 성공 자세

예기치 않게 부딪히는 많은 장애물 속에서도
자신의 길을 찾고, 자신의 일을 진행시킨다.

천둥이 치거나 비가 내리는 것은 자연 현상이고, 이것은 이거대로 매일의 생활에 변화가 있어서 재미있지만, 만약 이러한 변화가 규칙적이고 예측할 수 있다면 어떨까 하는 것을 문득 생각해 본다.

만약 이러한 자연 현상이 규칙적으로 일어나서 예측할 수 있다면 어떤 경우에는 아주 편리하겠지만, 또 어떤 경우에는 곤란한 일이 생길 수도 있지 않을까? 그리고 이른바 인생의 묘미라고나 할까, 재미 같은 것이 줄어들지 않을까 하는 생각이 든다.

그런데 우리 인생의 모습도 이와 매우 흡사하지 않을까? 거기에는 예측할 수 없는 수많은 장해물이 있고, 그 장해물들 속에서 우리는 늘 자신의 길을 찾고 자기 일을 진행해 나가는 것이 인생의 모습이 아닐까 하는 생각이 든다.

인생에 있어서 성공하는 자세는 늘 이러한 예기치 못할 장해물에 부딪히면서도 그것들을 극복하고 정해진 자신의 길을 가는 것이 아닐까 싶다.

《왜(なぜ)》

하루에 백 번 구른다

하루에 세 번으로는 부족하다.
오늘날은 하루에 백 번 구르지 않으면 안 된다.

오늘날은 매우 템포가 빠른 시대라 어제 했던 것이 오늘은 더 이상 허용되지 않는 측면까지 생겨나고 있다. "3년을 하루같이"라는 말은 더 이상 허용되지 않는다. 하물며 10년을 하루같이라는 말은 통하지 않는다. 이것은 서로의 업무에서도 그렇고, 국가의 모습에서도 그렇다고 할 수 있을 것이다.

"군자는 하루에 세 번 구른다"라는 말이 있다. "군자는 아침에 생각한 것도 오후가 되면 바뀐다. 오후에는 아침에 생각했던 것과 다른 생각을 하고, 그 다른 생각을 말해야 한다. 오후에 생각한 것은 저녁이 되면 또 바뀐다."라고 2천 수백 년 전에 중국의 현인들은 이렇게 가르쳤다. 그만큼 군자는 진보가 빠르다는 걸 의미하는 것이다.

따라서 2천 수백 년 전의 군자는 하루에 세 번 구르지만 오늘날의 군자는 하루에 세 번으로도 부족하고, 오늘날에는 하루에 백 번 구르면서 시시각각 변화하는 것을 잘 파악해야 한다.

《길은 무한하다(道は無限にある)》

인생을 만들기 위한 금언 노트

3월분을 읽은 후, '어떤 말과 문장이 마음에 가장 와닿았나?',
'그것은 왜인가?', '앞으로 행동에 어떻게 살릴 것인가?'
이 세 가지를 자문자답하고, 간결하게 정리해 봅시다.

___________ 년 ___ 월 ___ 일

___________ 년 ___ 월 ___ 일

___________ 년 ___ 월 ___ 일

4月

/

마음을 갈고 닦다

April

사다리를 생각하는 사람

어떻게 해서든 2층으로 올라가고 싶다.
그런 열의가 있는 사람이 사다리를 생각해 낸다.

지금까지 우리 회사에서 일한 많은 분들을 보노라면, "역시 대단한 사람은 열정이 있다"라는 표현보다는 "정말 쓸모 있는 사람은 열정이 있다"라는 표현이 맞는 것 같다. 그런 사람은 열의가 있는 사람이다.

쉽게 말하면, "2층에 올라가고 싶다, 어떻게 해서든지 올라가고 싶다"라는 열의를 가진 사람은 사다리를 생각할 것이다. 매우 열의가 있는 사람은 어떻게 하면 올라갈 수 있을까 고민하다가 사다리를 생각해 낸다. "2층에 올라가 보고 싶다" 정도로만 생각하는 사람은 사다리를 생각하지 못한다. "내 유일한 목적은 2층에 올라가는 것이다"라는 열의를 가진 사람이 사다리를 생각한다.

그 사람의 재능이 매우 뛰어나서 사다리를 생각해 내는 경우도 있겠지만, 그런 것이 아니라 "별로 2층에 올라가고 싶지 않다, 올라가도 상관없지만"이라고 생각한다면 사다리까지는 생각해 내지 못한다. 하고 싶다는 열의가 관건이다. 업무에 대한 열정이 없다면 인간은 두부와 같다. 인간은 뭐니 뭐니 해도 열의이다. 당신이 배운 기술과 지식도 열의가 있으면 금방 살아난다.

《사원가업(社員稼業)》

모두에게 사랑받는다

사랑받는 일을 한다.
그러지 못하는 사람은 반드시 실패한다.

비즈니스맨으로서 가장 중요한 책임이 무엇이냐는 질문을 받을 때가 있다.

글쎄, 간단히 말하면 모두에게 사랑받는 것이지 않을까. 비즈니스맨은 모두에게 사랑받지 않으면 안 된다. "저 사람이 하는 것을 나도 했으면 좋겠다. 저 물건을 사 줘야겠다."라는 마음이 들게 해야 한다. 그러기 위해서는 봉사 정신이 가장 중요하다. 봉사 정신이 없으면 "저곳에서 물건을 사 주자"라는 마음이 들지 않는다.

그러므로 비즈니스맨의 가장 중요한 임무는 사랑받는 것이다. 사랑받는 일을 하는 것이다. 그러지 못하는 사람은 비즈니스맨으로서 하지 않을뿐더러, 반드시 실패하게 된다.

《마쓰시타 고노스케 발언집5(松下幸之助発言集5)》

배움은 무한하다

회사나 사회는 인생에 대해 가르쳐주는 학교이다.
그러한 학교에서는 배워야 할 것이 무궁무진하다.

올해도 많은 사람들이 학교를 졸업하고 사회에 나온다. 회사에 입사하면 동료나 선배들과 나란히 앉아서 일을 한다. 이때 그저 자신에게 주어진 일만 하면 된다 생각하고 매일을 똑같이 보내면 일에 별로 재미를 느끼지 못하고, 사물을 보는 시야도 협소해질 것이다.

회사 혹은 사회라는 것은 인간이나 인생에 대해 가르쳐주는 학교라고 생각하면 어떨까. "이 학교에는 다양한 사람이 있고, 다양한 인간 군상이 있다. 그렇기에 배워야 할 것은 무궁무진하다." 이렇게 생각하면 인생을 배우고 탐구하기 위해 무엇이든 기꺼이 도전하고, 흡수하자는 의욕도 생기고, 재미있는 나날을 보내지 않을까?

《인생담의(人生談義)》

감지한다

새들이 흩어져 달아나는 것을 보고
그곳에 있는 위험을 감지할 수 있는가?

최고의 장군이나 장수는 전쟁을 치를 때도 하늘을 나는 새떼가 흩어져서 도망가는 것을 보고, 거기에 뭔가 숨어 있다거나 복병이 있다는 것을 알아차릴 수 있다. 그래서 그곳에 가면 당할 게 뻔하므로 그곳을 피해서 지나간다. 리더가 될 사람은 그런 것을 누가 가르쳐주지 않아도 알 수 있을 만큼 머리가 잘 돌아가야 한다.

아무 생각 없이 갔다가는 뜻밖의 복병을 만나 순식간에 당하게 된다. 그런 대장이면 안 된다. 싸움에서 지게 된다. 새가 날아오다가 흩어져서 날아가 버렸다. 왜 흩어졌을까? 아래에 뭔가가 있는 것일까? 혹시 칼이나 창을 가지거나 갑옷을 입은 사람들이 어슬렁거리니까 놀란 것일지도 모른다. 하지만 이곳에서는 보이지 않는다. 새처럼 위에서 날아 보게 되면 거기에 복병이 있다는 것을 알 수 있다.

이런 일이 전쟁뿐만 아니라 우리의 일상생활과 활동에도 일어난다. 그 점을 알아차리지 못하면 실패한다. 따라서 그러한 점을 마음에 새겨야 한다.

《리더가 될 사람이 알아 두어야 할 것
(リーダーになる人に知っておいてほしいこと)》

자문자답한다

어려움에 직면할 때마다 자문자답한다.
마음을 가다듬고 열심히 맞서 싸운다.

오늘날 세상과 각 나라들의 발전을 생각해 보면 그 나라의 국민과 국가가, 가진 목숨을 더 많이 걸고 일하는 나라이다. 나는 각각의 분야와 일에 목숨을 걸며 임하고 거기에서 자신에게 오는 기쁨을 맛볼 수 있는 근무 체제와 업무 체제를 더 많이 갖고 있는 나라가 가장 발전해 나간다고 생각한다. 그리고 그것이 서로의 행복으로 이어지는 거라고 생각한다.

그래서 지금까지 난관에 부딪힐 때마다, 과연 나는 이 일에 목숨을 걸고 임하고 있는가를 자문자답해 왔다. 그런 아주 번뇌가 많을 때 드는 생각은, 별로 목숨을 걸고 임하지 않았다는 것이었다. 그래서 번뇌가 생기는 것 같았다.

즉 "나는 어려움에 직면해서 목숨을 걸고 일하지 않았다. 편하게 하려고 했다. 이 번뇌는 바로 거기에 있는 것이다."라고 생각하게 된 것이다. 그래서 마음을 바꿔서 그 어려움을 향해 나아갔다. 그러자 용기가 생기고, 어려움도 어려움으로 느껴지지 않고, 새로운 아이디어도 꼬리에 꼬리를 물고 떠올랐다. 나는 그런 경험을 많이 가지고 있다.

《길은 무한하다(道は無限にある)》

마음의 경험

눈에 보이지 않는 실패나 성공에 대해 마음속에서 반성하고,
그것을 경험함으로써 차곡차곡 쌓아 나간다.

우리는 날마다 일을 하고 있다. 그 결과 대단한 성과를 올렸다든가, 반대로 실패해서 사업이 어려워진 경험도 때로는 있을 것이다. 그것은 물론 커다란 경험이다. 그러나 매일 하나하나의 일 속에서 "이건 잘됐다"든가 "이건 너무 지나쳐서 실패했다", "그건 실패는 아니지만 더 나은 방법이 있었다" 하는 여러 가지 경우가 있을 것이다. 그런 것을 날마다 스스로 반성하고 음미해 보는 것도 경험이 된다. 그러다 보면 하나의 성공 과정에도 실패가 있기도 하고, 반대로 실패의 과정 속에서 성공이 있는 경우도 있을 것이다. 그런 것들을 하나하나 음미해 나간다면 겉보기에는 무난하고 안정된 모습일지라도 매일매일이 경험이고, 그것이 모두 살아난다고 할 수 있을 것이다.

말하자면 그것은 마음의 경험이라고도 할 수 있다. 형태로 나타난 성공과 실패의 경험은 물론 귀중하다. 그러나 "이건 너무 지나쳤어", "그건 좀 안 좋았어"와 같은 눈에 보이지 않는 실패나 성공을 마음속에서 반성하고, 경험함으로써 차곡차곡 쌓아 나가는 것이 더 중요할 것이다.

《경제담의(経済談義)》

맛을 봐야 알 수 있는 소금의 짠맛

경험을 통해 비로소 그 체질을 알고
이해하게 되는 일이 세상에는 적지 않다.

흔히 "백문이 불여일견"이라고 한다. 어떤 일이나 어떤 것에 대해 다른 사람에게 백 번 이야기를 듣는 것보다 그것을 한 번 직접 보는 것이 더 잘 알 수 있다는 뜻일 것이다. 맞는 말이지만, 세상에는 아무리 여러 번 봤더라도 그 체질을 쉽게 파악할 수 없는 경우도 있다.

예를 들어 소금을 보면 "아, 소금이란 것은 하얀색이고 이런 감촉이구나"라는 것을 알 수 있다. 하지만 소금의 짠맛은 아무리 머리로 생각하거나 눈으로 보더라도 알 수 없을 것이다. 먼저 스스로 한 입 먹어봐야 한다. 머리로 생각하는 것이 아니라, 직접 먹어 봐야 비로소 소금을 이해하게 된다. 이렇듯 경험을 통해야 비로소 사물의 본질을 알고 이해할 수 있게 되는 경우가 세상에는 적지 않다. 말하자면 "백 번 듣고 백 번 보는 것이 한 번의 경험만 못하다"라는 말도 어떤 경우에는 성립할 것이라고 생각한다.

《인생의 마음가짐(人生心得帖)》

마음의 교감

장사를 통해 손님과 마음이 통한다.
그렇게 해서 사회 전체가 윤택해진다.

옛날 장사꾼들은 "손님의 집이 있는 쪽으로는 발을 뻗고 자지 않는다"라고 할 정도로 감사의 마음을 가지고 손님을 대했다고 한다. 그런 마음이 저절로 손님에게도 전해져 거기에 그 가게에 대한 '애정'이 생겨난다. 어디서 사더라도 다 똑같은 물건이지만 어쩐지 그곳에서 사지 않으면 마음이 편치 않다는 식으로 서로 마음이 통하게 되고, 더 나아가서는 사회 전체가 윤택해진다.

그러던 것이 세상이 편리해지고 회사의 규모가 커지면서 언제부턴가 희미해지는 측면이 있는 것 같다. 그리고 물건만 팔면 그만이라는 식이 되었다. 하지만 그러면 점점 사람과 사람의 마음의 교감이 없어지고, 온 국민 전체의 정서도 희미해져 버릴 것이다.

《경제담의(経済談義)》

프로의 자각

월급을 받는다는 것은 프로이다.
서로 프로로서의 자각이 있는가?

프로란 그 길을 자신의 직업으로 삼고 있는 전문가를 말한다. 직업 전문가란 곧 그 길에서 돈을 벌어 먹고살 수 있다는 뜻이다. 바꿔 말하면, 어떤 직업이든 그 길에서 다른 사람으로부터 돈을 받는다는 것은 이미 프로가 되었다는 뜻이다. 아마추어가 아니다.

연예계나 스포츠에서 프로와 아마추어의 구별은 엄격하다. 진정으로 프로페셔널하지 않으면 고객은 쉽게 돈을 지불하지 않는다. 고객은 선의의 마음에서 돈을 지불하지는 않는다. 그러므로 프로를 꿈꾼다는 것은 쉬운 일이 아니고, 프로를 유지하기 위한 노력도 만만치 않다.

안일해서는 안 된다. 학교를 나와 회사나 관청에 들어간다. 들어가면 월급을 받을 수 있다. 월급을 받는다는 것은 바꿔 말하면 그 길에서 자립했다는 뜻이고, 즉 프로의 대열에 합류했다는 뜻이다. 더 이상 아마추어가 아니다. 그렇다면 연예계나 스포츠계의 프로처럼 프로로서의 엄격한 자각과 자기 연마가 필요해질 것이다.

서로 프로로서의 자각이 있는가?

《길을 열다(道をひらく)》

기강과 절제

인생도 경영도 기강이 느슨해지면 무너진다.
평소에 절제력을 길러야 한다.

아침에 일어나 세수를 하고 나면 먼저 부처님 앞에 앉아 합장한다. 온 가족이 합장한다. 비록 향 한 개라도 좋다. 이것으로 아침의 기강을 잡는다. 밤에 잘 때도 마찬가지다. 밤에는 밤대로 엄격하게 기강을 잡아야 한다. 굳이 형태에 얽매일 필요는 없지만, 하루의 기강은 이런 태도에서 나온다. 무슨 일을 하든 기강을 잡는 것이 가장 중요하고, 기강이 서지 않으면 생활은 흐트러지기 마련이다. 생활이 흐트러지면 일할 수 없다. 더 좋은 아이디어도 나오지 않고, 물질적인 것들도 잃는다.

사업도 마찬가지다. 경영도 마찬가지다. 기강이 제대로 서지 않으면 경영은 언젠가 어딘가에서 파탄이 난다. 경기가 좋을 때는 괜찮지만, 불경기가 되면 순식간에 무너진다. 훌륭한 방죽도 개미구멍으로 인해 무너지듯이, 큰 사업도 조금만 기강이 느슨해지면 무너진다. 그러므로 평소에 작은 일에서부터 기강을 잡고, 마음을 엄격하게 다져야 한다.

그러기 위해서는 무엇보다도 절제가 중요하다. 평상시부터 절제력을 기르지 않으면 안 된다. 자기 자신을 위해서도, 세상에 폐를 끼치지 않기 위해서도.

서로 절제력을 기르고, 기강 잡힌 삶을 살아야 한다.

《길을 열다(道をひらく)》

마음을 팔고, 마음을 받는다

물건과 함께 마음을 만들고, 마음을 팔고,
돈과 함께 마음을 받는다.

물건이 움직이고 돈이 움직여야 일련의 장사 행위가 성립되는 것인데, 또 하나 근본적으로 중요한 것은 물건이나 돈과 함께 사람의 마음도 또한 이런 흐름에 따라 이동해야 한다는 것이다.

단지 물건을 만들고, 물건을 팔고, 돈을 버는 것뿐이라면 장사라는 건 정말 삭막한 것이 되어 버린다. 그런 것이 아니다. 물건과 함께 마음을 만들고, 물건과 함께 마음을 팔고, 돈과 함께 마음을 받는 것, 즉 물건이나 돈만 오가는 것이 아니라 서로의 마음이 그 사이에서 오가는 것이 매우 중요하다. 거기에 장사의 참맛이 있다고 생각한다.

우리는 매일 치열한 영업 전쟁을 벌이고 있다. 그러나 그 치열함에 굴복하지 않는다. 오히려 그 안에서 커다란 삶의 보람과 깊은 희열을 느끼고 있다. 왜냐하면 그것은 단순히 물건을 사고파는 게 아니라 하루하루 열심히 봉사하며 거기에서 서로 선한 마음이 통하고 있기 때문 아니겠는가?

더욱더 마음을 나누도록 하자.

《판매의 마음(販売のこころ)》

기쁨, 고마움, 감사의 마음

기쁨을 안다. 고마움을 안다.
늘 감사의 마음을 잊지 않는다.

"자네, 약간 우울증에 걸린 거 아니야?"[15] 이렇게 말하는 것이다. 나는 내가 우울증에 걸렸다고는 생각하지 않았지만, "왜지? 어떻게 해야 하지?"라고 물어보았다. 그러자 그 사람은 "그 원인은 아주 간단해. 자네는 기쁨을 몰라. 고마움을 몰라. 바꿔 말하면 감사의 마음이 없어서 그런 허탈함에 빠지는 거야."라고 하는 것이다. 그리고 이어서 "잘 생각해 보면, 이 세상은 아주 즐거운 곳이네. 어떤 문제가 생겨도 절대 걱정할 것 없어. 문제가 아무리 많이 생기더라도 감사의 마음과 함께 용기가 불쑥불쑥 솟아날 거야."라는 대답이 돌아왔다.

가만히 생각해 보니 과연 그런 부분이 있었다. "그동안 내가 잘못된 생각을 가지고 있었구나. 기뻐해야 할 일에 대해서도 분개하고 전전긍긍해서 심신을 망가뜨리고 있는 게 아닌가."라는 반성이 들었다. 그리고 시야를 좀 더 넓게 가지고, 마음을 바로잡아야겠다고 생각하게 되었다.

《인간으로서의 성공(人間としての成功)》

---

15) 몸도 아프고, 마음도 지치고, 비관적이 되었을 때 상담했던 친구로부터 들었던 말.

모든 것에 감사한다

주변 모든 것에 감사한다. 그리하여
함께 번영하고, 함께 행복하게 살아간다.

오늘날 사회에서 나나 당신이나 아무리 혼자 힘으로 노력해도 혼자만의 힘으로 살아가는 건 절대 불가능하다. 부모, 형제, 선배, 동료, 후배의 도움으로 하루하루를 살아가고 있는 것은 물론이고, 본 적도 없는 세계 각지의 사람들과도 어떤 연결고리를 가지고 살아가고 있다.

사람뿐만이 아니다. 환경, 물건, 그 외 우리 주변의 모든 것들 덕분에 살아가고 있다. 자연의 은혜, 신불(神佛)의 가호도 있다. 나와 당신을 여기에 있게 해준 조상들이 있다.

그러한 것들에 대한 감사의 마음이 인간으로서 마땅히 생길 수 있을 것이다. "나는 누구의 힘도 빌리지 않고 내 힘으로 살아가고 있다. 따라서 누구의 도움도 받지 않는다면, 머리를 숙일 일도 없다." 이런 생각을 갖는다면 그 순간부터 그 사람은 황량하고 살벌한 싸움 속에 몸을 던지게 될 것이다. 모든 것에 감사하는 마음이 있어야 배려도 생기고, 타인의 입장을 존중하는 행동도 가능하다. 함께 번영하고 함께 행복하게 살아가려는 길과도 통하는 것이다.

《젊음에 보내다(若さに贈る)》

꾸지람을 들어야만

지적받고, 주의받고, 꾸지람을 들어야만
사람에게도 사회에도 진보와 발전이 있다.

어떤 회사에서든 갓 입사한 직장인이라면 전화 한 통 제대로 걸지 못하고, 편지 한 통 만족스럽게 쓰지 못하는 것이 실정이다. 그래도 상사나 선배가 그 미흡한 점을 지적하고 주의를 주기 때문에 때로는 "거참 시끄럽네"라고 생각하면서도 "빨리 그런 말을 듣지 않도록 해야겠다"라는 마음이 생겨 스스로 노력하고 점차 요령을 익혀서 1인분의 몫을 하는 사원이 되어가는 것이다.

그것을 내버려두면 업무가 손에 익으면서 점차 다소 나아질 수는 있어도 "이 정도면 됐지, 뭐" 하는 안일한 마음이 생겨서 언제까지나 그 자리에 머물러 있게 된다. 결국 주의도 받지 않고 꾸지람도 듣지 않으면 진보와 발전도 없고, 그 사람에게도, 더 나아가 회사와 사회에도 도움이 되지 않게 된다.

《그 마음가짐이 좋다(その心意気やよし)》

유연한 마음과 솔직한 마음

새로운 창조를 낳는 유연한 마음은
솔직한 마음이 되는 것에서 길러진다.

우리 인간은 현재에 안주한다고나 할까, 자칫 현재에 만족하는 경향에 빠지기 쉬운 것 같지만, 시간은 시시각각 흐르고, 하루하루는 바뀌고 있다. 따라서 인간도 날로 새로운 시간의 흐름에 맞는 새로운 생각과 행동을 계속해서 창조해 나가는 것이 중요하지 않을까 생각한다. 그래야만 어제보다 더 나은 오늘, 오늘보다 더 나은 내일이라는 바람직한 발전의 모습을 낳을 수 있다.

그렇지만 그런 새로운 것을 창조하기란 그리 간단한 일이 아닐 것이다. 현재를 고정되었다고 생각하지 않고 날로 새롭게 변화한다는 유연한 마음으로부터 새로운 창조가 생겨나는 게 아닐까 한다. 그리고 그런 유연한 마음은 어디에서 오는가 하면, 그것은 역시 솔직한 마음이 되면 길러지는 게 아닐까 생각한다. 솔직한 마음으로 살면 현재에 얽매이지 않게 되고 늘 무엇이 올바른지, 무엇이 바람직한지 저절로 생각하게 되며, 그것을 자연스럽게 파악할 수 있게 될 것이다.

《솔직한 마음이 되기 위해(素直な心になるために)》

겸손 위의 확신

겸손한 마음 위에 생기는 확신이 있으면
대부분의 일을 성공으로 이끌 수 있다.

우리에게 필요한 것은 겸손한 마음 위에서 생기는 확신이다. 겸손을 잃은 확신은 확신이 아니라 자만이다. 실제로, 실패한 사람들을 보면 종종 겸손함이 없이 자기 의견을 고집하는 경향을 보인다. 반면 겸손한 마음 위에 차차 확신이 생기면 그것은 훌륭한 신념이 되고, 대부분의 일을 성공으로 이끌 수 있다고 할 수 있다.

이는 특히 지위가 높은 사람일수록 명심해야 할 것이다. 가령 아랫사람이 겸손하지 않아서 윗사람이 "자네는 잘못 생각하고 있네. 그러면 안 되네."라고 주의를 주었다고 가정해 보자. 그렇게 함으로써 스스로 깨닫고 뉘우칠 수 있다. 그러나 윗사람이 되면 아무도 그런 말을 해주지 않는다. 그러므로 자신이 스스로에게 물어야 한다. 즉 늘 자신이 겸손한지 아닌지를 자문자답하지 않으면 안 된다.

겸손한 마음을 가지면 타인의 훌륭한 점을 알게 된다. 그러면 자신의 부하 직원은 대개 자신보다 훌륭하다는 마음을 갖게 된다. 부하 직원이 무능하다고 생각한다면 겸손하다고 할 수 없다.

《경영의 마음가짐(経営心得帖)》

의욕, 열의, 그리고 집념

지금이 아니면 언제 할 수 있겠는가 하는 열의.
내가 아니면 누가 하겠는가 하는 집념.

"마쓰시타 씨, 예순, 일흔은 코흘리개이고 남자의 전성기는 백 살부터예요. 그러니까 나도 지금부터랍니다." 히라쿠시[16] 씨도 나도 상식적으로 볼 때는 은거를 해도 이상하지 않을 나이였지만, 그런 말을 들으니 "히라쿠시 씨가 볼 때 나는 참 마음이 젊은 편이구나" 하고 놀라움과 감탄을 동시에 느꼈다. 듣자 하니 이것은 히라쿠시 씨의 입버릇이었는데, 그 밖에도 "지금이 아니면 언제 하랴, 내가 아니면 누가 하랴"라는 말도 즐겨 하셨다고 한다. 그런데 그로부터 몇 년 후, 히라쿠시 씨가 백 살이 되었을 때, 문득 히라쿠시 씨가 50년 분량의 목조각용 목재를 마당에 쌓아두고 있다는 사실을 알게 되었다.

찾아뵈었을 때 마음이 참 젊은 분이라는 것은 느꼈지만, 백 살이 넘었는데도 50년분의 목조각용 목재를 쌓아 놓고 작품 제작에 대한 의욕을 잃지 않고 계시는 것을 보니 "'남자의 전성기는 백 살부터'라는 것도 말로만 그렇게 한 것이 아니구나, 진정으로 자신의 예술을 완성시키기 위해 앞으로 50년 동안 나무를 더 조각해야 한다는 집념, 즉 강한 의지와 열의를 갖고 계시는구나."라고 새삼 생각하게 되었다.

《PHP》 1984년 3월호

---

16) 히라쿠시 덴추. 1872~1979. 메이지·다이쇼·쇼와기의 목조가의 일인자.(히라쿠시의 생몰년인 1872~1979년이 메이지~쇼와기에 해당합니다)

독립심 없이는

독립심을 기른다. 서로의 자주독립 정신이
조직의 성쇠를 좌우하는 열쇠가 된다.

지도자는 먼저 스스로 자주독립의 정신을 기르고 굳건히 간직해야 한다. 그와 동시에 사람들에게도 그 독립심을 심어 주어야 한다. 아무리 지도자 한 사람이 자주성을 갖고 있더라도, 사람들이 그 지도자에게 무작정 의존해서는 안 된다.

메이지기의 선각자 후쿠자와 유키치[17]는 "독립의 의지가 없는 자는 나라를 생각하는 마음이 깊지 못하다"라고 설파했다. 독립심이 없는 자가 수천 명, 수만 명 모여 봤자 그것은 오합지졸에 불과하다. 국가만 그런 것이 아니다. 회사의 속한 사원들도 독립심이 없다면 마찬가지다.

지도자는 독립심의 함양이야말로 그 회사, 그 단체, 그 국가의 성쇠를 좌우하는 중대한 열쇠라는 것을 알아야 한다.

《지도자의 조건(指導者の条件)》

---

17) 1835~1901년. 일본의 계몽사상가, 교육가. 게이오의숙(현재의 게이오의숙대학)의 창설자. (역주)

괜찮다는 정신

조금만 힘들어도 쉽게 불평하고
비명을 지르는 것은 나약한 사람의 자세이다.

만약 세상 사람들이 볼 때 마쓰시타 전기에 나쁜 점이 있다면, 또 사내적으로 볼 때 개선해야 할 점이 있다면 우리는 진지하게 노력해야 하고, 또 사람들에게 세상을 이롭게 하는 훌륭한 회사를 만들자는 마음가짐과 기개가 없으면 안 된다고 생각한다. 쉽게 말해서, 그것이 없다면 기껏 이렇게 모여도 오합지졸이나 마찬가지이다. 아무짝에도 쓸모가 없는 것이다. 그렇지 않고, 입사한 이상은 마쓰시타 전기와 운명을 같이하겠다, 회사와 운명을 같이하겠다, 회사는 우리의 것이다, 이런 마음가짐을 갖는다면 당신도 여유를 가지고 일할 수 있고, 조금만 힘들어도 비명을 지르지는 않는다.

하지만 조금만 힘들어도 비명을 지르면서 "이건 못 해먹겠다" 하고 불평을 늘어놓기 마련이다. 불평하는 것도 어떤 경우에는 필요하다. 하지만 쉽게 불평해서는 안 된다. 그것은 나약한 사람의 자세이다. 괜찮다는 정신과 신념을 갖고 있는 사람은 조금 힘들다고 해서 비명을 지르지는 않는다. 어떻게 하면 좋아질까 하는 질문에 늘 진지하게 부딪쳐 나간다면 세상으로부터 다소 어려움이 있더라도 헤쳐 나갈 수 있다.

《마쓰시타 고노스케 발언집32(松下幸之助発言集32)》

심신의 단련

삶이 풍요로워질수록
심신 모두 엄격한 단련이 필요해진다.

국가든 기업이든 가정이든 물질이 풍족해지면 풍족해질수록 일면은 엄격해지는 것이 중요하다. 삶이 풍요롭지 않으면 삶 자체가 엄격하다. 배가 고파도 배불리 먹지 못하는 경우가 있을 것이며, 피곤해도 몸을 채찍질하며 일하지 않으면 안 된다. 겨울날 아침, 얼음을 밟고서라도 물건을 팔러 가지 않으면 안 되는 것이다.

그러나 삶이 풍요로워지면 그럴 필요가 없어진다. 원하는 것은 살 수 있고, 무리하게 일하지 않아도 먹고살 수 있다. 그렇게 되면 자연스럽게 심신이 단련되지 않게 된다. 점점 심신이 나태해져 엄격함을 견딜 수 없게 된다.

따라서 삶이 풍요로워질수록 한편으로는 엄격한 단련이 필요해진다. 즉 가난한 집이라면 생활 자체에 의해서 단련되기 때문에 부모가 엄격하지 않아도 아이는 보살핌만으로 충분히 자랄 수 있다. 그러나 풍요로워진 단계에서는 정신적으로 매우 엄격하게 가르쳐야 한다. 그 둘 중 하나가 아니면 안 된다.

《젊은 당신들에게 전하고 싶다(若い君たちに伝えたい)》

부끄럽다

당신은 사회에 귀중한 존재이다.
그 존재를 더 살리지 않으면 안 된다.

당신은 삶의 보람을 어떤 식으로 가지고 있는가? 각자 가지고 있다는 것을 전제로 말하고자 한다……. 그런 것조차 가지고 있지 않다면 더 이상 이야기가 되지 않는다고 생각한다.

"나는 지금 이런 회사에서 이런 일을 하고 있습니다" "왜 그런 일을 하고 있습니까?" "그냥 다른 할 줄 아는 것이 없어서 이 일을 하는 것입니다" 가령 이렇게 말하는 사람이 있다고 한다면, 정말 부끄러운 일이라는 생각이 든다.

그 사람에 대해 "당신 자신을 위해서도 부끄러운 일이 아닌가요? 또 사회를 위해서도 부끄러운 일이 아닌가요? 당신이라는 한 사람은 사회에 귀중한 존재입니다. 그런 귀중한 당신 자신을 더 살리지 않으면 안 됩니다." 이렇게 말할 수 있을 것이다. 서로에게 그런 말을 할 수 있을 것이다.

《사원가업(社員稼業)》

어디서든 수양할 수 있다

어떤 지도자 밑에서도 수양은 할 수 있다.
자신의 마음 먹기에 달렸다.

여러분은 우리 제작소[18] 사정에 따라 언제 어디로 전근 명령을 받을지 모르지만, 우리 제작소에서는 본지점, 공장 할 것 없이 어디든 그 지도 정신이 동일하고, 어떠한 업무든 우리 제작소를 위한 것이며, 동시에 여러분 자신의 수양이기도 하다는 점을 잘 생각해야 한다. 그런데 요즘 전근한 사람 중에 "그곳은 일이 너무 힘들다", "그 일은 내 적성에 맞지 않는다", "그 주임 밑에서는 일하는 보람을 못 느끼겠다" 하면서 투덜대는 사람들이 있다고 들었다. 이것은 오로지 자기를 중심으로 사물을 생각하는 폐단이며, 어디서 어떤 일을 하든 그것이 마쓰시타의 일이며 또한 자기 수양이라는 것을 생각하지 않는 마음가짐의 발로이다.

적재적소는 물론 이상적이지만, 진정으로 자기의 적소를 찾기란 쉽지 않기 때문에 그때까지 다양한 경험을 쌓아야 한다. 어떤 지도자 밑에서도 자신의 마음 먹기에 따라서 수양은 할 수 있으며, 성격과 의견이 다른 지도자 밑에서 오히려 더 잘 수양할 수 있다는 것을 깊이 생각해야 한다.

《마쓰시타 고노스케 발언집29(松下幸之助発言集29)》

---

18) 이 훈화를 했던 1933년 당시의 사명(社名)은 마쓰시타 전기제작소였다.

일과 피로

일을 하고 피곤하기는커녕
피로가 풀리는 경지를 맛봐야 한다.

운동선수는 늘 힘든 훈련과 시합을 해도 피로보다는 오히려 개운함을 느낀다고 한다. 일도 그와 마찬가지라, 정말 몰입하면 피로감을 잘 느끼지 못한다. 관점에 따라서는, 일 때문에 피곤하다고 한다면 아직 충분하지 않다고 할 수 있다.

어려운 것이기는 하지만, 일을 하고 오히려 피로가 풀리는 경지를 조금이라도 맛볼 수 있게 된다면 그것이 진짜배기일 것이다.

《생각하는 대로(思うまま)》

일은 재즈의 기분으로

재즈나 스포츠를 하는 기분으로 일을 해라.
유쾌하고 즐겁고 신나게 활약해라.

여러분에게 바라는 것은 시류에 대한 확고한 생각을 갖는 것이다. 그리고 각자 생산자로서의 책무를 자각하고, 그 수행에 매진하는 것이다. 그리고 이를 수행함을 괴로워하는 건 결코 바람직하지 않다. 같은 인생의 과정이라면 유쾌하고 즐겁고 신나게 활약하라. 일을 재즈나 스포츠를 하는 기분으로 하는 것이 이상적이라고 나는 믿고 있다. 일을 수행함은 희생이 있으면 안 된다. 일하는 걸 즐기면서 희망에 가득 차서 기쁨과 즐거움 속에서 성과를 내야 한다고 생각한다.

여러분도 부디 나처럼 생각하기를 바란다. 물론 삶의 주변을 보면 고민거리만 가득하겠지만, 즐겁게 보고 즐겁게 생각하도록 노력하라. 그러면 인생을 즐겁게 보낼 수 있을 것이다.

《마쓰시타 고노스케 발언집22(松下幸之助発言集22)》

사소한 배려가 중요하다

평상시 응대나 전화 응대는 어떠한가?
임기응변으로 대처하고 있는가?

예전에 어떤 회사에 볼일이 있어서 전화를 걸었다. 그러자 전화를 받은 사람이 "사장님은 지금 멀리 출장 중이시라 2~3일은 출근하지 않으십니다"라고 대답했다. 그래서 어쩔 수 없다 하고 전화를 끊으려는데 그 사람이 "급한 일이시면 연락해 볼까요?"라고 하는 것이다. "그렇게 쉽게 연락할 수가 있습니까?" "네, 괜찮습니다" "그럼 오늘 저녁에라도 전화 좀 달라고 전해 주십시오" 그 결과, 바로 그날 밤에 장거리전화가 걸려와 생각보다 빨리 그 용건을 처리할 수 있었다. 만약 내가 전화했을 때 그 사람이 "연락해 볼까요?"라고 한마디 해주지 않았더라면 순조롭게 용무를 처리할 수 없었을 것이다.

이는 언뜻 아주 사소하고 별것 아닌 일처럼 보인다. 하지만 나는 이런 대처가 순간적으로 가능하다는 건 매우 중요한 점이라고 생각한다. 아마 그 회사에서는 사장님이 평소 사람에 대한 응대나 전화 응대에 대해 까다롭게 이야기할 것이다. 그래서 전화를 받은 사람도 그에 걸맞은 배려, 다시 말해 임기응변으로 대처할 수 있었던 것이 아닐까 생각한다.

《사원의 마음가짐(社員心得帖)》

마음을 놀게 하지 않는다

지도자는 몸은 휴식해도 좋지만,
마음까지 휴식하여 놀게 하면 안 된다.

아무리 지도자라도 24시간 일을 해야 하는 것은 아니다. 그러다가는 몸이 견뎌내지 못한다. 따라서 가끔은 휴식도 하고 레저를 즐기는 것도 좋다고 생각한다. 골프를 치거나 온천에 가는 것도 괜찮다. 하지만 그렇게 몸은 휴식하며 놀아도 좋지만, 마음까지 쉬며 놀아서는 안 된다.

가령 온천에 들어가 있어도 정치가라면 정치를, 경영자라면 경영을 마음 한구석에서는 생각하는 것이 중요하다. 그러면 아르키메데스처럼 목욕물이 넘치는 걸 보고도 어떤 힌트를 얻게 될 것이다.

가혹한 말 같지만, 노는 데 완전히 마음을 허락해 버리는 그런 사람은 지도자로서 실격이라고 생각한다.

《지도자의 조건(指導者の条件)》

우러나오는 진심

결국은 서로의 진심이다.
말 속에 우러나오는 마음이다.

여러분은 와이셔츠 한 장을 살 때도 대개는 마음속에 생각하는 가게가 있을 것이다. 특별한 이유는 없지만, 거기에는 충분한 근거가 있다. 즉 손님인 자신에게 만족감을 준다는 기분이 단골 가게를 결정하는 것이다.

그런 걸 생각해 보면, 판매를 성공시키기 위해서는 어떻게 하면 단골손님을 기쁘게 하고 어떻게 대하면 만족시킬 수 있는지를 생각하는 것이 무엇보다도 중요하다. 그러므로 기발한 아이디어가 별로 없는 판매라는 세계에서 자신의 특색을 발휘하기 위해서는 결국 서로 진심을 갖는 것이 기본이다. 그리고 말 속에 우러나오는 마음이 무엇보다도 중요하다.

《장사의 마음가짐(商売心得帖)》

숙연한 자세

대가 이상의 것은 받지 않는다.
그렇게 단호하게 말할 수 있는가?

아직 자동차는 없고, 오사카역 앞에 인력거가 줄지어 서 있었던 무렵의 일이다.

어느 날, 거기에 한 손님이 와서 '센바의 어디어디로 가 달라'고 말하면서 수레에 올라탔다. 인력거꾼은 24~25세의 젊은이였다고 하는데, 바로 인력거의 채를 들고 달리기 시작했다. 목적지까지 달려서 손님이 내릴 때가 되자, 그 손님은 15전만 내도 될 것을 20전을 건네더니 그대로 가려고 했다. 인력거꾼은 "잠깐만요. 거스름돈을 드리겠습니다." 하면서 손님의 옷자락을 붙잡았다. 그러자 손님은 "수고비로 주는 것이니 넣어 두게"라며 받지 않았다. 결국 실랑이가 벌어졌다. 한참 옥신각신하다가 이윽고 인력거꾼이 갑자기 자세를 바로 하고 숙연한 태도로 "아니요, 필요 없습니다. 이 거스름돈은 가져가십시오."라고 단호하게 말했다. 그 태도에 압도되었는지 그 손님은 5전의 거스름돈을 받아 들고 돌아갔다고 한다.

그리고 훗날 그 인력거꾼은 큰 성공을 거두었다고 한다. 나는 이 이야기를 들었을 때 깊은 감명을 받았다. 그 인력거꾼이 대단하다고 생각했다.

《왜(なぜ)》

무사와 산업인

무사도 정신과 마찬가지로 산업인 정신이 있다.
그 사명을 인식하지 않고는 산업인이라고 할 수 없다.

간혹 무사가 옳지 않은 일을 하면 "무사로서 상종 못 할 놈이다"라는 말로 비난받았다. 그런 훌륭한 정신을 갖고 있지 않으면 무사라고 할 수 없었다. 나는 옛날의 무사도 정신은 그런 것이 아니었을까 생각한다.

그 무사도 정신을 대체하는 오늘날의 산업인 정신은 어떤 것인가 하면, 내용은 다소 다르겠지만 역시 이와 비슷한 걸 가지고 있지 않으면 산업인이라고 할 수 없다. 오직 자신의 입장만 생각해서 일한다면, 나는 역시 산업인이라고 할 수 없지 않을까 생각한다. 산업의 사명을 분명히 인식하고, 그 중요성을 인식하고, 그 산업의 흥륭에 의해 사회가 윤택해지고 사람들의 행복도 약속받을 수 있고 회사 생활도 국가도 발전할 수 있다는 의식, 그리고 더 나아가서 세계의 번영과 평화로도 이어진다는 의식, 자신은 그 일원이라는 의식을 갖지 않는다면 나는 참된 산업인은 양성될 수 없다고 생각한다.

《길은 무한하다(道は無限にある)》

바람 소리에도
깨닫는 사람이 있다

횡 하고 부는 바람 소리만 들어도 깨닫는 사람이 있다.
이야기의 좋고 나쁨은 듣는 사람의 태도에 달려 있지 않을까?

같은 이야기를 듣더라도 "좋은 이야기였다"라고 감동하는 사람과 "시시한 이야기였다"라고 생각하는 사람이 있다. 즉 이야기의 좋고 나쁨은 그 내용보다는 듣는 사람의 태도에 의해 결정된다. 듣는 사람에게 대부분의 책임이 있다고도 할 수 있는 것이다. 횡 하는 바람 소리만 들어도 깨닫는 사람이 있으니까 말이다……

《인생담의(人生談義)》

인생을 만들기 위한 금언 노트

4월분을 읽은 후, '어떤 말과 문장이 마음에 가장 와닿았나?',
'그것은 왜인가?', '앞으로 행동에 어떻게 살릴 것인가?'
이 세 가지를 자문자답하고, 간결하게 정리해 봅시다.

___ 년 ___ 월 ___ 일

___ 년 ___ 월 ___ 일

___ 년 ___ 월 ___ 일

巨富의 생각들

5 月

/

일에 충실하다

May

꿈에서 볼 정도로 사랑한다

다양한 고민과 노력을 통해 자신의 일을
꿈에서 볼 만큼 사랑하게 되어야 한다.

예를 들면, 회사에서 부여받은 일을 다른 일과 바꾸고 싶은데 상사가 "이 일은 장차 자네에게 꼭 도움이 될 일이니 적어도 1년은 해 보게"라고 말하는 경우가 있다. 그때는 회사도 다 생각을 갖고 그 일을 주는 것이니 그것을 잘 생각하고 순수하게 받아들여, "그래, 그런 것이구나" 하고 나름대로 납득하고 1년 동안 그 일을 해 보는 것이 중요하다.

그런 후에 흥미가 생기도록 여러모로 궁리하고 생각해 나간다면, 그래도 도저히 적성에 맞지 않을 수도 있지만, 대부분 경우는 그렇게 궁리하고 노력하다 보면 일에 대한 흥미는 생기기 마련이다.

아마 대부분의 사람은 평소에 이런 마음가짐으로 일을 하고 있으리라 믿지만, 그래도 가끔은 자신이 얼마나 열심히 그런 노력을 하고 있는지 다시 한번 자문자답해 볼 필요가 있다. 그리고 마침내 자신의 일을 꿈에서 볼 정도로 사랑하는 경지에 이르러야 한다.

《사원의 마음가짐(社員心得帖)》

일과 삶의 보람

그때그때 상황에 따른 삶의 보람을 느끼면서
성실히 최선을 다해 일하라.

22세에 독립해서 아주 소박하게나마 가전제품 제조 사업을 일으켰었다. 사업을 시작한 초기에는 완전히 몰두해서 그날그날 성실히 최선을 다해서 일했었다. 그러던 어느 여름날, 밤늦게 일을 마치고 대야에 더운물을 받아 목욕하면서 "나 스스로 생각해도 오늘 정말 열심히 일했구나"라고 나 자신을 칭찬하고 싶을 만큼의 성취감을 맛보았던 것을 지금도 기억한다.

또 회사가 커진 뒤에는 회사 업무를 통해 사람들의 문화생활을 향상시키며 사회 발전에 기여하고 공헌해 나가는 것을 사명으로 삼고, 그것을 사원들과 함께 달성해 나가는 데에서 삶의 보람을 느끼면서 일해 왔다.

이처럼 내 삶의 보람은 결코 처음부터 끝까지 일관되게 동일했던 것이 아니라 그때그때 다양하게 변해왔다. 하지만 나는 그건 그것대로 좋지 않았나 생각한다.

《인생의 마음가짐(人生心得帖)》

성공으로 가는 첫 번째 관문

자신의 회사에 대해 어떻게 보고하고 있는가?
자신 있는 말로 부모님과 가족들을 안심시키고 있는가?

처음 회사에 출근한 날은 환영식도 있고 사장님이나 간부들의 훈사도 있었을 것이다. 또 회사나 근무에 대한 설명도 있었을 것이다. 그것을 듣고 집에 돌아가면 부모님이나 가족들이 대개 "회사는 어땠니?"라고 묻는다. 그때 어떻게 보고하는지가 매우 중요하다.

"별로 인상적이지 않은 회사였어요"라고 하면 부모님은 매우 걱정하실지 모른다. "잘 모르겠어요"라고 해도 역시 걱정이 남기 마련이다. "자세히는 모르겠지만, 오늘 사장님과 간부들의 말씀을 들어보니 왠지 좋은 회사 같다는 생각이 들어요. 만족스럽게 일할 수 있을 것 같아요. 그래서 이곳에서 열심히 일하고 싶어요."라고 자신 있게 보고한다면 부모님도 "그거 잘됐구나. 열심히 해보렴." 하고 기뻐하며 안심하실 것이다. 그런 보고를 할 수 있느냐 없느냐가 성공으로 가는 가장 첫 번째 관문이다.

아무것도 아닌 것 같지만, 나는 그렇게 말하지 못하는 사람은 성공하기 어렵다고 생각한다.

《사원의 마음가짐(社員心得帖)》

말의 서비스

납품 후에도 수요자에게 말을 건다.
서비스를 통해 기쁨과 신뢰를 준다.

장사를 하는 한, 어느 시대나 서비스가 중요하지만, 특히 앞으로는 전문가가 아니면 알 수 없는 제품도 나오기 때문에 서비스가 더욱 중요해질 거라고 생각한다.

실제로 잘 되는 가게는 판매도 물론이지만, 그보다 더 신경을 많이 쓰는 것이 바로 서비스이다. 특히 불만이나 고장이 없을 때 하는 서비스가 중요하다.

점점 더워지면 슬슬 선풍기가 필요해진다. 그럴 때 잠깐 들러서 "작년 선풍기 상태는 어떻습니까?"라고 물어본다. 또 "납품한 제품의 상태는 어떻습니까?"라고 물어본다. 말하자면 '말의 서비스'이다.

이는 전적으로 봉사이다. 그것으로 당장 어떻게 달라지는 것은 아니겠지만, 수요자 입장에서는 얼마나 기쁘고 든든하겠는가? 그런 것에서 장사하는 사람의 진정한 기쁨을 느껴야 하고, 또 소중함을 깨달아야 한다.

《장사의 마음가짐(商売心得帖)》

내 직장이 수련장이다

스스로 터득하기 위해서는 수련장이 필요하다.
직장이 그 수련장이다.

스스로 터득해 나가려면 이를 위한 장소, 즉 수련장 같은 것이 필요하다. 예를 들어 수영이나 스키를 스스로 터득하고 싶으면 수영이면 바다나 강이나 수영장이, 스키면 스키장이 없으면 아무리 스스로 터득하려고 해도 불가능하다. 일도 마찬가지라, 스스로 터득하고 싶으면 먼저 수련장을 찾아야 한다.

그런데 다행스럽게도 그 수련장은 이미 주어져 있다. 곧 자신의 직장, 자신의 회사가 그것이다. 즉 찾지 않아도 이미 수련장이 주어져 있으니 이런 고마운 일도 없다. 남은 것은 그 수련장에서 기꺼이 수련하고, 일을 스스로 터득해 나가겠다는 의지가 있느냐 없느냐이다.

그리고 보통 수련장에 다니려면 이쪽이 수업료를 내야 한다. 그러나 회사라는 수련장에서는 반대로 월급을 준다니 이런 반가운 이야기가 또 어디 있는가? 경우에 따라서는 "나는 이 수련장에서 수업을 받는 처지이니 월급은 당치도 않다. 오히려 이쪽이 수업료를 내겠다."라고 해도 좋을 정도이다.

《그 마음가짐이 좋다(その心意気やよし)》

달인이라 가능한 일

순식간에 좋은 아이디어를 내고
순식간에 제조할 수 있어야 달인이라고 할 수 있다.

아주 가까운 예로, 붓으로 글씨를 쓸 경우, 막 배우기 시작한 초보자는 오랜 시간 동안 이리저리 애를 써도 괜찮은 글씨를 쓰기 어렵다. 하지만 서예의 달인이라면 백지 위에 순식간에 사람들이 칭찬할 만한 글씨를 쓴다. 여기에는 매우 큰 실력 차이가 있다.

우리가 일을 하면서 여러 가지 고안을 하고, 생산하고, 판매를 할 때도 마찬가지이다. 순식간에 좋은 아이디어를 내고, 순식간에 제조하는 것은 그 분야의 달인이 되어야 비로소 가능한 일이다. 할 수 있기는 해도 그것을 위해 10일, 20일이 걸린다면, 상품에 따라서는 그런 경우도 있겠지만, 결코 칭찬할 일이 못 된다. 그것은 결국 미숙함을 드러내는 것이다.

《사원의 마음가짐(社員心得帖)》

말을 잘하는 사람과
잘 듣는 사람

말을 잘하는 것도 중요하지만, 잘 듣는 것은
처세에 있어서 더 중요하다.

잘 듣는다는 것은 여러분이 앞으로 일을 시작함에 있어서 대단히 중요하다. 말을 잘하는 것도 매우 중요하다. 하지만 옛사람들은 말을 잘하는 것보다 잘 듣는 것이 더 중요하다고 말한다.

가만히 생각해 보면, 나도 정말로 그렇다는 생각이 든다. 누가 말을 하면 그것을 마음에 새기고, "아 그렇구나" 하면서 주의 깊게 듣는다. 그러면 말하는 사람은 말하는 보람이 있고 신이 나서 더 열정적으로 말하게 된다. 그러다 보면 아주 좋은 이야기가 튀어나온다. 그 좋은 이야기를 캐치해 나가면 듣는 사람에게 플러스가 된다.

말을 잘하는 것도 중요하다. 다만 말을 잘하는 사람은 자기가 가진 걸 상대에게 주기만 한다. 그렇게 하면 상대로부터 흡수되지 않는다는 점을 생각해 볼 때, 말을 잘하는 건 물론 좋을 수 있다. 그러나 말을 잘 듣는 사람이 처세에 있어서 더 중요하다는 옛사람들의 가르침을 떠올리면 그 생각을 중요하게 음미해 볼 필요가 있지 않을까 생각한다.

《마쓰시타 고노스케 발언집11(松下幸之助発言集11)》

이런 일은 한시라도 빨리

촌각을 다투는 중요한 일은 한시라도 빨리
윗사람에게 보고해야 한다.

오늘날 업계 간, 기업 간에 벌어지는 경쟁은 매우 치열하다. 이러한 시대에 촌각을 다투는 중요한 일을 보고하는 건, 소위 비상시에 "일단은 직속 상사에게 보고해야겠다"든가 "역시 먼저 조직을 통해 처리하지 않으면 문책당할 거야"라는 생각만 하다가는 경쟁에서 패배하게 될 수 있기 때문이다.

따라서 여기서 여러분에게 강력히 당부하고 싶은 건 '이런 일은 한시라도 빨리 윗사람에게 알리라'는 것이다.

《그 마음가짐이 좋다(その心意気やよし)》

때에 맞는 화법

어떤 때는 간단명료하게, 어떤 때는 자세하게
상대방이 받아들이기 쉽도록 말하라.

사람은 저마다 다르다. 성질이 급한 사람도 있고 느긋한 사람도 있고, 꼼꼼한 사람도 있고 대충하는 사람도 있고, 논리적인 사람도 있고 감정적인 사람도 있는 식으로 모두 저마다 다른 성격을 갖고 있다. 그뿐만이 아니다. 같은 사람이라도 마음이 자꾸 변해서 이른바 천변만화(千變萬化)의 양상을 보인다.

그래서 같은 말을 해도 어떤 사람은 반발하지만 또 다른 사람은 기꺼이 들을 것이고, 같은 사람이라도 그때의 마음 상태에 따라서 받아들이는 방식은 여러 가지로 달라질 수 있다. 따라서 자신의 생각을 전달하고자 한다면, 상대방이 어떤 사람이고 지금 어떤 심리 상태에 있는지를 파악한 후에 어떤 때는 간단명료하게, 어떤 때는 말을 늘려서 자세하게 하는 식으로 그 사람이 가장 받아들이기 쉽도록 연구할 필요가 있다.

이렇게 말하니 "그런 귀찮은 짓을 어떻게 하라는 것이냐?"라는 불만이 들려올 것 같다. 확실히 어려운 일이다. 하지만 누군가에게 자신의 생각을 전달하고 싶을 때 늘 이 점을 생각하는 버릇을 들일 필요가 있고, 바로 거기에서 1 더하기 1이 3이나 4가 되는 인간관계의 묘미도 생길 수 있다고 생각한다.

《인생담의(人生談義)》

어디에서 불평을 할 것인가

불평불만을 회사 밖에서 하면 안 된다.
회사 내에서 해야 하고, 사장에게 해야 한다.

어쨌든 오늘부터 이 회사에 입사한 이상, 어쩔 수 없다. 그러니까, 이것이 나쁜 인연인지 좋은 인연인지 알 수 없지만, 아무튼 인연이 있어 맺어진 것이니 다른 곳에 가서 투덜대지 말고 우리 회사에서 불평하라. 다른 곳에 가서는 "마쓰시타 전기는 좋은 회사다"라고 말하라. 마음에 들지 않을 때는 우리 회사에서 말하라. 그것만 생각하고 있으면 된다. 이 한 가지만 알고 있으면 여러분은 훌륭한 사원이고, 사회인이다. 불평은 다른 곳에서 하지 말고 사내에서 하라. 사장에게 하라. 다른 곳에 가면 "우리 회사는 매우 노력하고 있습니다. 나쁜 점도 있을지 모르지만, 모두가 힘을 내서 쓸모 있는 일을 하자고 말합니다. 열심히 하자고 입을 모아 말합니다."라고 말하라.

《사원가업(社員稼業)》

일의 조약돌은 무너지지 않는다

평범한 일도 소홀히 하지 않겠다는 마음가짐.
그런 노력이 쌓이고 쌓여 무너지지 않는 신뢰감을 형성한다.

다른 사람에게 무언가를 명령받는다. 그 명령받은 것을 그대로 수행한다. 여기까지는 좋지만, 그 결과를 명령한 사람에게 제대로 보고하고 있는가?

시킨 대로 하고, 그 명령대로 일을 완수했으니 이제 됐다고 생각하는 사람. 아니다, 명령대로 수행했어도 일단 그 결과는 제대로 보고해야 한다. 그러면 명령한 사람은 안심된다고 생각할 것이다. 이 아무것도 아닌 마음가짐, 작은 배려에서 양자 사이에 신뢰감에 대한 커다란 차이가 생긴다.

일에는 지혜도 중요하고 재능도 중요하다. 하지만 더 중요한 것은 사소한 것, 평범한 것도 소홀히 여기지 않는 마음가짐이다. 어려운 일은 할 수 있지만 평범한 일은 하지 못하는 것은 일을 하는 진정한 자세가 아니다.

사소한 일, 평범한 일, 그것들을 차곡차곡 쌓아가고 그 위에 자신의 지혜와 경험을 더해갈 때 비로소 탄탄한 신뢰감을 얻을 수 있다.

돌탑의 조약돌은 무너져도 일의 조약돌은 무너지지 않는다.

《길을 열다(道をひらく)》

열정이 사람을 끌어당긴다

자석의 힘이 쇠를 끌어당기듯이
진심 어린 열정은 뜻밖의 힘을 끌어당긴다

일이든 무엇이든 그것에 임하는 마음가짐으로서 중요한 건 여러 가지가 있겠지만, 가장 중요한 것은 역시 진심 어린 열정이라고 할 수 있다. 지식도 중요하고 재능도 중요한 건 틀림없지만, 그것들이 없다고 일을 못 하는 것은 아니다. 가령 지식이 부족하고 재능이 충분하지 않더라도 "어떻게든 이 일을 해내겠다", "어떻게 해서든지 이 일을 완수하겠다"라는 진심 어린 열정이 넘친다면 반드시 좋은 성과를 낼 수 있다. 그 사람이 직접 하지 못하더라도 그 사람의 진심 어린 열정이 가시적인 힘으로 바뀌어 저절로 주변 사람들을 끌어당긴다. 눈에는 보이지 않는 자석의 힘이 저절로 쇠를 끌어당기듯이, 진심 어린 열정은 뜻밖의 힘을 끌어당겨 일을 성취시키는 경우가 많은 것 같다.

《인연, 이 신비한 것(縁、この不思議なるもの)》

살아 있는 교과서

선배의 언동은 말하자면 살아 있는 교과서이다.
어떻게 활용할지는 각자의 마음가짐에 따라 결정된다.

학교를 떠나 진짜 사회로 나와 새 직장에 들어간 사람들은 어제까지는 각자의 학교에서 그 사람의 천성에 맞게 배우고 지도받았다. 그러나 사회라는 직장에선 학교처럼 일일이 붙들어 가르쳐주지 않는다. 그러나 가르치는 방식은 달라도 실제로는 같은 것을 하고 있다. 즉 회사에서는 선배가 일을 하고 있고, 신입 사원은 그것을 따라 하면 된다. 즉 선배의 언동이 살아 있는 교과서가 되는 것이다. 그 교과서를 어떻게 읽고 어떻게 활용할지는 각자의 마음가짐에 따라 결정된다.

내가 독립해서 사업을 시작한 당시는 직원도 별로 없었다. 작은 공장이라 내가 전화를 걸면 직원들은 옆에서 듣고 있었다. 젊은 직원들은 그것이 늘 머릿속에 들어 있기 때문에 자신이 전화를 걸 때는 무의식적으로 내 말투를 따라 했다. 그러자 점차 우리 공장 직원들의 전화 예절이 통일되어 하나의 형태가 생겨났다. 그 공장은 전화를 친절하게 받는다, 전화 예절이 좋다 등 평판이 좋아졌다. 그것은 내가 가르친 것이 아니다. 가르치지 않았는데 배운 것이다.

《사물을 보는 방식 생각하는 방식(物の見方 考え方)》

요령을 체득한다

요령을 체득해야만 전문가가 될 수 있다.
이렇게 생각하면 그것을 위한 고생은 희망으로 바뀐다.

걸레질 하나만 하더라도, 그 본질을 따지자면 걸레를 어떻게 짜느냐가 매우 중요한 문제이고, 그에 따라 청소가 잘 되느냐 아니냐가 결정된다. 더 복잡한 일로 가면, 걸레의 물기를 어떻게 짜느냐 하는 것보다 더 어려운 요령이 있을 것이다. 과학적인 원리나 이론을 진정으로 활용하기 위해서는 그것을 기반으로 한 하나의 요령을 체득해야 하지 않을까 생각한다.

요령을 체득한다는 것은 결코 쉬운 일이 아니다. 많은 노력을 기울여야 하는 일이다. 그것은 하나의 고생처럼 생각된다. 그러나 고생일지라도 그것을 하지 않으면 전문가가 될 수 없다는 말을 청소년 시절부터 늘 선배에게 듣는다면 그것은 고통이 아니게 된다. 그래서 요령을 체득하기 위해 혼신을 다할 수 있게 될 것이다.

《사원가업(社員稼業)》

신앙 삼매의 경지

일에 몰두하다 보면 저절로 손님에게 손을 모으고
경배하는 심정이 된다.

소위 신앙 삼매라고 할 정도로 일에 몰두하라. 찾아오는 손님을 신이나 부처라고 생각하면 저절로 손을 모으고 경배하는 심정으로 손님을 소중히 대하게 된다. 그러면 매우 큰 기쁨을 느낄 수 있으며, 또 그런 대접을 받고 화를 내는 손님은 없을 것이다. 따라서 결과적으로 사업이 번성하게 될 것이다.

《인연, 이 신비한 것(縁、この不思議なるもの)》

꼼꼼하면서도 신속하게

일은 꼼꼼하면서도 신속하게 하는 것이
진정한 서비스가 아닐까?

어느 날 직원[19]이 "장사란 역시 서비스가 중요하니까 특히 더 꼼꼼하게 해드리겠습니다"라며 아주 꼼꼼하게 손질해 주었다. 그리고 끝나고 나서 시계를 봤더니 평소에는 1시간 걸릴 것을 1시간 10분이 걸린 것이었다.

그래서 나는 이렇게 말했습니다.

"당신이 특별히 서비스해 준 것은 매우 고맙습니다. 하지만 꼼꼼하게 한다고 10분이나 더 쓴다면 진정한 서비스가 아니지 않을까요? 만일 당신이 꼼꼼하게, 그러면서 시간은 50분 만에 해 준다면 훌륭한 서비스라고 생각합니다만."

나는 속도가 중시되는 현대 사회에서는 아무리 꼼꼼하게 한다고 해서 시간을 더 들이기보다는 꼼꼼하면서도 신속하게 해야 진정한 서비스가 아닐까 하는 생각에 그렇게 말한 것인데, 그로부터 얼마 뒤 다시 그 직원에게 머리를 맡겼을 때는 신속 정확한 가위질로 50분 만에 멋지게 마무리해 주었다.

《인연, 이 신비한 것(縁、この不思議なるもの)》

---

19) 도쿄 긴자에서 요네쿠라 치카시 씨가 경영하던 이발소의 직원.

현실을 꿰뚫는 임상 전문가

실전 경험을 쌓은 임상 전문가는
현장의 실정을 꿰뚫고 있는 전문가로서 일할 수 있다.

경영이나 장사는 의학에 비유하면 기초 의학이 아니라 임상 의학에 해당할 것이다. 그런 의미에서 이에 해당하는 사람들은 실전 경험을 쌓은 임상 전문가여야 한다.

그러므로 가령 판매 계획을 세우는 사람이 스스로 판매 경험도 없으면서 지식이나 재능에만 의지해 소위 탁상공론식으로 계획을 세운다면, 그 계획을 제대로 살리지 못하고 실패하는 경우가 많지 않을까? 혹은 실제로 물건을 제조해 본 경험이 없는 기술자가 개발 업무를 맡아 설계에 종사했다면 과연 좋은 제품이 만들어질까? 나는 그렇지 않다고 생각한다.

역시 임상 업무를 맡고 있는 이상, 실전 경험부터 하지 않으면 전문가의 일은 할 수 없다고 생각한다. 만일 2년이든 3년이든 판매점이나 도매상의 밑으로 들어가 흡사 그곳의 직원처럼 걸레질부터 시작해서 제대로 배우고 수업을 받은 사람이 영업을 맡았다면 어떻게 될까? 그 사람은 판매 일선의 실정을 충분히 알고 있으므로, 가령 책상머리에서 계획을 세우더라도 거의 현실에 부합하는 정확한 계획을 세울 수 있을 것이다.

《경영의 마음가짐 (経営心得帖)》

일과 인격

인격적인 결점에만 신경을 쓰고 있지는 않은가?
일과 인격은 어디까지나 별개이다.

당신은 상사가 일은 잘하지만 인격적으로 결점이 많으니 훌륭한 사람으로 바꿔 달라고 말한다. 당신 말도 이해는 가지만, 인격이 훌륭하고 성실한 사람이라고 해서 꼭 일을 잘하리라는 법은 없다. 일과 인격은 어디까지나 별개이다.

사람은 누구나 결점이 있다. 그러므로 '그 사람에게는 이런 좋은 점도 있다'라는 방식으로 생각해야 한다. 당신은 결점에만 신경을 쓰기 때문에 좋은 점을 보지 못하는 것이다.[20]

《마쓰시타 고노스케 경영어록(松下幸之助 経営語録)》

---

20) 고노스케는 상사를 바꿔 달라고 청한 사원에게 이렇게 대답했다고 한다.

먼저 서비스부터

서비스 정신이 없으면 안 된다.
모든 것은 서비스로부터 시작된다.

어렸을 때 부모님께 자주 들은 말은 "장사꾼은 손해를 보고 이득을 취하라"는 것이었다. 조금 구태의연한 말이기는 하지만, 손해를 보고 이득을 취하라, 손해를 아까워하면 장사꾼으로서 성공하지 못한다는 뜻이다. 이는 비단 장사뿐만 아니라 인간 전반에 해당하는 말이라고 생각한다. 개인, 인간의 사회생활에도 통하는 말이라고 생각한다. 요즘 말로 하면 "먼저 서비스부터 해라. 서비스를 해야 비로소 성과를 인정받을 수 있다."라는 말과 동일할 것이다. 옛날에는 서비스라는 단어가 없었으니까 말이다.

서비스를 적절히 하느냐 하지 않느냐에 따라서 만족도가 결정된다. 고객 만족이 마쓰시타를 지지해 주시는 것으로 이어지고, 마쓰시타가 번창하느냐 번창하지 않느냐로 이어진다고 생각한다.

마쓰시타 전기의 전 직원은 서비스 정신이 없으면 안 된다. 이는 친구에 대한 서비스이고, 회사에 대한 서비스이고, 고객에 대한 서비스이고, 사회에 대한 서비스이다. 모든 것이 서비스에서 시작된다고 생각해도 좋다.

《마쓰시타 고노스케 발언집30(松下幸之助発言集30)》

판매하는 사람

판매에 대한 기본 방침을 살리기 위해서는
먼저 판매하는 사람의 진심이 필요하다.

만담가의 이야기는 들으면 재미있지만, 그것을 글로 읽어 보면 들을 때의 재미가 조금도 느껴지지 않는다. 판매도 마찬가지다. 아무리 훌륭한 스토리가 주어져 있어도 그것을 맛깔스럽게 전달할 수 있는지는 판매하는 사람이 스스로 그만큼의 훈련을 했는지에 달려 있다. 스토리의 잔재미를 살리는 방법에도 흥미를 갖고 연구한다면 그것은 성공할 것이다. 그리고 그 바탕을 이루는 것은 진심이다. 그것이 바탕이 되어야만 깊은 맛도 나올 수 있다. 진심이 없으면 아무리 훌륭한 스토리도 열매를 맺지 못하는 수꽃이 되고 만다.

어떤 회사, 어떤 상점이든 판매에 대한 기본 방침이 있겠지만, 그것은 말하자면 스토리이고, 그것을 살린 맛은 사람마다 다르게 나타난다. 그 맛은 판매하는 사람의 일에 대한 열정, 일에 대한 노력에서 나온다. 즉 그런 판매의 기술이라고 할 수 있는 것을 스스로 배양하고 갖추고 있는 사람에게 좋은 스토리를 주면 그야말로 '날개 돋친 범'이 되어 판매에 성공할 수 있다.

《장사의 마음가짐(商売心得帖)》

신입 사원의 장점과 단점

신입 사원을 맞이하는 시기는 비약의 기회이지만,
동시에 부정적인 면도 간과해선 안 된다.

새로운 사람을 맞아들이면 회사도 개개의 직장도 분위기가 신선해진다. 선배들도 다시금 초심을 떠올리고 심기일전하게 되는 것처럼, 이 시기는 하나의 비약을 위한 귀중한 기회라고도 할 수 있겠다.

그러나 이런 긍정적인 면과 동시에 신입 사원의 합류로 인한 부정적인 측면도 간과해서는 안 된다. 즉 아무리 우수한 소질을 가진 사람이라도 학교를 졸업하고 갓 입사하여 업무에 대해서 아무런 경험이 없기 때문에 처음에는 선배들이 여러모로 가르치고 이끌어 주어야 한다. 일일이 배우면서 점점 업무를 익혀가는 것이다.

그동안 선배들은 그만큼 수고로움을 감수하게 된다. 즉 자신의 업무 능률은 그만큼 떨어지게 된다. 이런 관점에서 보면, 업무 경험이 전혀 없는 신입 사원이 합류하는 데다 그를 가르치기 위해 선배 사원의 능률도 떨어지는 것이니 직장이나 회사 전체로 볼 때 한 사람당 역량은 저하되는 셈이다.

《경제담의(経済談義)》

거래처의 사입 담당자

거래처의 사입 담당자가 된 마음으로
거래처의 입장에서 상품을 권한다.

장사를 하기 위해서는 자기가 취급하는 상품을 꼼꼼히 확인하고, 자신 있는 판매가 중요하다는 건 말할 것도 없다. 단, 그때 단순히 상품을 확인만 하는 것이 아니라 사는 사람의 입장에서, 즉 거래처의 사입 담당자가 됐다고 생각하고 상품을 검토하는 게 중요하다.

사입 담당자는 필요에 따라 물품을 구입하는 것이 업무이다. 그것도 품질은 어떤가, 가격은 어떤가, 양은 어느 정도인가, 언제 구매할 것인가 등을 하나하나 검토하면서 되도록 그 회사나 상점의 이익이 되도록 하는 것이 사입 담당자의 역할이다. 그러므로 내가 거래처의 사입 담당자라면 거래처는 지금 무엇을 필요로 하고 어느 정도의 물건을 얼마나 원할까를 생각하면서, 그런 관점에서 상품을 검토하여 거래처의 의향에 맞게 권해야 한다.

《장사의 마음가짐(商売心得帖)》

상품은 친딸과 같은 것

상품을 새로 구입해 준 거래처와는
새로 친척이 되었다고 생각하라.

매일 취급하는 상품은 말하자면 오랫동안 애지중지 키운 친딸과 같은 존재라고 할 수 있다. 따라서 손님이 상품을 산다는 건 내 딸을 시집보내는 것과 같고, 그 거래처와 내 가게는 새로 친척이 되었다고 할 수 있다. 귀여운 딸을 시집보낸 곳이 거래처인 셈이다.

이렇게 생각하면 그 거래처, 그리고 납품한 상품의 상태가 자연히 신경 쓰이게 되지 않을까?

"가족분들이 만족스럽게 쓰고 있을까?", "고장이 나지는 않았을까?", "근처에 온 김에 잠깐 들러서 상태를 물어보자" 하는 식으로 친딸을 시집보낸 곳처럼 대하는 감정이 절로 샘솟을 것이다.

그런 마음으로 매일 장사를 하면 손님과의 사이에서도 단순한 장사를 넘어 보다 깊은 신뢰 관계가 생기게 된다. 그러면 손님도 기뻐할 것이고, 더 나아가서는 그것이 가게의 번영으로도 이어질 것이다.

《장사의 마음가짐(商売心得帖)》

잠자리에 들어서도 생각한다

모든 관점에서 바라보고 생각해 본다.
자면서도 생각하고, 또 생각한다.

내가 지금으로부터 50년 전에 장사를 시작한 이래 처음으로 광고 선전하려 했을 때의 일이다. '내셔널 램프'를 고안해서 세상에 내놓으려는데, 그러려면 가장 먼저 선전을 해야 하지만 당시는 자금도 부족하고 힘도 없어서 신문에 광고를 낸다는 것이 보통 일은 아니었다. 결국 "사서 안심, 써서 이득, 내셔널 램프"라는 세 줄 광고를 내게 되었다. 이 세 줄 광고를 내기에 앞서, 당시는 세 줄 광고라도 우리로서는 큰돈이 드는 것이라 오랜 시간을 들여 충분히 검토했다. "사서 안심, 써서 이득, 내셔널 램프." 고작 이 문구를 생각하는 데 사흘이 걸렸다. 왜 사흘이나 걸렸는가 하면 글씨의 굵기, 글자와 글자의 간격, 그리고 주위에서 보기에 글자가 어떤 느낌으로 보이는가 하는 것까지 고려했기 때문이다. 잠자리에 들어서도 그 문구를 신문 위에 올려놓고 가만히 들여다보았는데, 볼 때마다 "이 간격은 좀 더 벌리는 것이 좋겠다, 이 글씨의 굵기는 좀 더 두꺼운 것이 좋겠다"하는 식으로 자꾸만 생각이 바뀌었다. 한도 끝도 없어서 "이 정도로 하자"하고 그만둔 것이 결국 사흘이 걸린 것이다.

《마쓰시타 고노스케 발언집24(松下幸之助発言集24)》

신제품을 따라다닌다

영혼을 담아서 만든 신제품은
어떻게 쓰이고 있고, 어떤 느낌을 주고 있는가?

어쨌든 신제품을 내놓았다면, 그것을 따라다니는 것이 중요하다.

"오늘 내놓은 물건은 처음 출시한 제품인데, 어디에 팔았나요?" "오사카의 어떤 상점에 팔았습니다." "그러면 그 상점에 한번 다녀오세요." 하는 식으로 말이다.

"당신은 그 제품을 사셨습니까?" "샀습니다. 그런데 아직 팔리지는 않았습니다. 가게에 진열만 해 두었습니다." "아, 그렇군요. 가게에 진열해 봤더니 어떻던가요?" "괜찮아 보입니다." "좋습니다. 최대한 많이 팔아 주세요." 이런 식으로 말이다.

그리고 사흘 뒤에 이렇게 묻는 거다. "판매 결과는 어땠나요?" "어제 팔았는데, 아직 그 반응은 듣지 못했습니다." "어디에 파셨습니까?" "여기에 팔았습니다." "그럼 제가 거기에 다녀오겠습니다." 하고 그곳을 찾아가는 것이다.

계속 그렇게 하다 보면 불량이 있어도 금방 알 수 있고, 구매자도 만족하고, 실패가 거듭되는 일도 절대 없다. 하지만 대부분 그렇게 하지 않기 마련이다. 전화로도 물어보지 않는다. 이는 자신이 영혼을 담아 만든 제품을 남에게 제공해 놓고, 그 사람이 어떤 식으로 사용하고 있고 어떤 식으로 느끼고 있는지에 대해 관심이 없다는 증거이다.

《마쓰시타 고노스케 발언집25(松下幸之助発言集25)》

상품이 말을 걸어온다

말 못 하는 상품이 말을 걸어온다.
자신에게 그 정도의 절실함이 있는가?

건전지 공장에 갔을 때의 일이다. 때마침 완성된 제품이 다시 또 상태가 좋지 않아 책임자를 비롯한 담당자들이 여러모로 원인을 조사하고 있었다. 나도 그 건전지를 몇 개 집으로 가져와서 저녁 식사를 마친 후, 책상 위에 주르륵 늘어놓고 다양한 각도로 생각하면서 건전지에 연결한 전구의 밝기를 살펴보고 물끄러미 바라보기를 반복했다. 그러다가 문득 건전지가 "한번 따뜻하게 데워줘"라고 말하는 것만 같은 생각이 들었다. 당장 냄비에 물을 끓여 그 안에 넣고 온도를 올리면서 실험해 봤더니 밝기가 정상 상태로 돌아왔다. 거기서 원인을 알게 되어 다음 날 곧바로 대책을 세울 수 있었다. 그리고 그 책임자에게 반 농담으로 "건전지랑 눈싸움을 하고 있었더니 건전지가 말을 하더라고. 자네도 건전지 제조의 전문가라면 그런 건전지의 목소리를 들을 수 있어야 하지 않겠나?"라고 말했던 적이 있다.

말 못 하는 상품이 뭔가를 말해온다는 것은 대체 어떤 것인가? 나 자신도 잘 알 수 없지만, 결국 그런 목소리가 들리느냐 아니냐는 자신에게 얼마만큼의 절실함이 있느냐에 달려 있지 않을까 생각한다.

《PHP》1984년 4월호

반복해서 훈련한다

늘 진짜 경쟁에 대비해서
좋은 물건을 빨리 만드는 훈련을 게을리하지 않는다.

예를 들어 다리미를 만드는 회사가 있다고 치면, 디자인이 3개라면 3가지 조건하에 새 다리미를 만들 것이니 설계하라고 하고 설계팀을 3팀으로 나누어 경쟁을 시키는 것이다. 기한은 사흘을 준다. 그러면 사흘 동안 각 팀이 디자인을 완성시킨다. 그것을 모아서 어떤 팀이 가장 적절하게 설계했는지 검토한다. 이런 것을 반복적으로 훈련해 놓으면 진짜 경쟁이 붙었을 때 사흘 안에 훌륭한 디자인을 내놓게 된다.

이런 식으로 좋은 물건을 빨리 내놓는 훈련을 일상적으로 해 놓으면, 진짜 경쟁이 붙었을 때 순식간에 좋은 물건을 내놓을 수 있고, 주문 하나를 받아도 다른 곳은 일주일이 걸릴 것을 이쪽은 사흘 만에 완성하게 될 것이다. 그러면 나흘이 당겨지니까 발주처도 매우 만족하게 된다. 아무리 좋은 물건을 만들 수 있어도 한 달 뒤에나 완성된다고 하면 주문은 다른 곳으로 가 버릴 것이다.

그러므로 그런 훈련을 일상적으로 하는 것이 매우 중요하다.

《길은 무한하다(道は無限にある)》

불량의 발견

상품에 불량이 났을 때
무엇이 잘못인지 바로 알 수 있는가?

그 일의 중대성을 늘 자각하고 그것을 바탕으로 주의를 게을리하지 않는다면 대부분의 불량은 사전에 발견할 수 있다. 또 불량이 나도 금방 발견할 수 있다. 상품을 보내놓고 구매자를 찾아간 다음에야 불량이라는 것을 알게 되고, 돌아와서도 여유작작하게 "원인은 이것도 아니고, 저것도 아니다", "이건 쓴 사람이 잘못 쓴 것이다" 하는 식의 논쟁을 벌이는 건 사실 어불성설이라고 나는 생각한다.

만일 간과하거나 누락된 부분이 있어 수요자로부터 "저기서 이런 소리가 난다"라는 말을 들었다면 곧바로 이해하고 "뭔지 알겠습니다. 바로 교체해 드리겠습니다." 하고 "아, 저기가 불량이구나. 실수가 있었어." 하는 식으로 바로 알아차리는 정도가 아니면 안 된다.

그러지 않고 돌아와서 "어디 한 번 볼까?", "아무렇지도 않잖아"라는 말로 시간만 보내는 것은 정말 언어도단이라고 생각한다.

《마쓰시타 고노스케 발언집30(松下幸之助発言集30)》

올바른 잡음

공장 안의 잡음은 올바른 잡음인가?
불량품이 만들어지고 있는 잡음은 아닌가?

공장 작업장에 들어서자마자 들려오는 소리, 그 잡음은 올바른 잡음인지, 작업이 제대로 이루어지고 있는 잡음인지, 불량품이 만들어지고 있는 잡음인지를 알 수 있느냐 없느냐 하는 것이다. 그것을 모르겠다면 당당할 수 없다.

《마쓰시타 고노스케 발언집28(松下幸之助発言集28)》

숨통을 끊는다

후회하지 않기 위해서라도
일에 신중을 기해 숨통을 끊어라.

옛날에는 숨통을 끊을 때도 엄격한 수칙과 예법이 있었다고 한다. 그래서 무사들은 마지막 일격을 가해야 할 순간에 힘을 빼고, 마음을 내려놓고, 숨통을 끊지 않고 놔두는 등 그 예법에 따르지 않는 것을 크게 부끄러워했다.

일을 꼼꼼히 확인하고, 마지막 순간까지 살피고, 확실하고 철저하게 처리하는 것, 이것이 옛 무사들이 가장 중요하게 여기던 덕목이었다. 이런 마음가짐은 어릴 때부터 일상의 예사로운 일들, 젓가락 잡는 법, 인사 하나에 이르기까지 엄격하게 배우고 길러졌다.

이런 마음가짐으로 오늘날 서로의 일을 되돌아보면, 숨통을 끊어 놓지 않는 애매모호한 일의 행태가 얼마나 많은지 모른다.

애써 이룬 99%의 귀중한 성과도 나머지 1%의 숨통을 확실히 끊어 놓지 않는다면 처음부터 하지 않은 것이나 다름없다. 좀 더 꼼꼼히 할걸, 좀 더 신경 써서 할걸 하는 후회만 들게 된다.

옛 무사들이 크게 부끄러워했던 것처럼, 숨통을 끊어 놓지 않는 일의 행태를 크게 부끄러워하는 엄격한 마음가짐을 가져야 한다.

《길을 열다(道をひらく)》

변명은 일체 듣지 않는다

부서의 책임은 과장에게, 회사의 책임은 사장에게 있다.
변명할 마음 따위는 없어야 한다.

예를 들어 부서가 성과를 내지 못하는 경우가 있다. 거기에는 다양한 이유가 있을 것이다. 부서의 구성원들이 일을 못 한다는 식으로 부서의 성적과 관련지어서 말하기도 한다.

그런 경우 나는 이렇게 말합니다.

"그렇게 말하면 안 되네. 부서의 책임은 자네 한 사람의 실력이네. 만일 일을 못 하는 부하가 있어서 성과가 나지 않는다고 한다면, 그 부하를 반납하게. 회사에는 '그 사람은 적성이 없는 것 같으니 다른 일을 시키는 것이 좋겠다'고 얼마든지 말할 수 있네. 그렇게 말하지 않고 적당히 부리고 있다는 것은 역시 자네의 책임 아닌가? 그러니 부하 탓이다, 어디 어디에 원인이 있다 따위의 변명은 일체 듣지 않겠네. 나 자신도 그렇게 생각하고 있네. 내가 회사 사장으로서 제대로 못 하고 있을 때, 나는 우리 회사 직원들 탓이다, 어디 어디에 원인이 있다 따위의 말로 변명할 마음이 전혀 없네. 이것을 자네에게도 똑같이 요구하고 싶네."

《경영의 가치 인생의 묘미(経営の価値 人生の妙味)》

인생을 만들기 위한 금언 노트

5월분을 읽은 후, '어떤 말과 문장이 마음에 가장 와닿았나?',
'그것은 왜인가?', '앞으로 행동에 어떻게 살릴 것인가?'
이 세 가지를 자문자답하고, 간결하게 정리해 봅시다.

년   월   일

년   월   일

년   월   일

6 月
/
경영 의식을 키우다

사원을 생업으로 삼는다

사원 한 사람 한 사람이 회사 안에서
자신을 독립경영체라고 생각하면 어떨까?

스스로가 회사라는 하나의 사회 속에서, 일을 생업으로 삼고 있는 자영업자라고 생각해보자. 즉 여러분도 한 사람 한 사람이 자영업자로서, 여러분 회사의 일을 생업으로 삼고 있다는 마음가짐으로 무언가를 보고 판단할 수 있었으면 좋겠다. 그리고, 당신의 그 판단이 옳은지 아닌지까지도 깊이 생각해보면 좋겠다.

사원이 생업이라는 생각에 충실하다면, 가령 시키는 일만 하는 것은 불가능하다고 생각한다. 자신의 생업이 야간에도 영업하는 우동집의 주인이라면 의욕적으로 우동을 팔겠다는 마음가짐으로 일해야 하고, 강변에 노점을 차려 놓고 호객 행위를 할 필요가 있을 것이다. 또 오늘 국물 맛이 어땠는지 먹어 보고 '조금 매웠다', '맵지 않았다' 등 스스로 간을 보고 생각도 할 것이다.

《사원가업(社員稼業)》

자기 인식과 대비 인식

자기 인식도 대비 인식도 되지 않는다면
회사에 도움이 될 리가 없다.

마쓰시타 전기의 실력은 어떤 것인지, 경쟁력은 어느 정도인지를 끊임없이 종합하고, 판단을 그르치면 안 된다. 이는 사장이 할 일이다. 여러분이 종합적으로 판단할 것은, 업무 내용은 조금씩 달라도 그 담당 부문의 실적과 실력이 어떤 것인지를 끊임없이 인식하고, 그것을 한 걸음 전진시키려면 어떻게 해야 할지를 생각하는 것이다. 구체적으로 실력이 있는지 없는지이다.

요전에 어떤 기구를 봤는데, '아 이건 안 되겠다' 싶었다. 지저분하고, 어쩐지 아마추어가 만든 것 같았다. 신용을 떨어뜨린다는 인상을 받았다. 그런데 그곳의 기술 담당자는 그런 물건을 당당하게 내놓은 것이었다. 그것은 인식이 제대로 되어 있지 않다는 뜻이다. 즉 자신의 기술 자체를 인식하고 있는가 아닌가? 혹은 자신의 기술과 다른 곳의 기술을 비교해 봤을 때 얼마나 더 뒤떨어지고 얼마나 더 나은가 하는 대비 인식도 되어 있지 않은 것이다. 자기 인식도 대비 인식도 되어 있지 않다는 건 경쟁 상대에 대한 인식도 없다는 것이다. 이런 상태에서 일을 하면 회사에 도움이 되지 않을 게 뻔하다.

《마쓰시타 고노스케 발언집25(松下幸之助発言集25)》

솔직한 마음과 경영의 비결

솔직한 마음이 되어야
경영의 비결을 터득할 수 있다.

나는 전부터 솔직한 마음에 대해서 그 중요성을 다른 사람들에게도 말하고, 나 자신에게도 말하면서 그 향상을 위해 노력하고 있는데, 언제나 늘 솔직한 마음이 되면 인간은 사물의 참모습, 실상을 볼 수 있게 되어 '마치 신처럼'이라고 표현해도 좋을 만큼 강하고 올바르고 총명해질 수 있다.

그러면 장사나 경영에서 무엇이 중요한지도 적확하게 이해하게 될 것이고, 사람을 어떻게 하면 잘 활용할 수 있는지도 그때그때에 따라 정확하게 판단하게 될 것이다. 그것이 바로 경영의 비결을 터득한 모습이라고 생각한다. 그런 의미에서는 솔직한 마음이 되어야 경영의 비결을 터득할 수 있다고 해도 결코 과언이 아닐 것이다.

《경영의 비결이 여기에 있다는 것을 깨달은 가치는 100만 냥
(経営のコツここなりと気づいた価値は百万両)》

자주적 경영력을 갖는다

경영이 경직되지 않으려면
각자에게 자주적 경영력이 필요하다.

무슨 일이든 위에서 시킨 일이라고 해서, 윗사람이 원하는 일이라고 해서 안일하게 생각하면 무사안일주의에 빠져 경영이 경직화되고 만다. 예를 들어 경비 절감을 위해 광고선전비를 함부로 쓰면 안 된다는 방침이 내려왔을 경우, 그것을 직역해서 필요한 광고까지 중단해 버린다면 잘 팔리던 상품도 팔리지 않게 되고 회사의 발전도 멈추게 된다. 그렇기 때문에 아랫사람은 자주성에 의거하여 경영을 판단하는 것이 필요하며, 불필요한 광고는 일체 없애더라도 필요한 것은 적극적으로 계속해야 한다.

그러므로 가령 부장이 한 가지 방침을 내놓았을 때 과장이나 주임이 그에 대해 자신의 소신을 피력하고, 만일 그것이 타당하지 않다면 "부장님, 그 방침은 잘못된 것 같습니다"라고 말할 수 있을 만큼의 자주성과 실력, 다시 말해 자주적 경영력을 갖는 것이 필요하다. 그런 것이 없으면 윗사람이 실수했을 경우 모두가 잘못된 방향으로 나아가게 된다.

《경영의 마음가짐(経営心得帖)》

기쁨과 감사를 얻고 있는가

가령 자신이 가게를 접는다면
단골 손님들이 아쉬워할 것인가?

매일 장사를 하는 데 있어서 중요한 것은 많겠지만, 그중 하나로 다음과 같은 것을 들 수 있을 것이다. 현재 경영 중인 자신의 가게가 과연 단골손님들에게 얼마나 도움이 되고 있는지, 얼마나 기쁨과 감사를 얻고 있는지를 다양한 각도에서 끊임없이 검토하고 자문자답해 보는 것이다.

예를 들어 만일 자신이 가게를 접었을 경우, 단골손님이 "아까운 가게가 문을 닫았네"라고 아쉬워할 만한 수준의 장사를 자신이 지금 하고 있는지를 반성하고 검토해 보면 어떨까? 끊임없이 그런 검토를 반복하면서 장사를 한다면 "내 방식에 아직 배려가 부족했다. 단골손님에게 이런 것도 해 드렸으면 좋았을 텐데." 하는 것이 곳곳에서 속속 드러나지 않을까?

《장사의 마음가짐(商売心得帖)》

규칙과 자유

필요 이상의 규칙으로 규제하면
각자가 자신의 장점을 마음껏 발휘할 수 없다.

만일 경영자가 필요 이상으로 사내 규칙을 만들어 직원들의 활동을 규제하려 든다면, 설령 그것이 직원들의 실수를 막으려는 배려에서 만든 것이더라도 대부분의 직원은 그 규칙에 얽매여서 마음껏 활동하기 어려울 것이다. 그러면 각자가 가진 지식과 재능도 활용하기 어렵게 된다. 더 나아가 업무 성과도 오르지 않게 될 것이다. 그러므로 회사의 경영자는 회사의 기본적인 경영 방침은 모두에게 주지시키되 나머지는 최대한 각자의 책임으로 자유롭게 일하도록 하는 방식을 취하는 것이 좋지 않을까?

그러면 직원들은 자신의 장점을 마음껏 발휘할 수 있고, 일에 대해서도 기쁨을 느끼고 각자 연구와 고민을 거듭하면서 능률을 끌어올려 일하게 될 것이다. 이는 본인을 위한 길이기도 하고, 더 나아가서는 회사의 번영으로도 이어질 수 있다.

《PHP》 1967년 12월호

일의 성과를 흑자로 만든다

전 직원의 업무 성과로서 반드시 이익을 낸다.
그렇지 않으면 회사는 존재할 가치가 없다.

여러분이 아침부터 밤까지 회사 업무에 종사하는데, 그렇게 일한 성과가 제로면 안 된다. 일한 성과에는 반드시 이익이 있어야 한다. 이익을 내지 못하는 경영은 절대로 의미가 없다. 수억의 돈을 들이고 수천 대의 기계와 수백 동의 건물을 써서 7천 명의 사람이 아침부터 밤까지 열심히 일하고도 아무런 이윤도 남기지 못한다는 것은 국가를 점점 빈곤하게 만들고, 회사를 결국 망하게 하고, 전 직원이 점점 가난해지는 것이다. 이렇게 무의미한 일로 일관하면 안 된다.

우리가 산업인이라는 점을 생각한다면, 반드시 이 많은 사람들의 노동의 성과를 흑자로 가져가서 국가의 번영과 회사의 번영 그리고 직원들의 생활 향상으로 이어질 수 있는 성과 있는 일을 해야 한다는 것을 분명히 인식해야 한다. 그렇지 않다면 있을 가치가 없는 존재라고 나는 생각한다. 있을 가치가 없는 존재라면 마쓰시타 전기는 해체되어도 좋을 것이다.

《마쓰시타 고노스케 발언집22(松下幸之助発言集22)》

경비의 사용처

경비가 효과적이고도 적절하게 사용되고 있지 않을 경우,
그 회사나 상점의 경영은 반드시 실패로 끝난다.

회사나 상점을 경영할 때 명심할 것은 많지만, 그중 가장 명심해야 할 건 경비의 사용처에 관해서이다. 경비가 가장 효과적이고도 적절하게 사용되고 있는 회사나 상점은 번영하지만, 반대 경우는 반드시 실패로 끝난다.

전표 한 장, 우편물 한 통, 전화 한 통에 낭비가 있으면 자연히 그것이 제품 원가에 영향을 주어 소매가가 높아지고, 결국 판로가 좁아져 장사가 안 되게 된다. 설령 그런 제품을 산다고 해도, 그런 방만한 경영으로 인한 원가 상승의 부담을 수요자에게 전가하는 방식은 사회에 해를 끼치는 것이라 그 존재가 필요 없는 것이 된다.

끝까지 성실함을 잃지 않으면서 검토하고 노력하여 더 좋은 제품을 더 싼 값에 사회에 제공하는 것이 산업의 본 취지에 부합하는 것이며, 우리는 반드시 그렇게 해야 한다.

《마쓰시타 고노스케 발언집29(松下幸之助発言集29)》

나를 위해서가 아니라 공공을 위해서

사람을 고용하고, 사람을 쓰는 것은
사회에 공헌하기 위해서 필요하기 때문이다.

수만 명이 일하는 대기업에는 여러 가지 다양한 직종이 있다. 그러나 그중 어느 것도 내 일은 아니다. 모두 그 기업이 사업을 통해 사회에 공헌해 나가는 데 필요한 것이다. 그 필요한 일을 하기 위해 사람을 고용하고 사람을 쓰는 것이다. 그러니까 형식상으로는 경영자가 사람을 고용하고, 상사가 부하를 부리는 것 같아도 사실은 기업으로서 공적인 사명을 달성하기 위해 각자에게 필요한 일을 분담시키고 있는 셈이다. 단, 그것을 전체로 하기보다는 원활하게 운영하기 위해 형식상 쓰는 쪽과 쓰임을 당하는 쪽으로 나눈 것에 불과하다. 어디까지나 나를 위해서가 아니라 공공을 위해서 사람을 쓰는 것이다.

이처럼 사람을 쓰는 건 나를 위해서가 아닌, 말하자면 공적인 일이라고 생각한다면 거기서 하나의 신념이 생겨날 수 있다.

《사업은 사람이다(事業は人なり)》

기업은 사회의 공기(公器)

그 일은 사회가 필요로 하는 것인가?
현재에도 미래에도 사람들이 구하는 것인가?

먼저 기본적으로 생각해야 할 건 기업은 사회의 공기라는 것이다. 즉 개인의 것이 아니라 사회의 것이다. 기업은 규모도 다양해서 소위 개인 기업도 있고 수많은 주주의 출자로 이루어진 주식회사도 있다. 그런 기업들을 형식상, 혹은 법률상으로 따지면 '이 기업은 개인의 것이다, 주주의 것이다'라고 말할 수 있다. 그러나 형식상이나 법률상으로는 그렇다 하더라도 본질적으로 기업은 특정 개인이나 주주만의 것이 아니라 그 사람들을 포함한 사회 전체의 것이다.

즉 어떤 기업이든 그 일을 사회가 필요로 하기 때문에 존재한다. 기업은 그때그때 사회의 필요를 충족시키는 동시에 미래를 생각해서 문화의 진보를 촉진하는 것들을 개발하고 공급해 나간다. 바꿔 말하면 그 활동이 사람들에게 도움이 되고, 그것이 사회생활을 유지시키고 윤택하게 만들며 문화를 발전시키는 것이어야 비로소 기업은 존재할 수 있다고 할 수 있다. 어떤 일을 하고 싶다고 혼자 아무리 생각해도 그것이 현재에도 그리고 미래에도 사람들이 구하는 것이 아니고, 사회가 전혀 필요로 하지 않는 것이라면 그것은 결코 기업으로서 존재할 수 없다.

《[복각판]기업의 사회적 책임이란 무엇인가?
([復刻版]企業の社会的責任とは何か?)》

댐 경영

경영 전반에 '댐'을 설치하라.
자금에, 설비에, 재고에 여유를 두어라.

나는 예전부터 '댐 경영'을 주창하고, 스스로도 노력하는 한편 다른 사람들에게도 전파해 왔다. 댐 경영이란 한마디로 말해서 경영에 댐을 설치하자는 것이다. 하천에 댐을 만들고 거기에 물을 가두어 둠으로써 수량을 조절해 낭비 없이 활용한다. 이와 마찬가지로 자금, 설비, 재고, 그 밖의 경영 전반에 걸쳐서 댐을 만들어 여유롭게 경영을 하자는 것이다.

새로운 일을 할 때 1억 엔의 자금이 필요하다면 1억 2천만 엔의 자금을 준비한다. 만약 1억 엔밖에 마련할 수 없다면 일을 8천만 엔으로 축소한다. 이렇게 해서 2천만 엔의 여유를 확보하여 불시의 사태에 대비한다. 이런 것이 자금의 댐이다. 하나의 설비를 할 경우, 90%의 가동률로 수익성을 확보한다. 평소에는 90%만 가동시킨다. 그리고 예를 들어 석유 파동 때처럼 어떤 이유로 수요가 급증하면 비로소 100%를 가동시켜 공급 부족이 발생하지 않도록 한다. 이것이 설비의 댐이다.

《경제담의(経済談義)》

회사에 투자한다

머리든 지혜든 시간이든 좋다.
뭔가 회사에 투자해야 제 몫을 하는 사원이다.

일단 받은 월급은 회사에 다시 헌납할 필요는 없지만, 어떤 형태로, 즉 자신의 머리로 투자하든지 지혜로 투자하든지 시간으로 투자하든지, 어떠한 형태로든 투자하는 것이 필요하다고 나는 생각한다. 그 정도는 생각해야 제 몫을 하는 사원이라고 할 수 있지 않을까?

《나의 경영을 말하다(わが経営を語る)》

적격과 부적격

사사로운 감정에 얽매이지 않고, 부적격한 사람은 내친다.
다른 곳에서 꽃을 활짝 피우게 한다.

부하에 대해서든 나 자신에 대해서든 적격이냐 아니냐의 판단은 사사로운 감정에 얽매이지 않은 공정한 것이어야 하고, 그런 한에서는 부적격한 사람을 내치는 데 주저하면 안 된다. 그리고 실제로 다른 부서로 옮겨 그곳에서 꽃을 활짝 피우는 사람도 많이 있다.

이는 결국 부서가 잘 운영되고 안 되고는 부장 한 사람에게 달려 있다는, 다시 말해 부장 한 사람의 책임이라는 뜻인데, 회사가 꾸준히 발전해 나가기 위해서는 이런 것이 날마다 적절하게 이루어져야 한다. 그만한 책임을 늘 지고 있다는 자각이야말로 간부 사원으로서 꼭 필요한 중요한 요건 중 하나가 아닐까 생각한다.

《사원의 마음가짐(社員心得帖)》

일의 속도

제 수요가 변할지 모른다는 각오로
매일의 업무 속도를 끊임없이 수정한다.

하나의 상품이 오늘 인기를 얻어 잘 팔린다고 해서 내일도 그렇게 될 것인가 하면, 그렇지 않다. 내일은 어떤 상품이 어디에서 탄생할지 모른다. 그것이 순식간에 전국에 알려져, 그에 따라 수요가 바뀔 수도 있다. 이는 예전과 오늘날의 큰 차이점일 것이다. 이를 서로 각오할 필요가 있다. 회사 경영의 책임자라는 지위에 있는 사람은 끊임없이 이런 것을 고려하여 자신의 일을 점검하고, 그 수행 속도를 수정해야 한다.

《길은 무한하다(道は無限にある)》

작은 변화

호황일 때일수록 작은 변화를 간과하지 않는다.
즉시 재검토하고, 신속하게 대책을 마련한다.

지금까지는 전반적인 호황에 힘입어 대체로 순조롭게 진행되어, 보기에 따라서는 예상을 뛰어넘는 실적을 올렸다고 할 수도 있을 것 같다. 이는 정말로 기쁘고 감사한 일이고, 이대로라면 10월 말 매출은 더욱더 도약할 것으로 내심 크게 기대하고 있었다. 그러나 이번 10일 현재 예측으로는 예상외로 부진하여 오히려 9월을 밑돌 것 같은 조짐까지 보이고 있었다. 물론 작년에도 9월에 비해 10월 매출이 약간 떨어졌기 때문에 별로 크게 걱정할 것은 없어 보이지만, 경기가 좋았던 올해 10월이 이런 모습을 보인다는 점에서 나는 약간 신경 쓰인다.

천 길 방죽도 개미구멍 때문에 무너진다는 말이 있다. 그런 의미에서 우리의 업무에 조금이라도 변화가 보였다면 이를 예민하게 감지하고 즉시 재검토하고 신속하게 대책을 마련해야 한다. 특히 경기가 좋을 때는 이런 작은 변화를 간과하기 쉬워 나중에 낭패를 볼 수 있다.

《날마다 새롭게(日に新た)》

물러날 때

물러날 때를 알기란 어렵다.
열정이 부족하면 영원히 알 수 없다.

사업을 하다 보면 물러나고 싶어도 물러날 수 없는 상황에 직면하게 된다. 말하자면 죽음에 직면하는 것과 마찬가지이지만, 그런 상황 속에서도 몸을 사리지 않고 일을 하다 보면 물러날 때를 비로소 알게 된다. 열심히 사업에 몰두하면 저절로 알게 되지만, 열정이 부족하면 아무리 시간이 지나도 알 수 없다.

또 회사가 커질수록 전체가 보이지 않게 되기 때문에 물러날 때를 알기란 더욱 어려워진다. 자칫 한 부분만 보고 판단하게 되어 실패하기 쉽고, 실패해도 자신의 실패가 전체에 미치는 영향을 파악하기 어렵기 때문에 더 고약하다. 이는 국가 경영에도 해당된다고 생각하는데, 전통 있는 커다란 회사가 순식간에 도산하거나 국가조차도 망할 위기에 처하는 것은 이런 이유가 있기 때문이다.

따라서 하고 싶은 일이 아무리 많아도 자신의 능력, 자신의 위치, 회사의 입장을 고려하여 해선 안 될 일은 하지 말고, 멈출 것은 단호하게 멈추어야 한다. 그런 것이 적시에 적절하게 이루어질 때 비로소 진정한 경영자라고 할 수 있지 않겠는가?

《마쓰시타 고노스케 경영어록(松下幸之助 経営語録)》

순수한 감격

영혼을 제품에 담는다.
그 생산의 노고를 인정받을 때 순수한 감격이 있다.

일반적으로 우리 회사에서는 힘들게 만든 제품을 소중히 여기지 않는 것처럼 보이는데, 우리가 만든 제품이 세상에서 어떻게 취급되고 있는지 깊은 관심을 가져야 한다. 내가 옛날에 직접 생산에 종사하던 시절, 새로운 제품을 대리점에 가지고 가서 선보였을 때 "마쓰시타 씨, 이 제품은 공들여 만든 물건이네요"라는 말을 들은 적이 있다. 이 말을 듣고 나는 공짜로 주고 싶다는 생각이 들 정도로 기뻤다.

그것은 비싸게 팔아서 돈을 벌고 싶다는 욕망적 의식이 아니라 몇 달간의 고생을 인정받았다는 순수한 감격이었다. 이 감격은 늘 자기 영혼의 지극정성을 제품에 담는 사람만이 맛볼 수 있는 것으로, 전 사원이 이 기쁨에 젖어 들 때 비로소 우리 마쓰시타 전기가 진정한 생산보국[21]의 결실을 거둘 수 있고, 확고한 사회적 신용을 얻을 수 있다.

《마쓰시타 고노스케 발언집22(松下幸之助発言集22)》

---

21) 生産報国. 생산을 통해 국가에 보답한다는 뜻

도의와 돈벌이

사회에 더 나은 도의를 지키기 위해서라도
자신을 먹여 살릴 만큼의 돈벌이가 필요하다.

　사회를 위해 더 나은 도의를 지키려면 누구든 자신을 먹여 살릴 만큼의 돈벌이를 해야 한다. 또 능력 있는 사람은 그 이상의 돈벌이를 해야 한다. 돈을 벌지 않는 편이 낫다느니, 저임금으로 일하라느니, 싼 물건을 팔라느니 하는 말로 서로가 돈을 벌기 어렵게 만들도록 장려하는 것은 빈곤가도(貧困街道)를 달리는 것과 같다.

　사업에서도 회사에 손해를 끼치는 사장은 악의가 없을 뿐이지 결국 도둑이나 마찬가지이다.

　그런 것에 대해 좀 더 사회적인 제재—라고 하면 이상하지만, 엄격함이 있어야 한다. 그러나 파산한 곳은 동정을 받는다. 어떤 경우에는 "멍청한 회사였다"라고 말하지만, 어떤 경우에는 "안됐다"라고 말한다. 그런 상식 범위에서는 진정한 의미의 번영 국가를 만들 수 없다.

《일의 꿈 삶의 꿈(仕事の夢 暮らしの夢)》

스탠딩 회의

빠르게 돌아가는 현대 사회에서는 회의에서도 앉지 않고
서서 바로 결정하는 정도의 마음가짐이 필요하다.

사장이 실무에 대해 모른 채 "어떤가 자네, 할 수 있을 것 같은데 어떻게 생각하지?"라고 말하면 갑론을박이 벌어져 사흘이 지나도록 결론이 안 날지도 모른다. 이것은 극단적인 예이지만, 회의는 대개 이런 경향이 강하지 않을까? 무엇이든 빠르게 돌아가는 요즘 시대에 이렇게 했다가는 결론이 났을 때 이미 상황이 바뀌어 있을지도 모른다. 따라서 회의라고 해서 회의실에 모여 의자에 앉아서 하는 것이 아니라 스탠딩 회의로 즉시 결론을 내려야 하고, 그래도 상황은 시시각각 변하고 있으니까 그 스탠딩 회의를 상황이 바뀔 때마다 몇 번이고 반복하겠다는 정도의 마음가짐이 필요하다.

물론 결정이 났더라도 회의에 부쳐서 중의를 모아야 하는 경우도 있고, 실제로 여러 사람의 생각을 모으기 위해 모두에게 의견을 물어보아야 할 때도 있다. 이처럼 회의도 때에 따라 천차만별로 다양하기 때문에 일률적으로 말할 수는 없지만, 나는 회의에 대해서는 그런 인식을 갖는 것도 중요하다고 생각한다.

《경영의 비결이 여기에 있다는 것을 깨달은 가치는 100만 냥
(経営のコツここなりと気づいた価値は百万両)》

돈은 윤활유

돈은 윤활유이고, 인간 생활의 향상이라는
일의 목적을 실현하기 위한 도구이다.

　단지 먹는 것뿐만이 아니라 모든 생활에 있어서 오늘보다 내일이 더 나아지기 위해 일해야 한다. 사람에게는 그런 하나의 중요한 역할이 있다. 물건을 제조하는 사람들도, 그들을 지원하는 일을 하는 사람들도 모두 그것을 목적으로 한다. 정신적으로든 물질적으로든 오늘보다 내일 더 나은 삶을 살기 위해 무엇을 고민할 것인가 하는 것이다.

　이런 식으로 생각해 보면, 단지 돈을 벌기 위해서만 사고하면 안 된다.

　자본주의 국가에서는 목적은 조금도 다르지 않지만, 그것을 각자의 자유재량으로, 그것도 가장 경제적으로 즐겁게 이루기 위해 자본주의 경제라는 것이 만들어져 있다. 따라서 자본은 말하자면 그 윤활유 같은 것이다. 그렇다고 해서 우리는 오로지 윤활유를 위해 일해선 안 된다. 목적을 위해서 일하고, 그 목적을 위해서 하는 일을 더 능률적으로 하기 위해 윤활유를 필요로 하는 것이다. 돈은 어디까지나 도구이고, 목적은 인간 생활의 향상에 있다.

《일의 꿈 삶의 꿈(仕事の夢 暮らしの夢)》

자나깨나

거래처와 사입처가 끊임없이 신경 쓰이는가?
혼신을 다한 장사를 하고 있는가?

장사나 돈벌이를 논한다는 것은 사실 국가와 사회를 논하는 것과 같다. 즉 장사란 사실 매우 격조 높은 것이고, 따라서 서로 자신감과 긍지를 갖고 더 격조 높은 장사를 해야 한다.

이런 마음으로 장사를 소중히 여기고 장사에 매진하다 보면 자연스레 거래처와 사입처가 신경 쓰이게 된다. 거래처와 사입처가 없으면 장사라는 것이 성립되지 않기 때문에 자꾸만 거래처와 사입처가 신경 쓰이게 되는 것이다. 그리고 "그 댁의 그 제품에 기름을 칠할 때가 됐는데"라든가 "이 집에는 이 신제품을 권해 볼까?" 등 여러 생각이 머릿속에 떠오르게 된다. 자연히 사입처에도 다양하고 적극적인 의견을 내게 된다.

만약 거래처와 사입처가 끊임없이 신경 쓰이지 않는다면 장사는 그만두는 편이 좋다. 엄격한 말 같지만, 사실 자나깨나 신경이 곤두서 있는 곳에 혼신을 다한 장사라는 것이 있다.

《장사의 마음가짐(商売心得帖)》

상품은 돈과 같다

상품은 돈을 낳는 원천이 된다는 생각으로
그 관리에 늘 세심한 신경을 써야 한다.

인간은 참 묘한 존재여서, 만약 여기에 천 엔짜리 지폐가 있다고 가정하면 결코 함부로 다루지 않는다. 돈은 지갑에 반듯하게 집어넣든지 서랍에 넣든지 금고에 넣든지, 아무튼 아무 데나 두지는 않는다. 목숨 다음으로 중요한 것처럼 취급한다.

그러나 상품은 왠지 함부로 다룬다. 천 엔의 값어치가 있는 상품은 천 엔짜리 지폐와 동일하다는 인식이 없다. 그래서 무심코 함부로 다루게 된다. 먼지가 쌓인 채로 제자리에 정리하지 않고, 가게 구석에 함부로 놓아두기 일쑤이다. 실은 이 부분이 매우 중요하다. 내 경험에서 말하자면, 상품을 이렇게 취급하는 경향이 강한 가게일수록 발전하지 못한다.

물론 예외도 있을 것이고, 일률적으로도 말할 수 없지만, 대체적으로는 그렇다. "반대로 상품은 돈과 같다, 돈을 낳는 원천이다"라는 마음으로 소중히 관리하고, 진열하고, 늘 깨끗하게 다루는 세심한 배려를 하는 가게는 대개 발전하는 것 같다.

《장사의 마음가짐(商売心得帖)》

할 말은 한다

사사로운 감정 때문에 꼭 해야 할 일을 게을리하지 말고,
신념을 가지고 할 말은 하고 꾸짖을 것은 꾸짖는다.

사람을 써서 일을 하다 보면 때로는 꾸짖고 주의를 줘야 할 때도 있다. 그런 일은 인간적인 감정으로 보면 당하는 쪽도 싫지만, 하는 쪽도 그다지 기분 좋은 일은 아니다. 그래서 무의식중에 "귀찮다"든가 "싫은 것은 하지 말자"라는 식으로 되기 쉽다. 그러나 기업은 사회의 공기(公器)이고 사람을 쓰는 것도 공사(公事)라고 한다면, 그런 사사로운 감정 때문에 꼭 해야 할 일을 게을리하는 것은 용납되지 않을 것이다. 따라서 신념을 가지고 할 말은 하고, 꾸짖어야 할 때는 꾸짖어야 한다. 거기에서 엄청난 힘이 생겨난다.

이는 동시에 단지 사사로운 감정이나 이해득실에서 사람을 꾸짖거나 처우해서는 안 된다는 뜻이기도 하다. 물론 인간인 이상 그런 것을 완전히 없애는 건 불가능할지도 모른다. 그러나 그런 만큼 더욱더 늘 그런 사사로운 감정에 사로잡히지 말자는 마음을 갖는 것이 중요하다. 어디까지나 사회 공기로서 기업의 사명이라는 것에 비추어 무엇이 옳은가를 생각하면서 사람을 쓰도록 노력해야 한다.

《**사업은 사람이다**(事業は人なり)》

해로운 경쟁

자본의 힘에만 의존하는 경쟁을 위한 경쟁은
사회에 이득을 주지 않는 반사회적 행동이다.

경쟁은 자본의 힘이 아니라 사업 그 자체에 의한 경쟁이어야 한다. 같은 종류의 상품의 경쟁은 그 질과 가격에서 이루어지는데, 원가 절감이 속내인 적자나 출혈 서비스가 아니라 연구와 발명에 의한 결과라면 그것은 사회적으로도 하나의 진보라고도 할 수 있다. 가마가 기차가 되고, 기차가 비행기가 된 것처럼 사회에 이바지하는 바가 크다고 하지 않을 수 없다.

그러나 단지 자본이 가진 힘에만 의존해서 일을 진행시키고, 손해를 보면서까지 경쟁에서 이기려는 것은 명백히 폭력적인 행위이다. 이는 경쟁을 위한 경쟁이고, 전혀 사회에 이득이 되지 않는 해로운 경쟁이다. 무리한 세력 확장은 불필요한 과당 경쟁을 일으킬 뿐이고, 이는 그야말로 반사회적인 행동이다. 오늘날 폭력이 법률로 금지되어 있는 것처럼, 자본의 횡포도 하나의 죄악으로 간주하고 엄격히 자성해야 한다고 나는 생각한다. 내가 말하는 '적정 이윤의 확보'는 이런 안이한 생각에서는 나올 수 없다. 그것은 피와 땀의 산물이고, 각고면려하며 종이 한 장도 절약하면서 구석구석까지 세심하게 신경을 써야만 가능한 일이다. 그래야만 사회 발전에 크게 공헌할 수 있는 것이다.

《왜(なぜ)》

발의와 실행과 반성

아침에 발의하고, 점심에 실행하고, 저녁에 반성한다.
이런 하루하루를 반복하라.

결국 장사에는 다음과 같은 기본자세가 중요하다고 생각했다.

즉 불교도의 생활 태도는 아침에 예배하고 저녁에 감사하는 것이라고 하는데, 매일 일을 하는 우리도 아침에 발의하고, 점심에 실행하고, 저녁에 반성하는 하루하루를 반복해야 한다. 마찬가지로 매월, 매년 초에 발의하고, 마지막에는 반성해야 한다. 그리고 5년이 지나면 그 5년분을 반성해야 한다. 그러면 5년 동안 실행했던 것 중 좋았던 것, 좋지 않았던 것을 어느 정도 알게 될 것이다.

나 자신의 경험으로 말하자면, 대체로 잘못이 없었던 것 같아도 5년 후에 다시 생각해 보면 "절반은 성공이었지만 절반은 하지 않아도 될 일이었다. 실패였다."라고 할 수 있을 것 같다. 이렇게 반성하면서 나아간다면 다음 단계는 더 실수 없이 나아갈 수 있다.

요컨대 장사라는 것은 이 '발의, 실행, 반성'이 중요하며, 나 자신도 이런 기본자세를 더욱 중요시해야겠다는 것을 새삼 뼈저리게 느끼고 있다.

《장사의 마음가짐(商売心得帖)》

손님의 뒷모습에 대고 손을 모으는 마음가짐

친절하고 맛있고 빠르고
손님을 소중히 여기는 가게에 사람들은 모여든다.

우동 가격은 같아도 손님을 소중히 여기는 가게, 진심이 담긴 친절한 가게에는 사람이 자연스레 모인다. 그 반대로 손님을 함부로 대하고 예의도 예절도 없는 그런 가게에는 사람의 발길이 자연스럽게 뜸해진다.

손님이 식사를 마치고 나가는 뒷모습에 대고 진심으로 감사를 담아 손을 모으고 허리를 숙이는 마음, 그런 마음을 가진 우동 가게는 반드시 성공한다.

이런 마음가짐으로 임하면 물론 우동의 맛도 좋아진다. 한 사람 한 사람에게 친절하고, 한 그릇 한 그릇에 신중하고, 물의 온도, 육수의 농도에도 정성을 쏟는다.

거기다 손님도 기다리게 하지 않는다. 아무리 친절하고 맛있어도 짜증이 날 정도로 기다리게 하면 요즘 시대에는 손님의 호의도 오래가지 못한다. 그런 경우에는 손님의 뒷모습에 대고 손을 모을 때, "빨리빨리"를 원하는 손님의 마음이 그대로 전해질 것이다.

친절하고 맛있고 빠르고, 그러면서 손님의 뒷모습에 대고 손을 모으는 그런 마음가짐의 중요성은 비단 우동 가게에만 국한되지 않을 것이다. 서로 잘 생각해 볼 문제이다.

《길을 열다(道をひらく)》

수요 예측과 공급의 의무

올해의 소비는 전체적으로 얼마인가?
나는 얼마를 공급할 의무가 있는가?

나는 수요를 예측할 때 이런 것을 기준으로 삼는다. 요컨대 소비라는 측면은 인간의 기호성과 경험성이 더해짐으로써 진보하므로 소비는 빈부를 초월해서 사치화된다. 즉 진보한다. 첫째로 그런 것이 어느 정도 성장할지를 생각한다. 또 하나는 국민 소득이 어떻게 될지를 생각한다. 그리고 관습이나 경기와 상관없이 문화 수준의 향상 등을 감안해 '올해는 얼마나 팔리겠다' 하는 전망을 내놓는다. 그 이상은 해보지 않고서는 모르는 것들이다. 이런 것들을 종합해 '올해는 전체적으로 수요가 얼마쯤 되니 우리 회사는 얼마쯤 공급할 의무가 있고, 또 얼마만큼의 역량이 있겠다' 하는 것을 판단해서 자사 상품을 공급하고 있다.

나는 지금까지 30년간 그런 방식으로 해 왔는데, 거의 실패한 적이 없다. 올해는 얼마나 생산하고, 내년에는 얼마나 팔릴 것인지에 근거해서 회사 경영의 기준을 세우고, 자금 계획을 짠다. 은행에서 빌릴 것은 빌린다. 전전에도 그랬고, 전후[22)]에도 그렇다. 그 숫자는 거의 틀림없이 꼭 들어맞는다. "어떻게 그렇게 잘 맞히는가?"라는 질문을 자주 듣지만, 그 근거는 과학적으로 설명할 수 없다.

《일의 꿈 삶의 꿈(仕事の夢 暮らしの夢)》

---

22) 특히 2차 대전의 이전과 이후를 의미함. (역주)

경영자는
경세가[23) (經世家)이어라

선견지명을 갖고, 사원들에게 희망과 이상을 호소하며
실현해 나가는 것이 경영자에게 요구된다.

미래학자와 소위 경세가는 입장이 다르다. 미래학자는 과거나 현재를 분석해서 장래는 어떻게 될 것이라는 것을 예측한다. 그러나 경세가는 인간의 행복을 위해 장래는 이런 세상을 만들어 나가야 한다는 것을 생각한다. 바로 거기에 경세가와 미래학자의 미래학에 대한 차이점이 있다.

그리고 오늘날의 경영자는 경세가여야 한다고 생각한다. 즉 경영자가 날마다 열심히 일을 하고 있다면 자신의 장사나 경영에 대해서 "이렇게 하고 싶다, 이런 모습이었으면 좋겠다"라는 희망과 이상이 있을 것이다. 그것을 사원들에게 호소하고, 그 실현을 위해 함께 노력해 나가야 한다고 생각한다.

물론 1년 뒤 혹은 3년 뒤의 세상은 이렇게 될 것이라는 것을 예측할 줄 아는 선견지명은 경영자가 반드시 갖춰야 할 것이다. 그러나 요즘처럼 변화무쌍한 사회에서는 이렇게 될 것이라고 생각했던 일이 반드시 그렇게 된다는 보장이 없다. 따라서 그런 선견지명을 갖는 동시에 스스로 목표를 가지고 그 실현을 위해 노력해 나가는 것이 필요하다.

《경영의 비결이 여기에 있다는 것을 깨달은 가치는 100만 냥
(経営のコツここなりと気づいた価値は百万両)》

---

23) 세상을 다스려 나가는 사람

승리의 방법

승부에서는 승리의 방법과 패배의 방법이 문제가 된다.
얼마나 정당한 방법으로 성과를 올렸는가?

아무리 힘센 장사라도 그 승리의 방식이 정정당당하지 않았다면 팬들은 실망할 것이고, 인기도 떨어진다. 즉 승부인 이상은 승리해야 하지만, 어떤 더러운 방법을 쓰더라도 이기면 그만이라고 한다면 진정한 승부라고 할 수 없고, 훌륭한 장사라고도 할 수 없다. 승부에는 승패 외에도 그 승패의 내용이 큰 문제가 된다.

사업에서도 마찬가지이다. 그 사업이 아무리 크더라도 혹은 작더라도 그것이 사업인 이상 어떠한 성과를 올려야 하고, 그러기 위해 모두가 열심히 노력하지만, 그저 성과만 올리면 그만이라는 식으로 다른 사람들의 피해도 돌아보지 않고 무작정 밀고 나간다면 그 사업은 사회적으로 아무런 존재 의의도 갖지 못할 것이다. 따라서 사업의 경우에도 그 성과의 내용, 즉 얼마나 정당한 방법으로 성과를 올리느냐가 큰 문제가 된다. 어려운 일일지도 모르지만, 세상 사람들이 모두 함께 번영해 나가기 위해서는 이 어려운 일에 성공해야 한다.

《길을 열다(道をひらく)》

경영 의식을 발휘한다

일을 할 때 반드시 경영 의식을 발휘하라.
어떤 일이든 하나의 경영이다.

여러분의 성실한 노력으로 한 해 한 해 발전을 거듭하고 있는 것은 참으로 기쁜 일이 아닐 수 없지만, 이제 돌이켜 생각해 보면 내 책임도 그에 따라 무거워진다. 다시 말해, 여러분의 노력을 살리는 것도 죽이는 것도 내가 잘 이끄느냐 그렇지 못하냐에 따라 결정되는 것이니 심사숙고하지 않을 수 없음을 뼈저리게 느낀다. 그렇지만 여러분은 걱정할 것 없다. 나에게는 확고한 경영 방침이 있고, 결코 실패하지 않을 것임을 분명히 말할 수 있다. 안심하고 따라와 주기를 바란다.

단, 여러분은 각자 맡은 일을 충실히 하는 것만으로는 충분하지 않다. 반드시 그 일을 하면서 경영 의식을 발휘하지 않으면 안 된다. 어떤 일도 하나의 경영이라는 의식을 가지고 있을 때 적절한 노력도 가능하거니와 새로운 발견도 탄생하는 법이며, 그것이 본 제작소[24]의 업무상 효과가 클 뿐만 아니라 여러분 각자의 발전에도 크게 도움이 된다는 점을 생각하기 바란다. 그럼 여러분에게 오늘 새해 선물로 다음과 같은 표어를 드리겠다.

---

24) 이 훈화가 이루어졌던 1934년 당시의 사명은 마쓰시타 전기제작소였다.

“경영의 비결이 여기에 있다는 것을 깨달은 가치는 100
만 냥”

이는 결코 과장된 헛소리가 아니다. 진정으로 경영의
진수를 깨닫고 나면 억만금의 부를 얻는 것도 그리 어렵
지 않다고 믿는다.

《마쓰시타 고노스케 발언집29(松下幸之助発言集29)》

인생을 만들기 위한 금언 노트

6월분을 읽은 후, '어떤 말과 문장이 마음에 가장 와닿았나?',
'그것은 왜인가?', '앞으로 행동에 어떻게 살릴 것인가?'
이 세 가지를 자문자답하고, 간결하게 정리해 봅시다.

___________ 년   월   일

___________ 년   월   일

___________ 년   월   일

7月

/

리더가 되다

최고의 열정을

지식이나 재능은 지더라도
그 일에 대한 열정만큼은 지면 안 된다.

나는 각 부서의 책임자들에게 이런 말을 자주 해 왔다.

"자네 부서에는 다양한 업무가 있네. 아무리 자네가 부장이어도 신은 아니니까 그 많은 업무를 전부 할 수는 없네. 어떤 일은 부하가 더 재능이 있을 것이네. 이런 면에서는 그 사람이 나보다 나은 경우도 있지. 그런 경우가 많을 것이네. 그렇기 때문에 자네가 책임자이고 지도자일지라도 개별적이고 전문적인 것에 대해서는 가르칠 수 없는 것이 많다네. 하지만 지도자의 입장으로 있기 때문에 지도도 해야 하고 관리도 해야 하네.

그러한 경우에 무엇이 가장 중요한지를 생각해야 하네. 그건 자네가 부서를 경영하는 데 있어서 누구보다도 열정적이라는 뜻이네. 부서를 경영하는 열정에 있어서는 누구에게도 지면 안 되네. 지식과 재능은 더 뛰어난 사람이 많을 테니 져도 괜찮네. 하지만 이 일을 해 나가겠다는 열정만큼은 자네가 최고여야 하네. 그러면 모두 일해 줄 것이네."

《사업은 사람이다(事業は人なり)》

책임자가 져야 할 책임

모두의 의견으로 정한 일이라도
그 모든 책임을 져야 책임자라고 할 수 있다.

무릇 수장이라면 어떤 판단을 할 때 최종적으로는 자기 한 사람의 책임으로 판단해야 한다. 아무리 다수가 결정한 일이라고 해도 일단 채용된 이상은 모든 책임을 자기가 지는 것이 마땅하다. "그것은 나의 책임입니다"라고 단호하게 말할 수 있어야 책임자라고 할 수 있다.

그러나 실제로 그것을 알고 있는 사람은 그리 많지 않은 것 같다. 그래서 종종 "모두의 의견으로 정한 일인데……"라고 하면서 책임자가 져야 할 책임까지 회피하는 경우가 발생한다.

하지만 설령 다수결로 정한 일이더라도 그 책임자가 "이건 절대로 안 됩니다. 내 책임으로 할 수 있는 일이 아닙니다."라고 판단한 경우에는 그것을 분명히 언명하고 중지시키거나, 그럴 수 없다면 스스로 책임자의 지위에서 기꺼이 물러나는 것도 고려할 수 있다. 아무튼 책임자로서 처신을 분명히 해야 한다.

《사원의 마음가짐(社員心得帖)》

명령과 자발적인 창의성

지위에 의한 명령으로 사람을 움직이고 있지 않은가?
자발적인 창의성이 발휘되기 어렵게 만들고 있지 않은가?

남보다 위라는 중요한 지위에 있는 사람은 늘 반성할 필요가 있다는 것을 사람들은 알고 있지만, 그 반면으로는 다른 생각도 하고 있다. 즉 자신의 지위와 자신의 나이에 의해 사람들이 움직인다고만 인식하고 모든 것을 명령으로 행하려고 드는 것이다.

이는 좋은 방법이 아니다. 아니, 우려스러운 방법이라고 할 수 있다. 이런 일이 반복되면 부하 직원은 자연히 그 자발적, 자주적인 창의성을 발휘할 기회가 적어져서 명령에 따르면 그만이라는 습성이 생기게 된다. 그리고 많은 경우, 그 집단의 능률은 저하되는 결과를 초래한다.

《사물을 보는 방식 생각하는 방식(物の見方 考え方)》

올바른 의사 결정

신속하고 올바른 의사 결정을 한다.
즉흥적이어서는 안 된다.

의사 결정은 되도록 신속하게 하는 것이 중요하지만, 무조건 빠르게 결정하면 되는 것은 아니다. 그 결정이 옳은 것이어야 한다. 즉흥적으로 판단해서 잘못된 의사 결정을 내린다면 아무 소용이 없다.

그렇다면 어떻게 해야 올바른 의사 결정을 할 수 있는가? 이것은 사실 대단히 어려운 문제이다. 신이 아닌 한, 언제나 올바른 의사 결정을 내린다는 것은 불가능할 것이다.

그러나 역시 최대한 신속하게, 최대한 올바른 의사 결정을 해 나가지 않으면 사람을 쓰는 입장에 있는 직책에서 그 책임을 다할 수 없다. 그러므로 자신의 경험과 식견을 바탕으로 그때그때 정세를 고려하여 종합적으로 결정해야 한다. 단, 이 경우에 중요한 것은 그 바탕에는 하나의 인생관, 사업관, 사회관이 깔려 있어야 하지 않을까 생각한다. 즉 올바른 인생관, 올바른 사회관을 늘 스스로 배양하고 고양시키면서, 이를 바탕으로 의사 결정을 하는 것이다. 그렇지 않으면 자칫 즉흥적인 결정을 하게 되고, 부하를 충분히 납득시키지 못할 수도 있다.

《사업은 사람이다(事業は人なり)》

열심히 하라는 말만으로는

장점을 발휘하지 못하는 사람에게는
더 구체적으로 지시할 필요가 있다.

나는 사람의 장점을 보고, 그 장점을 활용해 왔다. 그러나 그 장점이 발휘되지 않을 때는 내가 대신 한다. 대신 한다고는 해도 실제로 할 수는 없으니 마치 대신 하는 것처럼 구체적으로 지시했다. 구체적으로 지시할 수 없을 때는 구체적인 지시나 다름없는 방법을 제안했다.

"어디로 가서 회사를 보고 오고, 누구랑 만나서 누구한테 이런 이런 것을 묻고 오게. 그러면 알게 될 걸세. 그래도 모른다면 다른 사람과 업무를 바꾸게. 다른 사람한테 물려 주게. 그리고 다른 곳에서 일하게." 이렇게까지 말했다. 일일이 이런 식으로 해 왔다. 사실 그렇게 하지 않고는 이 회사는 해 나갈 수 없다. 나는 그렇게 생각한다.

역시 회사의 수장은, 부서의 수장은 그 직분에 맞는 일을 해야 한다. 실제로 지시를 내려야 한다. 단지 열심히 하라는 말만으로는 부족하다.

《마쓰시타 고노스케 경영백화(松下幸之助 経営百話)》

모범을 보인다

난세에는 솔선수범한다.
명령하기 전에 몸소 한다. 모범을 보인다.

지금 시대는 부하가 명령을 기다리지 않고 일해야 하고, 사업부장도 명령하는 것이 아니라 명령하기 전에 스스로 하는 것이 일면으로 필요하다. 난세에는 반드시 그렇다. 그것을 이겨내면 그때 승리를 얻는 것이다. 회사 경영도 이런 때는 사업부장이 선두에 서서 해야 한다. 회사라면 사장, 회장이 선두에 서야 한다. 그래서 이런 때는 실무적 지식, 실무적 재능이 요구된다고 나는 생각한다.

이 실무적 재능은 회사의 덩치가 커질수록 희박해진다. 그리고 큰 관점에서 사물을 보게 된다. 지금까지는 그런 식으로 해 왔다. 하지만 지금은 다르다. 지금은 그런 고위직에 있는 사업부의 부장, 회사라면 사장이나 회장이 가장 솔선수범해서 모범을 보이고 있다. '판매는 이런 식으로 해야 한다. 이런 식으로 팔아야 한다'라는 것을 보여줄 수 있는 사람이어야 한다.

일할 때마다 발전하는 회사, 일할 때마다 퇴보하는 회사가 있는 것은 리더의 마음가짐에 달려있다.

《마쓰시타 고노스케 발언집28(松下幸之助発言集28)》

결단이 결단을 낳는다

결단이 없으면 해야 할 일을 할 수 없다.
결단해야 나아갈 방향이 명확해진다.

문제가 복잡한 경우에는 한 가지 결단을 하면 그다음 결단을 해야 하고, 그다음에도 이어서 결단할 일이 생기는 것처럼 결단이 결단을 낳는 모습도 연출된다. 그러니까 결단한다고 해서 만사가 해결되는 간단한 문제는 아니다.

그러나 처음의 결단이 없으면 무엇을 해야 좋을지 모르게 될 수도 있다. 결단이 있어야 비로소 무엇을 해야 할지, 어떤 방향으로 나아가면 좋은지가 명확해진다. 따라서 이런 점에서 말하자면, 결단이란 것은 매우 중요하고, 얼마나 올바른 결단을 하느냐가 지극히 중요한 문제라고 할 수 있다.

《결단의 경영(決断の経営)》

설득력

강한 신념과 열정이 바탕에 있어야
비로소 설득력이 생긴다.

정치가나 경영자에게 가장 중요한 것 중 하나는 설득력이라고 흔히 말한다. 아무리 좋은 생각을 가져도 그것을 다른 사람에게 이해시키고 납득시키려면 그만한 설득력이 필요한 것이다. 정말 맞는 말이다.

그러나 설득력이라는 것은 저절로 생기는 것도 아니고, 말 기술도 아니다. "이것이 옳다. 이렇게 해야 한다."라는 강한 신념과 열정이 바탕에 있어야 비로소 생기는 것이다.

《생각하는 대로(思うまま)》

마음은 최전선에

일을 맡겼더라도 정신적으로는
자신이 하는 듯한 기백을 갖는다.

부하에게 맡기는 것도 매우 중요하지만, 한편으로는 언제든 자신이 솔선수범해서 몸을 던지겠다는 기백을 가지고 있어야 한다. 그런 기백과 마음가짐을 가지고 부하에게 일을 맡겨야 한다. 말하자면, 형식적으로는 맡기지만 정신적으로는 자신이 직접 하고 있는 듯한 기백을 일면에 가지는 것이 중요하다. 몸은 후방에 있어도 몸은 최전선에 있는 것과 마찬가지이다. 그러면 부하도 그런 사장의 기백을 느끼고 "나는 사장님을 대신해서 이 일을 하고 있는 것이다"라는 마음으로 임하게 될 것이다. 그로써 일의 성과도 오르고, 사람도 진정으로 성장할 수 있다.

《사업은 사람이다(事業は人なり)》

사람을 기른다는 것

사람을 기른다는 것은 경영 감각을 가지고
일할 수 있는 사람을 기른다는 것이다.

중요한 건 과감하게 일을 맡기고, 자신의 책임과 권한으로 자주성을 가지고 일할 수 있도록 해 주는 것이다.

사람을 기른다는 것은 결국 경영을 이해하는 사람, 어떤 작은 일이라도 경영 감각을 가지고 할 수 있는 사람을 기르는 것이다. 그러기 위해서는 사사건건 명령해서 시키면 안 된다. 그러면 시킨 일만 하는 사람이 된다. 일은 과감하게 맡겨야 한다. 그러면 그 사람은 스스로 이모저모 생각하고 궁리하게 되고, 능력이 십분 발휘되어 그만큼 성장하게 된다.

《실천경영철학(実践経営哲学)》

맡긴 듯 맡기지 않은 듯

사람에게 일을 맡길 때는 방치하지 말고
'맡긴 듯 맡기지 않은 듯' 맡긴다.

어떤 사람이 그 일이 가장 좋아서 해 보고 싶다고 말한다면, 그 일을 하게 해야 일이 잘 풀리는 경우가 많은 것 같다. 물론 맡겨 놓고 보니 그 사람의 결점이 드러나는 경우도 있다. 그 결점은 경영자가 고쳐 주어야 한다. 고쳐도 고쳐지지 않는 것 같으면 결국 그 사람을 교체하는 수밖에 없다.

이는 바꿔 말하면, "맡긴 듯 맡기지 않은 듯"이라고 할 수 있을 것이다. "맡긴 듯 맡기지 않은 듯"이란 문자 그대로 "맡긴" 것이지 방치한 것은 아니라는 뜻이다.

경영자라면 어떤 경우에도 마지막 책임은 자신에게 있다는 자각이 있어야 하는데, 사실 그렇게 마음먹고 일을 맡기고 나면 어떻게 하고 있는지 항상 신경이 쓰일 것이다. 맡기기는 했지만 끊임없이 머릿속으로 신경이 쓰일지도 모른다. 그래서 때때로 보고를 받고, 문제가 있으면 적절한 조언과 지시를 해야 한다. 이것이 경영자의 본분이라고 할 수 있다.

《경영의 비결이 여기에 있다는 것을 깨달은 가치는 100만 냥
(経営のコツここなりと気づいた価値は百万両)》

팀워크

개개의 힘을 기르는 동시에
개개의 힘을 조화시킬 필요가 있다.

회사는 사원 개개인의 실력이 향상되는 것을 중요하게 생각한다. 여러분 개개인이 성장하면 여러분이 속한 회사의 실력이 향상된다. 하지만 개개인의 실력이 향상되었다고 해서 그 회사가 잘되느냐 하면, 꼭 그렇지는 않다. 각자 따로따로 놀면 잘될 수 없다. 그 실력을 한데 모으는 힘이 그 회사에 있어야 한다. 또한 그 힘이 있다고 해서 안심해도 되느냐 하면, 그렇지도 않다.

그런 힘이 있더라도 그것을 반감시키거나 약화시키는 힘이 있으면 아무 소용이 없다. 따라서 여러분은 개개인의 힘을 기르는 동시에 그 향상된 개개인의 힘을 좋은 의미로 조화시키는 팀워크를 기르는 것이 중요하다. 야구로 말하면, 일루수가 끊임없이 이루수의 상황도 살피는 그런 팀워크를 기르기 위해 서로가 노력해야 한다. 그러면 개개인의 실력도 좋아지고 팀워크도 좋아지며, 거기에서 나오는 활동력은 사회에 큰 이득을 가져다주게 된다. 좋은 성과도 내게 되고, 회사도 더 발전하게 된다.

《길은 무한하다(道は無限にある)》

자연스럽고 솔직하게 꾸짖는다

각자의 성격대로 자연스럽게 꾸짖는다.
작위적으로 꾸짖는 것은 엄격히 삼가라.

내 이야기를 하자면, 대체로 꾸짖을 때는 무자비하게 꾸짖었다. 의도적으로 꾸짖거나 의식해서 꾸짖는 경우는 거의 없었다. 그리고 의도적으로 꾸짖으면 상대는 조금도 반응하지 않았다, 사실……. 그래서 직설적으로 꾸짖곤 했다.

하지만 내가 꾸짖는 방식이 그렇다는 거지, 그것이 꼭 최선이라고는 할 수 없다. 사람마다 성격은 제각각이니까 말이다. 결국 저마다의 성격대로 꾸짖는 것이 매우 중요하다. 단, 이 경우 주의해야 할 것은 작위적으로 꾸짖는 것, 더 세게 말하면 사사로운 감정이나 나쁜 의도에서 꾸짖는 것만큼은 엄격히 삼가야 한다. 자연스럽고 솔직한 마음으로 꾸짖어야 한다.

잘 꾸짖는 법을 아는 사람이라면 '이런 경우에는 이렇게 꾸짖겠다, 저런 경우에는 저렇게 하겠다'하는 식으로 처음부터 상정해 놓고 꾸짖을 수 있을지도 모르지만, 그러한 경우에도 작위적이어서는 안 된다. 어떤 경우에도 솔직하게 꾸짖는 것이 가장 중요하지 않을까?

《PHP》 1978년 5월호

귀를 기울인다

상사가 부하의 말에 귀를 잘 기울이면
부하는 자주적으로 생각하게 된다.

두 명의 상사가 있다. 능력은 둘 다 비슷하다. 그런데 한 상사의 밑에서는 부하가 잘 성장해서 활기차게 일한다. 그러나 다른 한 상사의 밑에서는 어쩐지 인재가 육성되지 않는다. 왠지 모르게 활기가 없다. 이는 흔히 볼 수 있는 모습이 아닌가 싶다. 실력도 비슷하고 똑같이 열심히 일하는데 그 밑에는 성장하는 사람과 성장하지 않는 사람이 있다. 한쪽은 소위 사람을 잘 쓸 줄 아는 사람이고, 다른 한쪽은 사람을 잘 쓸 줄 모르는 사람이다.

이런 차이를 만드는 요인은 여러 가지가 있지만, 그중 하나로 부하의 말에 귀를 기울이느냐 아니냐가 큰 요인일 것이다. 평소 부하의 말을 잘 들어주는 사람의 밑에서는 비교적 인재가 많이 육성된다. 반면 별로 귀를 기울이지 않는 사람의 밑에서는 사람이 성장하기 어렵다.

왜 그렇게 되는가 하면, 부하의 말에 귀를 기울이면 부하가 자주적으로 생각하게 되고, 그것이 그 사람을 성장시킬 수 있다고 생각한다.

《사업은 사람이다(事業は人なり)》

상담하듯

명령조로 말하지 말고
상담하듯 대하라.

되도록 상담하듯 대하는 것이 중요하다. 즉, "이렇게 해"라고만 말하는 것이 아니라 "이렇게 하려고 하는데, 자네 생각은 어떤가?" 혹은 "자네가 해 주겠나?" 하는 식으로 말하는 것이다. 그러면 부하도 "저도 찬성입니다. 그렇게 하겠습니다."라고 말하는 경우가 있고, "좋은 생각이지만, 이 부분은 이렇게 하면 어떨까요?" 하는 식으로 의견을 말하는 경우도 있을 것이다. 이처럼 부하의 의견이 더해짐으로써 더 좋은 성과를 낼 수 있을지도 모른다. 찬성하는 경우에도 상담하듯 말했다면 거기에 부하의 판단이 더해지기 때문에 그 일에 자주적으로 임하게 될 수 있다. 하지만 명령조로 말했다면 시키는 대로만 하게 될 것이다. 그런 자세로 일하는 것도 나름 하나의 방식일지 모르지만, 역시 그렇게만 하면 부하의 충분한 성장은 기대할 수 없다. 물론 직장마다 사정은 천차만별이니 형식적으로는 명령이 필요한 경우도 있을 수 있다. 그러나 그런 경우에도 속으로는 상담하는 마음을 갖는 것이 중요하다.

《사업은 사람이다(事業は人なり)》

서로 수시로 보고한다

서로 잘 통하는 인간관계라면 수시로 보고를 주고받기 마련이다.

역시 대단하다 싶은 사람은 일이 순조로울 때도 성실하게 보고한다. 그러면 이쪽도 "아주 잘해 주었군" 하고 기특하고 고마운 마음이 든다. 결과가 좋을 때도 보고하고, 나쁠 때도 보고한다. 보고를 게을리하는 사람은 도태된다. 이심전심, 간담상조로 서로 잘 통하는 사이라면 반드시 보고하기 마련이다. 심부름을 보내면 돌아와서 "그건 이러이러했습니다"라고 보고하고, 내 대리인으로 간 경우에도 반드시 보고한다. 그것이 일반적이다. 그렇게 하지 않는 사람들은 결국 도태되기 마련이다.

"자네, 그 건 보고하게"라고 내가 직원에게 이야기하면 처음에는 보고하러 왔다가 곧 잊어버리는 사람이 있다. 역시 본인의 버릇이겠다. 외국 회사원들은 반드시 상사에게 보고한다. 출장을 간 직원도 매일 본사에 보고한다. 하지만 대부분 회사원은 대체로 보고하지 않는다. 그래서 그런 부분은 상당히 많이 연습해야 할 것이다. 습관을 붙여야 한다.

지금은 각 사업부장들도 나에게 보고할 시간이 없다. 나도 들을 시간이 없고 말이다. 그래서 지금은 알아서 하게 하고 있지만, 쇼와 10년[25] 무렵에는 서로 수시로 보고하는 것이 가능했다. 이쪽도 들을 시간이 있었고, 지시할 여유도 있었다. 그런 시대가 나에게는 가장 즐거운 시대였다.

《신판 마쓰시타 고노스케 경영회상록(新版 松下幸之助 経營回想錄)》

---

25) 1935년. (역주)

타인의 승진에 박수를

타인의 승진이나 성공에 순수한 마음으로 박수를 보낸다.
그런 사람을 적절히 처우하지 않는 직장은 없다.

　말하고 싶은 것이 또 하나 있다. 그것은 인간으로서 흔히 있을 수 있는 일이고, 일상에서도 흔히 느끼게 되는 것인데, 우리는 서로 간에 얼마나 속이 좁은가 하는 것이다. 예를 들어 같은 직장의 동기 중 누군가가 승진하면 그것을 질투하고 곡해하는 경우가 적지 않다. 또 반대로 누가 실수하면 뒤에서 좋아하는 빈곤한 마음도 있는 것 같다.

　그런 시기, 비뚤어진 마음, 마음의 빈곤함을 갖고 있는 사람이야말로 승진시키기에 부족한 사람이다. 인간이 덜됐다는 것을, 미숙하다는 것을 공표하는 것과 같은 것이다.

　타인의 승진이나 성공에 박수를 보내는 순수한 마음으로 날마다 업무에 매진한다면, 그런 사람에게 적절한 처우를 해 주지 않는 직장은 절대 없다는 것이 나의 생각이다.

《젊음에 보내다(若さに贈る)》

즉시 결단하고 즉시 실행한다

하루의 지연이 일 년의 지연을 낳는 경우도 있다.
즉시 결단하고 즉시 실행할 수 있는 식견과 기민한 실행력이 필요하다.

예로부터 "병귀신속[26]"이라는 말이 있다. 또 "선즉제인[27]"이라는 말도 있다. 승패의 향방이 순간의 승기를 정확히 포착하느냐에 달린 경우가 있다. 그런 때에 주저하고 망설이고만 있으면 기회는 영원히 사라져 버린다. 그러므로 장수라면 즉시 결단하고 즉시 실행하는 것이 매우 중요하다.

이는 비단 전쟁에만 국한되지 않고 일국의 운영, 회사의 운영에서도 마찬가지이다. 정세는 시시각각 변한다. 그래서 하루의 지연이 일 년의 지연을 낳는 경우도 적지 않다. 결단도 하지 않고 실행도 하지 않는 자세로 하루를 보내는 것은 용납될 수 없다.

물론 숙고에 숙고를 거듭하고 타인의 의견도 들은 다음에 결단하고, 아주 신중하게 시간을 들여 일을 진행할 필요가 있는 경우도 있을 것이다. 따라서 그런 것들을 충분히 고려하는 것도 중요하지만, 중요한 순간에 즉시 판단하고 즉시 실행할 수 있는 식견과 기민한 실행력은 리더에게 필수적인 요건이라고 할 수 있다.

《지도자의 조건(指導者の条件)》

---

26 兵貴神速.《위지》〈곽가전〉에 나오는 말로, 용병에는 신속함이 중요하다는 뜻. (역주)

27 先則制人.《사기》〈항우본기〉에 나오는 말로, 남보다 먼저 도모하면 능히 남을 앞지를 수 있다는 뜻. (역주)

자신을 드러낸다

어떤 경우에든 자신을 드러내고
진지하게 칭찬한다. 진지하게 꾸짖는다.

나는 어떤 경우에도 아주 진지했다. 실패하면 손해를 보므로 매일매일 필사적으로 일했기 때문에 칭찬하든 꾸짖든 어쨌든 진지하게 나 자신을 있는 그대로 드러냈다. 나라는 존재를 꾸미지 않고, 사원들과 직접 소통해 왔다고 생각한다. 그렇게 함으로써 사원들은 내가 어떤 사람인지 파악하기 쉬웠을 것이고, 그런 과정을 통해 많은 분이 나를 도와주려고 하는 마음도 생겼지 않았나 싶다.

《경영의 비결이 여기에 있다는 것을 깨달은 가치는 100만 냥
(経営のコツここなりと気づいた価値は百万両)》

신상필벌

적절하고 공평한 신상필벌을
항상 추구해야 한다.

예로부터 무슨 일에든 신상필벌은 매우 중요하게 여겨졌다. 공을 올리면 상을 내리고, 잘못이 있으면 벌한다. 이 신상필벌이 적절히 이루어져야 집단의 규율도 유지되고, 사람들도 동기 부여가 된다. 공을 올려도 상을 받지 못하고, 잘못을 해도 벌을 받지 않는다면 사람들은 제멋대로 행동하게 되고, 규율과 질서도 엉망진창이 되어 버릴 것이다.

따라서 신상필벌은 반드시 행해져야 하고, 또한 그것은 적절하고 공평하게 이루어져야 한다. 상이든 벌이든 지나치게 가벼우면 효과가 덜하고, 지나치게 무거우면 도리어 역효과를 내게 되니 실로 어려운 일이다. 신상필벌을 제대로 할 수 있다면 그것만으로도 지도자가 될 수 있다고 해도 과언이 아니다.

그러므로 지도자는 평소에 이를 명심하고 적절한 신상필벌을 추구해야 한다. 그리고 그때 중요한 것은 사사로운 감정을 개입시키지 않는 것이다. 사적인 감정이 들어가면 모든 사람을 납득시킬 수 있는 상벌은 불가능하다.

《지도자의 조건(指導者の条件)》

결점을 알린다

있는 그대로의 자신을 모두에게 알린다.
결점을 보완할 지혜를 제공받는다.

예를 들면 나는 학문이 깊지 않아 모르는 것이 많다. 그래서 갓 들어온 신입 사원들에게도 "어떤 어떤 말이 있는데, 그게 무슨 뜻이지?"라고 묻는다. 그러면 그들은 대개 나보다 학문이 있기 때문에 "그건 이런 뜻입니다"라고 가르쳐준다. "에이, 수장이 이런 것도 몰라?"라고는 아무도 말하지 않는다.

만약 내가 '체면이 있지, 이런 걸 어떻게 물어?'라고 생각해서 몰라도 묻지 않고 그대로 있었다면 아무도 가르쳐주지 않았을 것이다. 그랬다면 사람들의 지혜도 살릴 수 없고, 회사도 발전하지 못했을 것이다. 내가 모르는 것이 많다는 것을 있는 그대로 모두에게 알렸기 때문에 그런 결점을 보완해 주려고 모두가 자신의 지식과 지혜를 제공해 주었고, 거기에서 성과가 나왔다고 생각한다.

《사업은 사람이다(事業は人なり)》

나쁜 정보는 귀중하다

나쁜 정보를 내놓기 쉬운 분위기를 만든다.
그리하여 진실을 파악하고, 필요한 조치를 한다.

"이런 문제가 있다", "이건 이렇게 해야 한다"라고 하는 게 있다면 그것에 대해서 다양한 조치를 해야 한다. 그런 것이 지도자의 귀에 들어오지 않으면 필요한 조치도 취할 수 없게 된다.

그러나 실제로는 그런 안 좋은 정보는 좀처럼 전달되지 않는다. 누구든 안 좋은 말보다 좋은 말을 듣고 싶어 하는 것이 인지상정이다. 좋은 말을 들으면 기뻐하지만, 안 좋은 말을 들으면 불쾌해지고 기분도 나빠진다. 그러다 보니 너도나도 자꾸만 좋은 이야기만 들려주게 되어 진실이 무엇인지 알 수 없게 되는 것이 세상의 이치다.

도쿠가와 이에야스는 주군에 대한 간언은 맨 먼저 공을 세우는 것보다 가치가 있다고 했다. 맨 먼저 공을 세우는 것은 옛 무사들에게 최고의 명예였지만, 그 이상의 가치가 있다는 것이다. 바꿔 말하면, 간언은 그만큼 귀중하고도 어렵다는 것이다.

따라서 지도자는 그런 간언이나 나쁜 정보를 최대한 많이 구하고, 모두가 그것을 내놓기 쉬운 분위기를 만들어야 한다.

《지도자의 조건(指導者の条件)》

걱정 인수자

상사가 부하의 걱정을 인수함으로써
부하는 안심하고 일할 수 있다. 성과도 오른다.

보기에 따라서는 상사는 '걱정 인수자'와 같은 존재가 아닐까 싶다. 아랫사람이 안심하고 일할 수 있도록 "뭘 그런 걸 가지고 고민을 하나? 그런 건 내가 걱정할 테니 자네는 과감하게 해봐."라는 말로 그 걱정을 떠맡는다. 그러면 아랫사람은 일을 열심히 할 것이고, 자연히 성과도 오를 것이다.

어떤 의미에서는 상사는 그것을 위한 존재이며, 사장은 걱정을 인수하고 고민을 해소하는 총본산과 같은 존재라고 할 수 있다. 그러므로 아랫사람들은 주저하지 말고 자신의 고민이나 걱정을 상담하면 된다. 그리고 마음 놓고 일에 전념하는 것이 실제로는 중요하다고 생각한다.

《사업은 사람이다(事業は人なり)》

사장을 활용한다

사장이나 상사를 적극적으로 활용한다.
그렇게 해서 회사는 발전한다.

예를 들면, 사입 담당자가 "대장님, 부탁이 하나 있는데요……" 하면서 찾아왔다. 당시는 영세한 공장이라 "사장님"이라고 부르지 않고 모두 나를 "대장"이라고 불렀다. 그래서 "뭔데?" 하니, "실은 지금 어떤 공장하고 이러이러한 교섭을 하는 중이거든요. 이야기가 거의 90%까지 진척되었는데, 대장님이 얼굴 좀 한번 비춰 주세요. 협상은 제가 여기까지 진행시켰으니까 대장님은 인사만 하고 오시면 됩니다."라고 했다. 그래서 나도 "그래? 그거 아주 잘됐군" 하고 그 사람과 같이 거래처에 가서 "이 사람한테 들었는데, 당신이 아주 열심히 검토해 주고 계신다고 하니 얼마나 감사한지 모릅니다. 장차 마쓰시타 전기가 커지면 당신한테 주문도 그만큼 많이 넣게 될 것이니 모쪼록 잘 부탁드립니다."라고 인사했다. 상대방도 "그렇게 합시다"라고 해서 협상이 마무리되었다.

이런 일이 사입뿐만 아니라 영업에서도, 기타 다른 면에서도 많이 있었다. 이처럼 모두가 나를 마음껏 활용해서 적극적으로 일해 주었다. 그래서 회사도 빠르게 발전한 것이다.

《사업은 사람이다(事業は人なり)》

하면 반드시 된다

'하면 반드시 된다'라고 힘차게 호소해야
지혜가 모이고, 더 좋은 결과물이 나온다.

책임자가 불가능하다고 생각하면 될 것도 안 된다. 하지만 책임자가 "이건 하면 반드시 된다"라는 생각을 가지고 10명이면 10명 있는 부하를 모아 놓고 "이건 이렇게 하려고 합니다. 여러분이 해 주겠습니까? 저는 할 수 있다고 생각하니 여러분도 최선을 다해 주기 바랍니다. 여러분이 힘을 모아 준다면 제가 선두에 서겠습니다."라고 힘차게 호소하면 부하들도 "최선을 다하겠습니다"라고 나오고, 결국 그 일은 실현된다.

물론 이 경우 지향하는 목표가 소위 말하는 합리적인 것, 도리에 맞는 것이어야 하지만, 그런 한에서는 모든 것이 예측한 대로만 되기는 어려울지언정 그와 비슷한 정세는 반드시 만들어 낼 수 있을 것이다. 나도 지금까지 대체로 그런 방식으로 해 왔는데, 책임자의 그러한 외침과 호소가 있으면 거기에 전 사원의 의견과 생각이 모여 모두의 지혜를 통해 새로운 것이 발견되고, 제조와 기술 면에서도, 판매 기법에도, 혹은 경영 방식 그 자체에도 더 새롭고 보다 나은 결과물이 나오게 된다.

《사원의 마음가짐(社員心得帖)》

꾸짖은 시간에 수업료를

시간은 귀중한 것이다.
돈과 같은 가치가 있다.

얼마 전, 우리 회사에 외부에서 새로운 직원이 들어왔다.

"자네, 마쓰시타에 들어와서 느끼는 바가 있겠지? 그것을 말해 주게."

"이러이러합니다"

"그게 다인가?"

"네. 이걸로 부족합니까?"

"자네에게 솔직하게 이야기하겠네. 자네의 지금 답변은 50점이네. 나는 적어도 70점을 느끼길 바랐네."

그리고 이것저것 질타도 하고 의견도 말한 다음 손을 내밀었다. 그는 실컷 혼난 후에 이게 뭔가 싶어서 내 손을 물끄러미 바라보았다.

"안 줘?"

"뭘 말입니까?"

"수업료로 5천 엔을 내야지. 내가 벌써 20분 동안이나 귀중한 시간을 할애해서 자네랑 대화를 나누고 있지 않나? 5천 엔은 낼 만하지. 뭐, 오늘은 공짜로 해 주겠네."

그는 그제야 이해한 눈치였다. 이것은 효과가 있었다.

《일의 꿈 삶의 꿈(仕事の夢 暮らしの夢)》

작은 일과 큰일

작은 실수는 엄하게 꾸짖는다.
큰 실수는 앞으로의 발전의 밑거름으로 삼는다.

보통이라면 큰 실수를 엄하게 꾸짖고, 작은 실수는 가볍게 주의를 줄 것이다. 그러나 잘 생각해 보면 큰 실수는 대개 본인도 충분히 생각하고 최선을 다하다가 저지르게 된다. 따라서 그런 경우에는 오히려 "그런 일로 걱정하지 말게"라고 격려하는 한편, 실수의 원인이 어디에 있었는지 같이 연구하고 그것을 앞으로 살려 나가는 것이 중요하지 않을까 생각한다.

반면 작은 실수나 잘못은 대개 본인의 부주의나 느슨한 마음가짐에서 일어나고, 본인도 그것을 깨닫지 못하는 경우가 많다. 그리고 "천 길 방죽도 개미구멍으로 무너진다"라는 속담처럼, 그런 작은 실수나 잘못에 미래의 큰 화근이 숨어 있는 경우가 없다고는 할 수 없다.

따라서 작은 일에 얽매여서 큰일을 잊어버리면 안 되지만, 작은 실수는 엄하게 꾸짖고 큰 실수는 오히려 발전의 밑거름으로 삼아 연구하는 자세도 일면으로는 필요하지 않을까 한다.

《지도자의 조건(指導者の条件)》

고민을 인정한다

하나쯤 고민이 있는 것이 좋다.
그 덕분에 신중함이 생긴다.

나는 고민이 하나쯤 있어도 좋지 않나 생각한다. 오히려 고민이 한 가지 있다는 것은 인간에게 중요한 일이 아닐까 한다. 무리하게 그렇게 생각하는 것이 아니다. 무리하게 그렇게 생각해 봤자 나만 괴로울 뿐이다. 나는 진심으로 그렇게 생각하고 있다.

왜냐하면 늘 마음에 걸리는 한 가지가 있으면 그것 때문에 큰 실수가 없어지기 때문이다. 신중해지기 때문이다. 마음이 언제나 활동하고 있어서 방심하지 않게 되는 것이다. 반대로 아무런 고민 없이 그저 즐겁게만 하면 저절로 마음이 느슨해진다. 그 느슨함이 실수로 이어지고, 결국 부정적인 결과를 가져올 수도 있다. 이런 실례는 세상에 많지 않을까?

따라서 고민을 한 가지 갖고 있는 것은 오히려 긍정적인 결과로 이어지는 경우가 많다. 그래서 그 한 가지 고민으로부터도 도망칠 생각은 하지 않는다. 그것은 그것대로 인정하고, 어떻게 그 고민에 대처할 것인가를 생각한다. 나는 바로 그런 자세에 삶의 보람이 있지 않을까 생각한다.

《사람을 활용하는 경영(人を活かす経営)》

몸과 마음의 건강관리

건강관리도 일의 일부이다.
매일 마음을 약동하게 하고, 일에 열중하라.

취미나 스포츠 등에서 흔히 경험하는 것인데, 그것에 몰입해서 즐기고 있을 때는 남들이 보면 얼마나 힘들까 싶은 경우에도 본인은 오히려 상쾌함을 느끼는 경우가 있다. 마음이 약동하고 있어서 지치지 않는다. 혹은 지치더라도 피곤함을 느끼지 않는다. 일도 마찬가지라, 일에 목숨을 걸 정도로 열정을 가지고 몰두하는 사람은 다소 바빠도, 가끔 밤을 새워도 그렇게 피곤하지도 않고 병에도 걸리지 않는다. 반대로 왠지 재미없다는 기분으로 일을 하면 그 마음의 틈새로 병이 들어온다. 그런 경우를 흔히 보고 듣는다.

물론 인간의 체력에는 한계가 있다. 아무리 마음이 약동하고 피곤함을 모르는 사람이라도 도가 지나치면 과로를 얻게 될 수도 있으니 그 부분에 대한 주의는 당연히 필요할 것이다.

어쨌든 자신의 건강관리도 일의 일부라고 생각하고, 마음을 약동시켜 일에 몰두하는 것을 기본으로 하면서 각자의 방식대로 건강을 챙기길 바란다.

《사원의 마음가짐(社員心得帖)》

인격과 매력

사람을 끌어당기는 매력은
노력에 의해 함양할 수도 있다.

지도자에게 "이런 사람을 위해서라면……"이라고 느끼게 할 만한 매력이 있다면 저절로 사람들이 모일 것이고, 그 밑에서 열심히 일하게 될 것이다. 그런 매력 없이 좋은 지도자가 되기는 쉽지 않다.

물론 인격이란 것은 어느 정도 선천적인 면도 있어서 누구나 습득하기는 어려울지도 모른다. 그러나 미묘한 감정에 공감해 준다거나 사람을 소중히 대하는 태도와 같은 것도 노력하기에 따라서는 하나의 매력이 될 것이다. 또한 자기 자신이 아니라 자신이 속한 회사나 단체를 매력적으로 만드는 것도 좋다.

어쨌거나 지도자는 그러한 '끌어당기는 매력'의 소중함을 알고, 그러한 것을 함양해 나감이 바람직하다.

《지도자의 조건(指導者の条件)》

일은 혼자서는 할 수 없다

부하를 의지하고 힘으로 삼아 함께 일한다.
일은 혼자서 할 수 없다.

경영자나 지도자는 솔선수범해서 일할 책임이 있는데, 이는 기본적인 마음가짐이 있어야 가능한 이야기이다. 일은 혼자서는 할 수 없다. 동시에 사방팔방으로 눈을 돌리는 것도 불가능하다. 그래서 부하들을 각자의 책임으로 각자의 위치에서 일하도록 해야 하는 것이다. 그러려면 경영자의 위치에 있는 사람들은 부하를 격려하고, 지도하고, 그들이 일할 수 있도록 힘을 실어주는 태도를 가져야 한다. 이런 경영자는 가끔 일이 잘 풀리지 않더라도 반드시 부하로부터 적절한 조언을 얻을 수 있다.

나는 앞서 어떤 사장을 만났는데, 그 사장은 학식(學識)도 있고 체력도 좋고 시대감각도 가지고 있지만, 그럼에도 불구하고 회사는 실적이 썩 좋지 않았다. 그 사장은 자기 혼자 판단하고 일하는 사람이었다. 반면 얼핏 보면 시골 사람 같기도 하고 어딘가 모르게 멍해 보이는 사장이 있는 회사가 있는데, 이 회사는 사업이 잘되고 있는 듯하다. 정말 흥미롭다. 그 회사는 부하를 의지하고 힘으로 삼아 함께 일을 해나가다 보니 저절로 여러 사람의 지혜가 모여 사업이 잘 되는 것 같다.

《사물을 보는 방식 생각하는 방식(物の見方 考え方)》

인생을 만들기 위한 금언 노트

7월분을 읽은 후, '어떤 말과 문장이 마음에 가장 와닿았나?',
'그것은 왜인가?', '앞으로 행동에 어떻게 살릴 것인가?'
이 세 가지를 자문자답하고, 간결하게 정리해 봅시다.

______________ 년   월   일

______________ 년   월   일

______________ 년   월   일

巨富의 생각들

8 月
/
관리를 알다

경영력

좋은 경영 성과를 낳는 근원은
경영력에 있다.

쇼와 50년[28] 12월에 마쓰시타 전기가 미국에서 1억 달러의 전환 사채를 발행했을 때, 세계 2대 신용 등급 기관인 S&P사와 무디스사로부터 각각 'AA'와 'Aa'라는 매우 높은 평가를 받았다. 그때 이런 높은 평가를 받은 이유가 사내 회의에서 화제에 올랐다. 그것은 마쓰시타 전기의 재무 상태가 양호하다는 것, 업계에서 차지하는 지위가 높다는 것, 그리고 경영력이 뛰어나다는 것, 이 세 가지였다. 그것을 듣고 나는 이런 말을 했다. "매우 기쁜 일입니다. 그런데 그 세 가지의 순서가 잘못된 것 같군요. 경영력을 첫 번째로 두어야 합니다. 경영력이 모든 것을 낳으니까요. 재무 내용이나 업계 내 지위는 경영력만 높으면 저절로 좋아지는 것입니다."

물론 그것을 화제에 올린 사람은 의식적으로 순서를 매긴 것이 아니고, 나도 농담 반으로 한 말이었지만, 생각하기에 따라서는 그것이 진실일 수 있다. 재무 상태가 양호하다거나 업계 내 지위가 높다는 것은 어디까지나 결과에 불과하고, 그것들을 낳는 근원은 경영력에 있다고 생각한다.

《미일·경영자의 발상(日米·経営者の発想)》

---

28) 1975년. (역주)

사람과 조직

사람을 중심으로 조직을 구성할 수 있는가?
조직에 적절한 인재를 배치할 수 있는가?

회사 경영은 뭐니 뭐니 해도 사람을 중심으로 운영된다. 조직이라든지 하는 중요한 문제도 많지만, 조직은 부차적인 문제이고 첫 번째는 역시 사람이다. "사람을 중심으로 조직을 구성해 나가겠다." 현재의 마쓰시타 전기는 이렇게 생각해야 한다. 국가 정치 기구라면 정치 조직이나 기구가 첫 번째로 오고, 그에 적합한 인물이 취임해서 국정을 잡게 되지만, 발전 도상에 있는 지금의 마쓰시타 전기의 실정에서는 사람을 중심으로 생각하지 않으면 안 된다.

지금은 "조직은 사람을 활용하기 위해 적절히 만들어 가는 것"이라고 생각해도 좋지 않을까? 마쓰시타 전기가 더 큰 경영체로 성장해 조직을 중심으로 적재적소에 인재를 배치하는 시대도 오지 않을까? 나는 이렇게 생각한다. 하지만 아직은 그렇게 생각하면 안 된다. 사람을 중심으로 생각해야 한다. 그런 점에서 각자의 실력과 능력은 매우 중대한 문제라고 생각한다.

《마쓰시타 고노스케 발언집25(松下幸之助発言集25)》

제품을 만드는 것은 사람

제품을 만들기 전에 먼저 사람을 만든다.
인재를 구하고, 인재를 육성해야 사업이 발전한다.

아무리 완비된 조직을 만들고 새로운 기법을 도입해도 그것을 활용할 인재를 얻지 못하면 성과를 낼 수 없고, 따라서 기업의 사명도 다할 수 없다. 기업이 사회에 공헌하면서 스스로도 우뚝 성장해 나갈 수 있을지 없을지는 오로지 사람에게 달려 있다. 그러므로 사업 경영에서는 무엇보다도 먼저 인재를 구하고, 인재를 육성해야 한다.

아직 회사가 소규모였을 때, 나는 직원들에게 "거래처에 갔을 때 '당신 회사에서는 무엇을 만들고 있습니까?'라는 질문을 받으면 '마쓰시타 전기는 사람을 만들고 있습니다. 전기 제품도 만들지만, 그 전에 먼저 사람을 만들고 있습니다'라고 대답하라"라는 말을 자주 했었다. 좋은 제품을 만드는 것이 회사의 사명이기는 하지만, 그러기 위해서는 그에 걸맞은 사람을 만들어야 한다. 그런 사람이 만들어지면 좋은 물건은 저절로 만들어진다. 이런 식으로 생각했던 것이 젊은 패기가 더해져 그런 말로 나타난 것이다. 하지만 그런 말을 입 밖으로 꺼냈건 꺼내지 않았건, 이 생각은 내 경영에 일관되게 적용되고 있다.

《실천경영철학(実践経営哲学)》

사람의 조합이 주는 묘미

평범한 사람들이 모여도
어떻게 조합하느냐에 따라 엄청난 성과를 낼 수 있다.

사람은 저마다 장점과 단점이 있다. 따라서 그 장단점을 서로 보완하는 조합을 만들면 그 장점과 단점은 더욱 살아날 것이다. 또한 그렇게 뚜렷한 것이 아니라, 왠지 서로 잘 맞지 않는 듯이 보이는 미묘한 문제도 있다. 물론 그런 문제는 각자가 노력해서 어느 정도 해소해 나가는 것이 바람직하지만, 역시 사람을 잘 조합해서 없애나가는 것이 중요하다. 실제로 그런 사례를 흔하게 볼 수 있다. 세 사람에게 일을 시켰는데, 각각 우수한 인재임에도 어쩐지 합이 잘 맞지 않는다. 그래서 과감하게 그중 한 사람을 다른 곳으로 이동시키고 두 사람에게 일을 시켰더니 단기간에 지금까지의 두 배 이상의 성과를 내고, 그 한 사람도 새로운 곳에서 큰 활약을 한다. 이런 일이 서로의 경험 중에 반드시 있을 것이다.

훌륭한 사람, 똑똑한 사람만 모아 놓는다고 꼭 일이 잘 풀린다는 보장은 없다. 반대로 평범한 사람들이라도 잘 조합하면 엄청난 성과를 낸다. 지도자라면 사람의 조합이 주는 이러한 묘미를 알아야 한다.

《지도자의 조건(指導者の条件)》

60점의 실력

적임자를 찾는 데에도 엄청난 시간과 수고가 든다.
그러므로 60점의 실력을 가진 사람에게 맡겨 본다.

나는 "이 사람이면 대충 60% 정도는 할 것 같다"라는 생각이 들면 적임자로 낙점해 버린다. 그러면 꽤 잘 되는 경우가 많다.

물론 어떻게든 80%의 가능성을 가진 사람을 찾겠다는 생각으로 여러 각도에서 그에 맞는 사람을 고르다 보면 그런 사람을 찾아낼 수는 있을 것이다. 그리고 그런 사람을 찾아냈다면 그보다 좋은 일은 없다. 그러나 그러기 위해서는 엄청난 시간과 수고가 든다. 이는 어떤 의미에서는 큰 손해이다.

그래서 대강 이야기를 나눠 보고 60%의 실력이 있다고 생각되면 "자네가 이 일을 맡아 주게. 자네라면 충분히 할 수 있네"라고 말한다. 그러면 대개는 좋은 성과를 낸다. 개중에는 백 점 만점의 일을 하는 사람도 있다. 물론 모두가 좋은 성과를 내는 것은 아니고, 개중에는 실패하는 사람도 있다. 가령 6명의 사람이 있다고 치면 3명은 좋은 성과를 내고, 2명은 그럭저럭하고, 나머지 1명은 가끔 실패한다. 내 경우에는 이런 사례가 많았던 것 같다.

《사람을 활용하는 경영(人を活かす経営)》

사명의 완수

우리는 세상으로부터 일을 위임받았다.
그 일의 사명을 소홀히 해서는 안 된다.

부하를 교체해서라도 사명을 완수해야 하는 것이 부장의 책임이다. 그러기 위해서는 어떻게 해야 하느냐 하면, 사장이나 회사의 리더에게 그 실정을 호소해야 한다. "그 부하는 다른 부서로 가면 천직을 얻어 능력을 십분 발휘할 수 있게 될지도 모르지만, 저희 부서에는 적성이 없는 것 같습니다. 그러니 부서와 회사를 위해서라도, 또 본인을 위해서라도 다른 부서로 옮겨 주십시오"라고 건의해야 한다.

그러나 이럴 때, 종종 "그런 말을 하는 것은 내가 부하를 잘 다루지 못한다는 것을 보여주는 것이나 다름없고, 부장으로서 체면을 구기는 일이다"라는 인간적인 감정이 작용해 그렇게까지 나서지 못하는 경우가 있다. 하지만 그런 감정에 사로잡혀서 꼭 해야 할 말을 하지 않는다면 부장으로서의 사명감이 없는 것이다. 바꿔 말하면, 세상으로부터 위임받은 막중한 일의 사명을 소홀히 하고 있는 것이다.

《사원의 마음가짐(社員心得帖)》

의사 결정을 맡긴다

의사 결정을 맡기면 신속하고 정확하게
정세 변화에 대처하기 쉬워진다.

오늘날처럼 변화무쌍한 시대에 치열한 경쟁 속에서 일해나가려면 신속한 판단과 의사 결정이 매우 중요하다.

그러면 한 사람이 모든 것을 결정하는 방식으로는 시대 변화를 따라가기 어렵다. 아주 작은 회사라면 몰라도, 수천수만 명이 일하는 회사에서 사장이 일일이 의사 결정을 내리다가는 아무리 하나하나의 문제에 대해 즉시 결정한다 해도 전체적으로는 결정이 늦어져 일이 원활하게 진행되지 않게 된다.

따라서 의사 결정 자체를 부하들에게 최대한 맡기는 것이 중요하다. "중요한 문제는 나와 상의해 주게. 나머지는 기본 방침에 따라 자네가 판단해서 결정하게"라고 하는 것이다. 그러면 그만큼 의사 결정이 빨라진다. 그 의사 결정을 맡은 사람이 부장이라면, 부장은 다시 과장에게 맡긴다. 과장은 주임에게 맡긴다. 주임은 사원에게 맡긴다. 이런 식으로 하면 전체적으로 회사의 의사 결정은 매우 원활하게 진행되고, 다양한 정세 변화에도 신속 정확하게 대처하기 쉬워질 것이다.

《사업은 사람이다(事業は人なり)》

명문화

왕성한 활동을 지속하기 위해서는 규칙과 원칙을
명문화하고 숙지하는 것도 중요하다.

규칙도 없고 정해진 사항도 없는 상태에서 일이 원활하게 진행된다면 그야말로 이상적일 것이다. 하지만 실제로는 그렇게 되기 어렵다. 따라서 그런 이상에 다가가는 과정에서는 서로가 지향점을 갖고 스스로를 다스리면서 목표를 추구해 나가도록 노력하는 자세가 바람직할 것이다. 그렇게 할 때 성취감도 얻을 수 있고, 왕성한 활동도 가능하며, 좋은 성과도 낼 수 있지 않을까?

그런 의미에서 보면 하나의 집단, 하나의 회사가 바람직한 모습으로 왕성한 활동을 지속하기 위해서는 어떤 규칙, 규정, 원칙 같은 것들을 분명히 명문화하고, 그것을 한 사람 한 사람이 반복해서 숙지하는 것도 매우 중요한 일 중 하나일 것이다.

《사람을 활용하는 경영(人を活かす経営)》

수금과 지불

건전한 회사는 돈에 대해 민감하고 엄격하다.
수금도 지불도 정확하게 한다.

돈을 허술하게 다루면 모든 것이 허술해진다. 그래서 건전한 회사나 상점은 평소 돈에 민감한 편이고, 수금할 때도 지불할 때도 세심한 주의를 기울이는 것 같다. 장사를 크게 하든 작게 하든, 경영을 잘하고 싶으면 거래할 때 엄격히 해야 한다. 바로 거기에 장사의 핵심이 있다.

어떤 도매상의 이야기이다. 그 가게는 장사를 그리 크게 벌이는 곳이 아니지만, 어디나 어려운 오늘날의 정세 하에서 짭짤한 이익을 거두고 있고, 심지어 차곡차곡 이익을 쌓아가고 있었다. 그러면서도 소매상들로부터는 큰 사랑을 받고 사입처로부터는 깊은 신뢰를 얻고 있는데, 그 이유는 바로 평소 정확히 수금하고 지불도 정확하게 하며, 더 나아가 모든 거래를 정확하게 한다는 것이다. 즉 경영의 자세가 성실하고 정확한 것이라 할 수 있다. 상호 신뢰란 결국 이러한 자세에서 나오는 것이고, 장사 번영의 원리도 의외로 이런 평범한 것에 있지 않을까? 어렵게 생각할 것 없다.

《장사의 마음가짐(商売心得帖)》

수익은 세상이 맡긴 위탁금

사업으로 번 돈의 대부분은
세상이 맡긴 위탁금이라고 생각하라.

목적은 물자를 무상으로 제공하는 데에 있다. 그래서 이익을 내는 것에 대한 우리의 생각은 이렇다. 우리가 하는 일은 자금이 필요하다. 그 자금은 우리가 정부를 만들면 세금으로 징수할 수 있지만, 그렇게 할 수 없으므로 자발적으로 돈을 내게 해야 한다. 수익금이라는 형태로 모으고, 그 모은 돈은 물자를 무상으로 제공할 자금으로 투입한다. 이 수익이라는 것은 내가 할 수 있는 것이 아니다. 일부는 내가 할 수 있다. 그 당시는 개인 경영이었기 때문에 법률상 수익은 전부 내 것이었다.

하지만 나는 이런 생각에서 회계를 분리했다. 전부터 회계는 개인과 분리했지만, 그것을 더 분리해서 일부는 내가 쓰는 것을 허락하되 수익의 대부분은 세상이 맡긴 위탁금으로 간주했다. 법률상으로는 내 것일지언정 세상이 "당신이 사업을 통해서 불리라"라는 뜻으로 맡긴 위탁금이라고 생각했다. 그리고 그 취지를 모두에게 말했다. 그러자 모두 감격했다.

《일의 꿈 삶의 꿈(仕事の夢 暮らしの夢)》

무서운 안이함

경비를 함부로 쓰고, 쇄신을 게을리한다.
이러한 안이한 자세는 장사에는 무서운 자세이다.

매출이 두 달 전에 지난해 같은 기간보다 17억 엔이나 늘어났다. 그런데 거꾸로 이익이 줄어들었으니 참 이상한 일이지 말이다. 일단 이익은 올랐으나 결국 경비를 낭비한 것이다. 경쟁이 치열해서 할인율을 높였고, 그 밖에 이런저런 경쟁으로 인해 추가 경비도 들이는 등, 여러모로 조사해 보니 결국 이런 이유였다. 이는 장사에는 매우 무서운 일이고, 이익이 올라도 경비를 과다 지출했고, 또한 낭비하지 않고 필요한 부분에 지출했더라도 더 꼼꼼히 살펴서 쇄신하는 것을 게을리하면 더 많이 팔아서 매출이 올라도 이익은 거꾸로 줄어드는 결과가 초래되는 것이다. 전에는 이런 일이 없었다.

이번에 처음으로 이렇게 된 것이다. 물론 책임의 절반이 나 자신에게 있다는 걸 자각하고 있지만, 나머지 절반의 책임은 여러분이 작년도부터 1년간 마쓰시타 전기의 경영 상태가 점점 좋아지고 있는 것을 보고 안이함을 갖게 된 것에 있지 않을까?

《마쓰시타 고노스케 발언집25(松下幸之助発言集25)》

빛과 신용

성실한 장사와 열심히 일하는 모습이 신용이 된다.
은행도 돈을 기꺼이 빌려준다.

일반적으로 말해서 은행은 돈을 맡는 것도 큰 장사이지만, 빌려주는 것도 큰 장사이다. 따라서 장사꾼이 꾸준히 물건을 팔 단골을 찾듯이 은행도 꾸준히 돈을 빌려줄 단골을 찾는다. 그 단골은 빌려준 돈을 효율적으로 이용해서 이익을 거두고, 이자를 붙여서 갚는다. 이런 손님이 중요하다. 그것을 누군가가 보증한다면, 예를 들어 정부가 보증하거나 신이 보증해 준다면 은행은 기꺼이 빌려줄 것이다. 하지만 정부도 신도 보증해 주지 않는다. 그래서 은행은 인간적인 눈으로 그것을 찾는다. 즉 내가 돈을 빌릴 수 있는 것은 보증이 될 만한 것이 있었다는 뜻이다. 빌린 돈을 소중히 쓴다. 그래서 장사를 열심히 성실히 한다. 이윤이 생긴다. 빌린 돈에 이자를 붙여서 갚는다. 이런 것을 반복하다 보면 은행은 어떻든 돈을 빌려주게 된다. 전쟁이 끝나고 혼란한 상황에서 마쓰시타도 앞으로 어떻게 될지 예측할 수 없었지만, 전쟁이 일어나기 전에 열심히 일했던 모습이 하나의 신용이 되어 주었다. "그는 전쟁 전에 이렇게 일했으니 전쟁이 끝난 지금도 무리한 사업은 벌이지 않을 것이다"라는 믿음을 준 것이다. 그 신용의 범위는 은행이 어느 정도 측정할 수 있기 때문에, 그 범위 내에서는 빌려주게 된다.

《일의 꿈 삶의 꿈(仕事の夢 暮らしの夢)》

자금을 만드는 이유

무한한 생성 발전에 공헌해 나가기 위해서
기업은 이익을 거두고 자금을 만들 필요가 있다.

기업이 인류 공동생활의 무한한 생성 발전에 공헌해 나가기 위해서는 기업 자체가 끊임없이 생성 발전해 나가야 한다. 즉 늘 새로운 연구 개발과 설비 투자를 통해 점점 증대하는 사람들의 요구에 응할 수 있는 체제를 만들어 나가야 하는 것이다.

그런데 이러한 개발과 투자에는 그만한 자금이 필요하다. 그 자금을 어떻게 만들 것인지가 관건인데, 이것이 정부가 하는 사업이라면 필요한 만큼 세금을 거둘 수도 있다. 그러나 민간 기업은 그럴 수 없기 때문에 스스로 만들 수밖에 없다. 그래서 이익을 거두고, 그것을 축적해 나가게 된다.

《실천경영철학(実践経営哲学)》

은행

수중에 쉽게 돈이 들어오는 것은 위험하다.
윤활유도 지나치게 많으면 넘친다.

우리 경험에 의하면, 은행이 쉽게 돈을 빌려줄 때는 대부분 위험해진다. 은행이 대출을 꺼리며 겨우 빌려주면 잘 된다. 그러므로 은행이 돈을 쓰라고 할 때는 각별히 주의해야 한다. 평생 실수 없이 살아온 사람이라도 은행이 지금 돈이 있으니 쓰라고 권유할 때는 실패하는 경우가 많다. 딱 필요한 만큼만 빌리러 갔는데 80%만 빌려주는 상태가 지속된다면 그 사람은 가장 안전하다. "겨우 그 정도 빌려서 되겠습니까?"라고 하면서 10억 엔이라고 했는데 20억 엔을 빌려주었다면 그 사람은 대담해지기 때문에 조심해야 한다. 돈이 쉽게 들어오는 것은 매우 위험하다. 윤활유도 너무 많으면 안 된다. 넘칠 위험이 크다.

《일의 꿈 삶의 꿈(仕事の夢 暮らしの夢)》

주주와 경영자

주주가 회사의 주인공이라면
경영자는 회사의 우두머리이다.

주주는 스스로 회사의 주인공이라는 것을 제대로 자각하고 인식해야 한다. 그리고 경영자에게 할 말은 하고 요청할 것은 요청하는 주인공으로서의 태도를 확고하게 유지하는 것이 중요하지 않을까 생각한다. 설령 주식을 얼마 보유하지 않은 주주일지라도 그저 주식을 갖고 있으면서 배당만 받는 것이 아니라, 회사의 주인공인 주주로서의 권위와 식견을 가지고 회사의 우두머리인 경영자를 질타하고 격려하는 것도 매우 바람직한 태도이다. 그러면 경영자도 경영에 더욱 진지하게 임하고, 실적을 올리고, 이익을 올리고, 그것을 주주들에게 충분히 환원하겠다는 의지가 강해지지 않겠는가?

《PHP》 1967년 11월호

상품의 가격

모두가 피땀 흘려 만든 물건이다.
가격을 자신의 감정만으로 결정해선 안 된다.

"비싸면 깎아드리는 것을 생각해 보겠지만, 평균 시세면 구매해 주십시오." 이렇게 말했다.[29] 하지만 "처음 와서 시세대로 팔겠다고 하면 안 되지. 1전이라도 깎아 줘"라며 막무가내였다. 나는 그 말도 일리가 있는 것 같아서 14전으로 해 줄까 하는 생각이 들었다.

그런데 그렇게 생각한 순간, 문득 어떤 깨달음을 얻었다. 당시는 직원이 20명 가까이 있었다. 전부 풋내기였지만, 처음으로 도쿄에 영업을 가는 것이라 나를 보낸 것이었다. 그들의 얼굴이 순간 떠올랐다. 15전에 팔아야 할 물건을 내 감정만으로 가격을 정해선 안 된다, 모두가 피땀 흘려 만든 것이니 그들의 노력을 내 독단으로 좌우해선 안 된다는 생각이 든 것이다. 그래서 나는 다시 간곡히 부탁했습니다. "사장님, 이건 저희가 열심히 밤을 새워 가며 만든 물건입니다. 신입들까지 같이 열심히 만든 제품이니 다시 생각해 주시길 바랍니다." 이렇게 부탁했다.

《장사의 마음가짐(商売心得帖)》

---

29) 고노스케가 처음 도쿄로 영업을 가서 도매상과 흥정했을 때의 회상.

사람은 일을 맡으면 분발한다

일을 맡아 열정을 불태우는 사람들이 서로 협력하여
목표를 향해 나아갈 때, 1+1은 3도 되고 4도 된다.

선천적으로 그리 튼튼하지 못했던 나는 독립해서 전기
제품 제조업을 시작하고 나서도 걸핏하면 병에 걸려 앓
아눕는 거의 병자나 다름없는 모습으로 전쟁이 날 때까
지 일을 해 왔다.

그래서 몸소 앞장서서 뭔가를 하고 싶어도 생각대로 되
지 않았다. 어쩔 수 없이 적당한 부하에게 맡기는 경우가
많았다. 또한 내 몸이 그런 상태이다 보니 맡기더라도 대
충 맡기는 것이 아니라 "중요한 일만 나에게 상담하게.
나머지는 자네 마음대로 해도 좋아" 하는 식으로 과감하
게 맡길 수밖에 없었다. 하지만 맡은 사람은 "대장(앞에
서 창업 초기 7월 24일에 직원들이 자신을 '사장'이 아니
라 '대장'이라고 불렀다는 에피소드가 나온다)이 병에 걸
려 누워 계시니 일을 맡은 내가 잘 해야 한다" 하며 분발
해서 능력을 십분 발휘해 주었다. 게다가 그렇게 열정을
불태우는 사람들이 자신의 힘을 충분히 발휘하면서 하나
의 목표를 향해 다른 사람들과 힘을 모으자 1 더하기 1의
힘이 3도 되고 4도 되는 모습이 연출되고, 조직으로서도
큰 성과를 거두는 일이 종종 있었다.

《인생의 **마음가짐**(人生心得帖)》

초단의 상품

왜 초단의 상품을 2단으로
3단으로, 4단으로 만들려고 하지 않는가?

어떤 회사나 그렇겠지만, 연구부나 개발부에 있는 사람은 그 분야의 전문가라고 할 수 있는 사람이다. 그런 사람이 연구하고 개발해서 마침내 하나의 상품이 완성된다. 그래서 그 상품은 처음부터 잘 팔리는 것이다. 바둑이나 장기에 비유하면, 초단 자격이 있는 것이다. 손색없는 상품이기 때문에 일단 팔리는 것이다.

하지만 "일단은 팔리니까 이건 장사가 되겠지"라고 생각하고 넘어가도 되느냐? 현재로서는 그렇게 하고 넘어가는 경향이 다소 있지 않은지 생각이 든다. 단순히 팔리고 있으니까 그걸로 됐다고 생각하면 안 된다고 다시 한번 말하고 싶다. 왜 초단의 상품을 2단으로 만들자는 생각을 하지 않는가? 그리고 그것을 또 3단으로 만들고, 4단으로 만들어서 최종적으로는 '명장이 되겠다'라고 생각하지 않는가? 이런 생각을 끊임없이 할 필요가 있지 않은지 생각한다.

《쇼후(松風)》 1976년 5월호

능력의 집중과 분산

인간의 능력에는 한계가 있다. 능력이 분산되면
이도 저도 안 되게 된다

무릇 인간의 능력에는 한계가 있어서 한 사람이 많은 분야를 한꺼번에 담당하면 능력이 분산되어 결국 전부 이도 저도 안 되기 때문에 정밀하고 완벽한 고도의 전문적 운영 효과는 기대할 수 없게 된다.

요전에 등기구 제작소의 지배인에게도 다양한 제품군은 버리고 회중전등과 소형 전등만 잘 만들어 달라고 말했지만, 그는 "나는 다른 것도 하고 싶다"라고 말했다. 그래서 나는 "그러면 안 된다. 연구하는 것은 좋지만, 지금은 두 종류만 해라. 그 두 가지를 세계적인 상품으로 만들어라. 상품 하나에 모든 역량을 집중시켜 도금을 담당하는 사람은 어떻게 하면 견고하고 광택이 좋은 제품을 만들 수 있을까를 고민하면서 설비 운용에 고심과 창의력을 발휘하고, 케이스를 만드는 사람은 늘 디자인과 기능의 향상을 위해 압연 가공 여부를 끊임없이 검토해서 어느 부분을 보더라도 세계 최고 수준의 제품으로 만들어야 한다. 종류는 10분의 1이더라도 전 세계에서 사랑받는 우수한 성능으로 그것들을 다 합친 생산액을 훌쩍 뛰어넘는 숫자를 회중전등 하나로 획득할 수 있다면 정말 멋진 일 아닌가?"라고 했다. 그는 "알겠습니다"라고 말했다.

《마쓰시타 고노스케 발언집22(松下幸之助発言集22)》

마이너스의 전력

회사에 전력으로서 마이너스인 사람도 보듬어라.
미리 그런 각오를 해 두어라.

나는 경험상, 사람을 쓸 때는 다음과 같이 명심하는 것이 중요하다고 생각한다.

그것은 사람을 10명을 쓰면 그중에는 늘 반대하고 방해하는 사람이 1명은 있다는 것이다. 말하자면 플러스가 되지 않고 오히려 마이너스라 채용하지 말아야 했을 사람이다. 그리고 2명 정도는 있으나 마나 한 사람이다. 요컨대 10명을 쓰면 그중 3명은 회사 전력에 보탬이 되지 않는다. 그럼에도 불구하고 그런 사람들까지 보듬고 가겠다는 각오를 처음부터 해 둘 필요가 있다.

따라서 직원을 20명 둔 회사라면 2명 정도는 늘 걸리적거리고 마이너스가 된다. 악의적으로 방해하는 것이냐 아니냐는 별개로 치더라도, 결과적으로는 방해가 된다. 그 정도는 미리 각오하고 경영이나 장사를 하지 않으면 자칫 불평이 나오거나 일에 대한 의욕이 떨어질 수 있다.

《마쓰시타 고노스케 경영어록(松下幸之助 経営語録)》

실력의 범위

회사의 역량 내에서 경영한다.
자신의 경영력 범위 내에서 경영한다.

사업 내용을 확장하고 회사 규모를 키울 때는 기술력, 자금력, 판매력 등 회사의 역량을 종합적으로 정확히 파악하고, 그 역량 내에서 한다. 그리고 이때 경영자에게 특히 중요한 것은 자신을 비롯한 회사 경영진의 경영력에 대한 인식일 것이다.

나는 오랜 사업 경험 속에서 수많은 거래처를 보아 왔다. 그중 처음에는 경영이 아주 잘 되었지만, 사업을 확장하면서 성과를 내지 못하는 곳도 있다. 그런 경우에 과감히 그 사업을 둘로 나누어 기존의 경영자는 그중 하나를 맡고, 다른 하나는 적당한 간부를 골라 경영을 전면적으로 맡기면 둘 다 순조롭게 성장하는 경우가 많다. 결국 그것은 그 경영자의 경영력 문제이다. 50명을 쓸 때까지는 충분히 해내지만, 점점 성장해서 100명을 쓰게 되면 그만한 능력이 없어서 도리어 실적을 내지 못하게 된다. 이때 회사를 둘로 나누어 그중 하나를 맡으면 자기 능력 내에서 충분히 할 수 있기 때문에 다시 실적이 좋아진다.

《실천경영철학(実践経営哲学)》

흥정 없는 협상

최대한 단순하게 바라본다.
협상에도 흥정 없이 임한다.

나는 평소 최대한 사물을 어렵게 보지 않으려고, 바꿔 말하면 되도록 단순하게 바라보려고 노력하고 있다. 무슨 말이냐 하면, 가령 협상 시에는 흥정 같은 것 없이 임하려고 한다. 즉 10이면 10, 5면 5라고 있는 그대로 상대방에게 설명하지 5를 처음에는 6이라고 했다가 나중에 양보해서 5로 해 주는 식으로는 하지 않는다.

물론 협상의 테크닉이나 기술이라는 관점에서는 5를 6이라고 해 두었다가 흥정 끝에 5로 결정하는 것이 더 수월하다고 볼 수도 있다. 하지만 나는 그런 방법은 사물을 어렵게 바라보는 것으로 생각한다. 그래서 나는 처음부터 5는 5라는 태도로 상대를 대한다. 요컨대 있는 그대로의 모습을 상대방에게 보여주겠다는 생각으로 협상하는 것이다. 그러면 그런 방식으로 협상이 잘 풀릴 때도 있고, 잘 풀리지 않을 때도 있다. 그렇지만 둘 중 어떤 경우가 더 많은가 하면, 잘 풀리는 경우가 더 많다.

《사람을 활용하는 경영(人を活かす経営)》

자리와 실력

경험 많은 베테랑이라고 해서
그 자리에서 실력을 발휘한다는 보장은 없다.

어떤 회사, 혹은 어떤 사업부라고 해도 좋은데, 그 사업부나 하나의 회사가 잘 돌아가지 않을 경우의 이야기이다. 그곳의 수장은 50세의 경영자다. 거기다 상당한 베테랑이다. 그런데도 잘 돌아가지 않는다. 그러다가 어떤 기회에 그 사람은 교체되고 40세 전후의 젊은 사람, 소위 신지식이나 신념에 불타는 사람이 그 자리를 물려받는다. 그럴 경우 몰라볼 정도로 그 회사가 좋아지고, 또 몰라볼 정도로 그 사업부가 좋아지는 것을 실제로 나는 경험했다.

그러니까 그 부서, 그 회사의 실적은 그 사람이 그 자리에 앉아 실력을 발휘할 때 비로소 완전히 바뀐 것이라고 할 수 있다. 완전히 바뀐다는 것은 곧 실력의 차이이다. 하지만 젊은 사람이라고 해서 그런 실력이 없다고도 할 수 없고, 그렇다고 해서 있다고도 할 수 없으며, 경험 많은 나이 든 사람이 꼭 실력이 있다고도 할 수 없다. 이것이 아주 흥미로운 점이다.

《번영을 위한 생각(繁栄のための考え方)》

회사의 분수에 맞는 인재

인재는 너무 우수해도 안 된다.
회사의 분수에 맞는 인재가 좋다.

내 경험에서 하는 말인데, 그 회사에 걸맞은 사람을 뽑아야 한다. 너무 우수해도 곤란할 때가 있다. "이런 별 볼일 없는 회사"라고 생각하는 것보다는 "이 회사는 정말 좋은 회사"라고 생각하고 일해 주는 사람이 고맙다. 분수에 맞는 회사에 분수에 맞는 인재가 좋지, 너무 우수한 사람을 너무 많이 뽑으면 도리어 좋지 않은 경우가 있다는 것을 명심해야 한다.

《마쓰시타 고노스케 경영어록(松下幸之助 経営語録)》

정보를 활용한다

수집한 정보에 적절히 대응할 수 있는가?
정보화의 추진에는 경영력이 필수적이다.

예를 들어 '정보화의 추진'은 앞으로의 시대에서는 빼놓을 수 없을 것이다. 하지만 아무리 정보를 수집했어도 그에 적절히 대응할 수 있는 경영력이 없다면 그 정보도 쓸모없어지고, 경우에 따라서는 정보화(情報化)가 아니라 정보화(情報禍)가 될 수도 있다[30].

《미일·경영자의 발상(日米·経営者の発想)》

---

30) 정보가 도움을 주는 것이 아니라 도리어 재앙이 될 수 있다는 것을 같은 발음을 가진 한자인 '化'와 '禍'를 사용해 빗대어 표현한 것. (역주)

각성시키는 역할

경영 규모가 커질수록
건전성을 각성시키는 역할이 중요해진다.

경영에서 회사가 작은 동안에는 제조와 판매에 중요도를 두는 것이 당연하지만, 경영 규모가 커질수록 그 이상으로 인사와 경리가 중요해진다. 경리부가 엄격하면 경리를 통해 경리부 자체도 내부적으로 비판받게 되고, 제조와 판매도 그에 따라 각성하게 된다. 이는 수익의 내용을 보더라도 여러 경우가 있는데, 같은 수익을 내더라도 이런 수익 창출 방식은 이 회사에 적절하지 않다거나, 혹은 당연히 그 세 배 정도의 수익을 낼 수 있어야 하는데 절반밖에 못 내고 있다거나 하는 것이다. 그런데 담당자는 상당한 이익이 나고 있으니 이 정도면 괜찮다고 생각한다. 그래서 크게 이득을 보는 경우도 있다.

이는 보기에 따라서는 결손이나 다름없다. 1억 엔의 이익을 얻을 수 있는데 5천 엔밖에 못 버는 것이니 5천 엔을 손해 보는 셈이다. 그것을 각성시키는 역할을 하는 곳이 있어야 한다. 이를 경리부가 실제 수치로 말하거나, 혹은 이사회가 말하지 않는다면 건전한 경영은 이루어질 수 없다. 바로 여기에 사업 발전의 기초가 있다.

《사물을 보는 방식 생각하는 방식(物の見方 考え方)》

급여 전액 반납

책임의 자각, 책임 완수에 대한
신상필벌이 필요하다.

나는 올해 초, 스스로 솔선수범하고자 무지각 무결근을
결심하면서 1월 4일 한큐 우메다역에 내렸다. 자동차로
마중을 나오기로 사전에 약속되어 있었지만 차가 오는
기미조차 없기에 전차를 탔다. 그런데 발차 직전에 자동
차가 오는 것이 보이길래 급히 뛰어내려 자동차를 타고
회사로 서둘러 갔지만 결국 10분 지각하고 말았다. 의미
있는 이 부흥의 첫해에 관철해야 할 염원을 몸소 보여주
고 싶었는데 첫 단추를 잘못 끼우고 만 것이다. 이유를 물
어보았더니 불가항력이 아닌 사소한 부주의에서 비롯된
일이었다. 나를 목 빠지게 기다린 직원들과 회사에 대한
미안함을 통감하며 책임을 져야겠다고 생각했다. 그래서
나는 담당자 8명에게 1개월 감봉 처분을 내리고, 사장인
나도 감독 소홀로 그달 치 급여 전액을 반납할 것을 조회
에서 발표하고 사죄했다.

책임의 자각을 통해서만 제대로 된 일을 할 수 있다고
생각했던 것이다. 여러분도 책임을 완수함으로써 전통적
근로 의욕을 되살리고, 이를 통해 생산이 고양될 수 있다
는 것을 인식하고 책임 수행과 신상필벌을 잘 이해해 주
기 바란다.

《마쓰시타 고노스케 발언집22(松下幸之助発言集22)》

생산 절감과 철저한 판매

인원 감축이 아니라 생산 절감으로 자금을 아낀다.
때를 기다리면서 철저하게 재고를 판매한다.

그때[31] 나는 어떻게 극복할지 생각했었다. 역시 인원을 줄이거나 새로 빚을 내서 사업을 계속하는 수밖에 없었다. 하지만 빚은 절대 불가능했다. 은행이 줄줄이 도산하던 때라 은행들은 돈을 빌려주지 않았다. 결국 생산을 줄여야 했다. 하지만 생산을 줄이자 사람이 남아도는, 나로서는 처음 겪는 난관에 부딪혔다.

그때 내린 결론은 생산을 줄여서 자금을 아끼자는 것이었다. 하지만 정든 직원들을 한 명이라도 줄인다는 것은 실로 유감스러운 일이었다. 그래서 직공들은 반일만 근무하고 반일은 쉬게 하자, 하지만 월급은 전액 지급하자, 그리고 때를 기다리자고 마음먹었다. 그러면 자금 부족이 조금이나마 해소될 것이라고 생각했다. 그런데 당시 호칭으로 점원들, 지금으로 말하면 영업사원인데, 그들은 "쉬지 않겠다, 일요일도 쉬지 않겠다, 아무튼 철저하게 팔겠다"라고 하는 것이었다. 그러자 모든 점원이 "좋다. 우리 점원들은 휴일을 반납하고 일요일에도 영업을 다니겠다."라고 하는 것이었다. 그렇게 박차를 가하고 두 달이 지나자 창고에 가득 쌓였던 재고품이 없어졌다.

《사원가업(社員稼業)》

31) 1929년의 대공황.

위험한 것은 사장

노동조합이 회사를 망치는 것이 아니다.
위험한 것은 사장이나 충실한 관리자이다.

나는 60년 이상의 장사 경험을 통해 어떤 곳이 번성하고 어떤 곳이 망하는지를 지겹도록 보아 왔는데, "이 가게는 위험하다" 싶으면 대개 그 생각이 맞았다.

예를 들면, 직원이 300명인 회사가 있다고 치자. 사장과 충실한 관리자는 회사를 어떻게든 키우고 싶어 한다. 그러나 아이러니하게도 그런 의지가 있어도 회사를 성장하지 못하도록 만드는 것이 그 사장이나 충실한 관리자인 경우가 많다. 노동조합이 회사를 망하게 한다고들 하지만, 노동조합이 무엇을 하더라도 회사는 웬만해서는 망하지 않는다. 조합도 임금을 한꺼번에 2배 3배로 올려 달라고 하지는 않는다. 하지만 사장이 자칫 예측을 잘못하면 100억 엔쯤은 쉽게 공중분해 되는 것이 기업이다. 그러므로 회사에서 가장 위험한 것은 사장이다.

《마쓰시타 고노스케 경영어록(松下幸之助 経営語録)》

한 사람이 적소에 있으면

한 사람이 적소에 있으면 전체가 번영한다.
적절한 인재를 연공서열에 의해 묻히게 해서는 안 된다.

불교에 "한 사람이 출가하면 구족(九族)이 승천한다"라는 말이 있다. 즉 한 사람이 출가하면 부모·형제는 말할 것도 없고 일가 전체가 하늘로 올라간다, 바꿔 말하면 극락왕생한다는 뜻일 것이다. 이것과 그것은 다를지도 모르지만, 한 사람이 적소에 있으면 그 그룹 전체가 번영하는 것은 틀림없는 사실이다.

일본에서는 연공서열에 따라 인사를 하는 경우가 많은 것 같다. 이건 이것대로 버릴 수 없는 정서가 있으니 무조건 배척할 필요는 없지만, 그 장점을 살리는 반면, 그것에 사로잡혀 적절한 인재를 묻히게 만드는 일이 있어서는 안 된다. 전에 어떤 회사가 어려워졌을 때 우리 회사에 경영을 부탁하러 온 적이 있었다. 약간의 인연도 있고 해서 그러기로 하고, 아직 40살도 안 된 젊은 사람에게 그 회사의 경영을 맡겼다. 그런데 그것을 전환점으로 그 회사는 몰라보게 양호해져, 오랫동안 결손이 지속되어 배당도 못 주던 것이 제품도 좋아지고, 이익도 내고, 두 번 증자하고도 배당을 늘릴 수 있게 되었다.

《경영의 마음가짐(経営心得帖)》

"비가 '내리면' 우산을 쓰는" 경영

수금에 전력을 쏟아도 자금이 추가로 필요하다.
그때 비로소 빚을 내야 한다.

비가 내리면 우산을 쓴다는 것은 누구나 알고 있다. 우산도 쓰지 않고 흠뻑 젖는 짓은 아주 이상한 사람이 아니면 하지 않는다. 그러나 장사나 경영에서는 이런 일이 당연시되지 않는다. 사사로운 감정에 사로잡혀 잘못 판단해서 우산도 쓰지 않고 돌아다니는 일이 수시로 일어난다.

예를 들어 치열한 경쟁에서 지지 않겠다고 100엔에 사입한 것을 95엔에 판다든가 수금을 철저히 하지 않고 사정을 봐주어 회수를 미뤄 놓고 다른 곳에서 새로 자금을 빌리는 경우를 실제로 자주 보게 된다. 그렇게 해서는 잘될 턱이 없다. 이익을 내려면 사입가 이상의 가격으로 팔아야 하고, 수금에 전력을 기울여도 자금이 필요한 때라면 처음부터 다른 곳에서 빌려야 할 것이다. 이것이 비가 내리면 우산을 쓰는, 천지자연의 이치에 따르는 자세이다.

말로 표현하면 매우 간단하고 당연해 보이지만, 이 지극히 간단하고 당연한 것을 적시에 적절하게 실행하는 것이 장사나 경영의 비결이라고 할 수 있지 않을까?

《경영의 비결이 여기에 있다는 것을 깨달은 가치는 100만 냥
(経営のコツここなりと気づいた価値は百万両)》

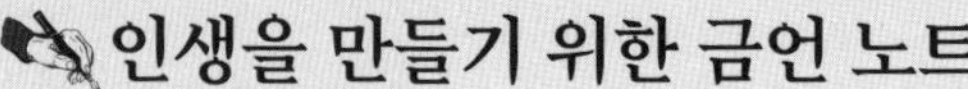

인생을 만들기 위한 금언 노트

8월분을 읽은 후, '어떤 말과 문장이 마음에 가장 와닿았나?',
'그것은 왜인가?', '앞으로 행동에 어떻게 살릴 것인가?'
이 세 가지를 자문자답하고, 간결하게 정리해 봅시다.

______________________ 년   월   일

______________________ 년   월   일

______________________ 년   월   일

巨富의 생각들

9月
/
경영자가 되다

巨富의 생각들

September

자벌레의 각오

매년 수익을 내기는 어렵다. 이런 각오를 하고 있으면
1년 손해를 보더라도 조급해하지 않는다. 지혜도 생긴다.

재재작년에 수익을 내고, 재작년에 수익을 내고, 작년에도 수익을 냈다. 그리고 올해도 수익을 내면 더없이 좋을 것이다. 그러나 세상은 그렇게 호락호락하지 않다.

즉 3년이나 수익을 냈으니 그다음 해에도 수익을 낼 수 있느냐 하면, 수익은 그렇게 쉽게 나는 것이 아니다. 3년 벌었으니 1년분은 반납하겠다, 이런 생각으로 해야 한다. 이런 각오가 되어 있으면 전혀 놀랄 필요가 없다. 1년분을 반납해도 아직 2년분이 남아 있다. 자벌레는 두 치 나아가면 한 치 되돌아온다. 이는 좋은 일이다. 3년 벌고 4년째에도 버는 것은 자벌레가 잔뜩 늘어났다가 뒤로 돌아오지 못하는 때다. 이는 죽을 때다. 죽는 편이 나은가, 1년분 반납하고 살아남는 편이 나은가? 당연히 지금 손해 보는 편이 낫다. 그리고 다음 해에 다시 벌고 그다음 해에 또 벌겠다는 생각을 해야 한다.

이렇게 생각하면 고민이 없어진다. 그래서 조급해하지 않는다. 조급해하지 않으니까 느긋하게 할 수 있다. 그러면 지혜가 생기기 때문에 4년째에도 연달아 수익을 낼지도 모른다. 하지만 그것은 어려운 일이니, 지금은 1년분을 반납하겠다는 자벌레의 각오로 해야 한다.

《일의 꿈 삶의 꿈(仕事の夢 暮らしの夢)》

걱정을 짊어진다

직원들의 걱정을 짊어지고 잠을 이루지 못한다.
경영자로서의 보람이 거기에 있다.

사장은 직원이 1만 명 있으면 1만 명의 걱정을 짊어지고 있다. 그래서 걱정 때문에 밤에 잠을 이루지 못할 때도 있다. 잠을 못 자니까 힘들고 괴롭다. 하지만 그 괴로움이 사장의 보람이다. 사장이 걱정하지 않고 느긋한 회사는 존재할 수 없다. 잠을 이루지 못하거나 번민하는 자세야말로 사장의 모습이고, 거기에 사장으로서의 보람이 있다. 오늘날의 경영자에게는 이런 사고방식이 요구되지 않을까?

《경영의 비결이 여기에 있다는 것을 깨달은 가치는 100만 냥
(経営のコツここなりと気づいた価値は百万両)》

일심불란의 솔선수범

누구보다 열심히 일한다. 일심불란으로 일한다.
정말로 진지한 모습은 마음을 움직인다. 사람을 움직인다.

끊임없이 문제를 일으키는 사람이 있고 그 사람이 어느 정도 부담이 되리라는 것을, 다시 말해 그 사람에게 다소 발목이 잡히리라는 것을 처음부터 각오하고 가는 것이 중요하다.

그런 각오를 한 다음에는 "이렇게 하면 된다"라는 것을 몸소 보여주어야 한다. 누구보다도 일찍 일어나고, 누구보다도 늦게까지 일하는 등 경영자가 몸소 모범을 보이는 것이 중요하다. 이렇게 하면 저렇게 되겠지, 이렇게 하면 직원들이 어떻게 움직일까 하는 의도적인 것들에 신경 쓰기보다는 먼저 자신이 일심불란으로 해야 한다.

일심불란으로 하면 주변에서도 그냥 보고만 있지는 않는다. 일심불란이라는 정말로 진지한 모습을 보고 있으면 반드시 깨달음을 얻고 마음이 움직여 주변 사람들은 일일이 말하지 않아도 돕게 되고, 일하게 된다. 나는 소기업도 경험해 보고 중기업, 대기업도 경험해 봤지만 주인공의 솔선수범이 제일이라는 것은 기업의 크고 작음을 불문하고 공통적으로 말할 수 있는 부분인 것 같다.

《경영의 비결이 여기에 있다는 것을 깨달은 가치는 100만 냥
(経営のコツここなりと気づいた価値は百万両)》

태초에 말씀이 있었다

경영자는 가장 먼저 아이디어를 내야 한다.
그것을 말로 표현하고 목표를 제시할 책임도 있다.

나는 말만 하고 나머지는 직원들이 해 주었으니 편한 것으로 치면 이렇게 편한 것도 없다. 다만 중요한 것은 가장 먼저 그런 말을 하는 것이다. 즉 "태초에 말씀이 있었던" 것이다. 그 말을 모두가 듣고, 그것을 어떻게 구체적으로 실행해 나갈 것인가를 각자 맡은 업무를 바탕으로 생각하고 실행해 왔다. 그렇게 1년, 5년이 지나면 그 말대로 되어 있었다.

그러므로 경영자나 지도자는 가장 먼저 말을 가져야 한다. 바꿔 말하면 하나의 아이디어를 내고, 모두에게 목표를 제시해야 한다. 나머지 구체적인 일들은 다 같이 고민하면 된다. 하지만 가장 첫 아이디어는 자신이 내야 한다.

《경제담의(経済談義)》

목표를 제시한다

그때그때 목표를 제시한다. 그런 다음에
일하는 사람들을 위로하고 격려한다.

나는 그저 그때그때 목표를 제시했을 뿐이다. "이건 내가 할 일이 아닙니다. 여러분이 하는 것입니다. 나는 목표만 제시합니다. 나머지는 여러분이 어떻게 하면 좋을지 생각하십시오."라는 것이다. 그리고 실제로 나머지는 내가 특별히 뭔가 하지 않아도 모두가 고민해 주었다. 그래서 나는 그에 대해 마음속으로 차를 따라 주며 위로하고 격려해 주었을 뿐이다.

결국 중요한 것은 목표를 주는 것이다. 목표가 주어지면 나머지는 이래라저래라 하지 않아도 대부분의 사람은 자유롭게 창의력과 독창성을 발휘해서 일해 준다. 어설픈 참견은 하지 않아도 된다. 그러나 목표가 주어지지 않으면 사원들도 무엇을 해야 좋을지 몰라 창의력도 독창성도 나오지 않는다. 그 결과 충분한 능력도 발휘할 수 없고, 업무 성과도 낼 수 없게 된다.

이는 비단 사장 혼자만의 몫이 아닌 것은 당연하다. 부장이든 과장이든 하나의 부서를 맡아 여러 사람을 쓰는 입장에 있는 사람은 늘 이를 명심해야 한다.

《사업은 사람이다(事業は人なり)》

날마다 새롭게

날마다 새로운 경영이 실제로 이루어져야
경영 이념은 영원한 생명을 가지게 된다.

아무리 훌륭한 경영 이념이 있어도 실제 경영을 그저 10년을 하루처럼 과거 방식대로만 해서는 성과가 나오지 않는다. 제품 하나만 보더라도 오늘날은 계속해서 새로운 것이 요구되는 시대이다. 따라서 올바른 경영 이념을 갖는 동시에 그것에 기초한 구체적인 방침과 방책이 그때그때에 걸맞은 날마다 새로운 것이어야 한다. 이 '날마다 새롭게'가 있어야만 올바른 경영 이념도 진정으로 영원한 생명력을 가지고 살아날 수 있다.

《실천경영철학(実践経営哲学)》

마음고생을 해야만

소변이 붉어지도록 고민하고 생각한다.
그래야 비로소 새로운 빛이 보이기 시작한다.

"당신은 지금껏 소변이 붉어진 적이 있습니까?"

왜 갑자기 내가 이런 질문을 했을까? 문득 어린 시절에 가게 주인에게 몇 번이나 들었던 이야기가 떠올랐기 때문이다. 주인은 이런 의미의 말을 자주 했다. "장사란 매우 어려운 것이다. 엄격한 것이다. 말하자면 진검승부와 마찬가지다. 따라서 큰 걱정거리가 생기면 그 난관을 어떻게 극복할 수 있을지 여러모로 생각해 보고, 며칠씩 잠 못 이루는 밤을 보내야 한다. 그 정도로 마음고생을 해야 한다. 고민에 고민을 거듭하고, 생각에 생각을 거듭해야 한다. 너무 마음고생을 해서 오줌에 피가 섞여 붉게 변할 때까지 고민해야 비로소 어떻게 하면 좋을지 알게 되고, 마음이 안정되고, 새로운 빛이 보이기 시작한다. 길이 열리는 것이다. 바꿔 말하면, 다소 과장된 표현일지도 모르지만, 어엿한 장사꾼이 되기까지는 두세 번쯤 오줌이 붉어지는 경험이 필요하다."

이제 와서 생각하는 것은 그것은 비단 장사꾼만의 일이 아니라는 것이다. 당신이 무엇을 하든, 이만한 고통도 겪지 않고 무언가가 되기를 바란다면 너무 뻔뻔스러운 것 아닐까?

《젊음에 보내다(若さに贈る)》

따르면서 이끈다

상대방이 의욕을 잃지 않도록 부탁한다.
상대방의 자주성에 따르면서 이끌어 나간다.

인간은 자신의 생각대로 행동할 때 가장 기쁨을 느끼는 법이다. 그럴 때는 그 사람의 창의성까지 더해져 일의 성과도 저절로 오른다.

그래서 나도 경영을 하면서 사원들의 자주성을 존중하여 최대한 그들이 하고자 하는 바를 방해하지 않으려고 노력해 왔다. 그렇다고 아무것도 지적하지 않았느냐 하면, 그렇지 않다. 책임자로서 말할 것은 말했다. 하지만 그때 자주적인 의욕에 찬물을 끼얹지 않도록 표현에 주의했다.

무언가를 부탁하거나 시킬 때는 절대 의욕을 잃지 않도록 상대방의 자주성에 따르면서 이끌어 나가야 한다. 어려운 일이지만, 이것이 중요하지 않을까?

《인생담의(人生談義)》

경영은 예술이다

사업의 과정은 창조의 연속이고,
경영은 예술이라고 할 수 있다.

하나의 사업을 구상하고, 계획을 세운다. 그것에 기반해서 자금을 마련하고, 공장 등의 시설을 만들고, 인재를 얻고, 제품을 개발하고, 그것을 생산하고, 사람들에게 봉사한다. 이 모든 과정이 마치 화가가 그림을 그리는 것처럼 창조의 연속이라고 할 수 있다.

형태만 보면 그저 물건을 만들고 있는 것처럼 보이지만, 그 과정에는 곳곳에 경영자의 정신이 살아 숨 쉬고 있다. 이런 의미에서 경영자의 일은 화가와 같은 예술가의 창조 활동과 궤를 같이하며, 따라서 경영은 그야말로 예술이라는 이름에 걸맞은 것이라고 할 수 있다.

또한 경영은 여러 가지 다양하고 복잡한 내용을 담고 있다.

분야 하나만 보더라도 여러 가지가 있다. 연구하고 개발하는 부문, 그것에 기반해서 제조하는 부문, 완성된 제품을 판매하는 부문, 원자재를 사입하는 부문, 그 외 경리나 인사와 같은 간접 부문도 있다. 이러한 경영 부문 하나하나가 모두 창조적인 활동이다. 그리고 그것을 종합하고 조정하는 전체적 경영 또한 커다란 창조이다.

《실천경영철학(実践経営哲学)》

경영은 살아 있는 종합 예술

경영에는 완성이 없다. 끊임없이 변화한다.
경영은 살아 있는 종합 예술이다.

"경영은 예술"이라고 해도 그것은 회화나 조각처럼 하나의 독립된 것이 아니라, 말하자면 그 안에 회화도 있고 조각도 있고 음악도 있고 문학도 있는 식으로 여러 분야를 망라한 종합 예술이라고 볼 수 있다.

게다가 경영은 끊임없이 변화한다. 경영을 둘러싼 사회 정세, 경제 정세는 시시각각 변화한다. 그 변화에 즉각 대응하고, 그보다 한발 앞서 차근차근 대처해 나가는 것이 필요하다.

그래서 가령 회화처럼 다 그리면 그림 한 장이 완성되는 것과는 차원이 다르다. 말하자면 경영에는 완성이라는 것이 없다. 끊임없이 생성 발전하는 것이고, 그 과정 자체가 하나의 예술 작품이라고도 할 수 있다. 그런 의미에서 경영은 살아 있는 종합 예술이라고 할 수 있다.

《실천경영철학(実践経営哲学)》

살아 있는 경영의 비결

날마다 반성을 거듭해야
경영의 비결을 깨달을 수 있다.

경영학은 배울 수 있지만, 살아 있는 경영의 비결은 배워서 아는 것이 아니다. 말하자면 일종의 깨달음이라고도 할 수 있을 것이다.

석가모니는 6년 동안 산에서 수행했지만 깨달음을 얻지 못했다. 그래서 고행을 그만두고 산에서 내려와 처녀의 도움을 받았다. 그리고 그 처녀가 공양한 유미죽을 먹고 보리수 아래에서 선정에 들어갔을 때 문득 깨달음을 얻었다고 한다. 열심히 수행한 후 편안히 쉬면서 명상에 잠겼을 때 문득 깨달음을 얻은 것이다. 나는 경영의 비결을 깨닫는 것도 이와 같지 않나 생각한다.

즉 경영자로서의 매일의 삶 속에서 하나하나의 일에 열심히 임하면서 그때그때 "이 일은 성공이었어", "성공이긴 했지만 이 부분은 완벽하지 않았어" 하는 식으로 반성을 거듭하는 것이다. 그리고 이윽고 의식하지 않아도 그런 생각을 하게 되어야 한다고, 다시 말해 반성하게 되어야 한다고 생각한다. 그런 것을 시시각각 반복하다 보면 점점 실수가 없어지게 된다. 즉 이것이 경영의 비결을 깨닫는 것 아닐까 생각한다.

《경영의 비결이 여기에 있다는 것을 깨달은 가치는 100만 냥
(経営のコツここなりと気づいた価値は百万両)》

헤어스타일은 회사의 간판

헤어스타일은 회사의 광고탑이다. 어울리는 헤어스타일을 하고,
손질도 게을리하지 말아야 한다.

약 30년 전, 도쿄 긴자에 있는 이발소에 갔을 때, 37~8 세쯤 되는 그곳의 직원이 내 머리를 깎으면서 "마쓰시타 씨는 머리 모양에 더 신경 써서 항상 어떤 식으로 머리를 자르는 것이 좋을지, 어떤 헤어스타일이 어울릴지 스스로 연구해야 할 것 같네요"라고 했다.

"긴자 4초메에는 마쓰시타 씨의 회사의 훌륭한 네온 광고탑이 있지만, 마쓰시타 씨의 머리는 그보다 더 중요한 당신 회사의 간판입니다. 그러니까 고객들이 당신의 머리를 보고 당신 회사의 제품을 사고 싶지 않다는 기분이 들지 않도록 늘 잘 손질하고 다니셔야죠……."

그때까지 머리 모양에는 전혀 무관심했던 나는 이발소 직원의 이 충고에 "틀린 말이 하나도 없다"라고 감탄했다. 그 이후로 도쿄에 갈 때는 그 이발소를, 오사카에 있을 때는 그 이발소의 지점을 단골 이발소로 정해 놓고 다소 바빠도 머리 손질은 게을리하지 않도록 주의해 왔다.

《인연, 이 신비한 것(縁、この不思議なるもの)》

사사로운 감정에 얽매이지 않고 사람을 쓴다

마음에 들지 않는 사람에게도 머리 숙여 부탁할 수 있는가?
사사로운 감정에 얽매이지 않고 공명정대할 수 있는가?

인간이란 참 신기한 존재여서 한 번 마음에 들지 않으면 아무리 그 상대가 장점을 가진 사람이라 하더라도 그것을 순순히 인정하지 못한다. 자꾸 그 사람의 결점만 찾아내서 "역시 그 녀석은 안돼"라고 생각하고 싶어 한다. 우리 인간에게는 그런 일면이 있다. 경영자라면 이 점을 많이 경계해야 한다.

나는 경영자라면 사사로운 감정에 얽매이면 안 된다는 것을 끊임없이 다짐하고, 그러도록 노력해 왔다. 개인적인 감정이나 좋고 싫고로 사람을 쓰면 안 된다. 그 일에 도움이 되는 사람인지 아닌지로 봐야 한다. 일은 잘하지만 마음에 들지 않는다는 이유로 배척하면 안 된다. 경영자인 이상은 마음에 들지 않아도 일을 위해 눈을 감아야 한다. 이 사람이 없으면 이 일은 불가능하다는 마음으로 "부탁하네. 잘해 주게." 라고 머리를 숙여야 한다. 그렇게까지 할 수 없으면 진정한 경영자라고 할 수 없다. 스스로 말하기는 민망하지만, 나는 이렇게 생각하고 공명정대하게 해 왔다. 적어도 그렇게 하려고 노력해 왔다.

《마쓰시타 고노스케 경영어록(松下幸之助 経営語録)》

권위를 적절히 활용한다

자신의 아이디어만으로 진행시키는 것이 아니라
더 큰 권위도 적절히 활용하면 좋다.

권위를 활용한다는 것은 지도자로서 명심해야 할 사항이다. 무엇이든지 스스로 생각하고 자신의 아이디어대로 밀고 나가는 것도 하나의 방법이지만, 더 큰 권위를 가져와야 설득력이 생기는 경우가 많다.

쉽게 말하면, 종교에서도 스님이나 목사님이 설교할 때 "나는 이렇게 생각한다"하고 말하기보다는 "부처님이 이렇게 말씀하셨다", "예수님이 이렇게 말씀하셨다"라고 말하는 편이 훨씬 설득력이 생기고, 듣는 사람 입장에서도 감사한 마음이 커진다.

하나의 기준이 되는 권위가 있으면 모두 그것을 중심으로 생각하고 그것을 출발점으로 삼기 때문에 혼란이 적어지고 호흡도 맞게 되어 매우 강력한 무언가가 탄생한다. 그러므로 종교든, 위대한 선인이든 그 가르침이든, 혹은 전통의 정신이나 창업의 정신이든, 아무튼 어떤 권위가 있는 것이 매우 바람직하다. 물론 권위에 맹종하거나 이를 남용하면 안 되지만, 지도자는 그런 권위가 이미 있는 경우에는 그것을 적절히 활용하고, 그것이 없는 경우에는 어떤 형태로든 만들어 나가는 것도 중요하다.

《**지도자의 조건**(指導者の条件)》

이치 밖의 이치[32]를 안다

이론적으로만 생각하고 행동하는 사람은
현실 사회에서는 실패할 수 있다.

조나라에 조사[33]라는 장수가 있었다. 어느 날, 진(秦)나라 군대가 조나라 영토에 침입하여 그곳을 포위하자 조왕이 장수들에게 "그곳을 구할 수 있느냐"라고 물었다. 장수들은 "그곳은 멀고 땅이 험해서 어렵습니다"라고 대답했다. 그러나 조사가 "길이 멀고 험해서 그곳에서 싸우는 것은 쥐 두 마리가 구멍 안에서 싸우는 것과 같으니 용감한 쪽이 승리할 것입니다"라고 말하자 왕은 그를 파견했다. 조사는 자신의 말대로 진나라 군대를 물리치고, 그 지방을 구했다고 한다.

'이치 밖의 이치'라는 말이 있다. 이론적으로는 1 더하기 1은 늘 2가 되지만, 현실적으로는 꼭 그렇게 되지는 않는다. 1 더하기 1이 10이 되고, 때로는 마이너스가 되는 경우도 있다. 그것을 모른 채 이론적으로만 생각하고 행동하면 종종 실패하게 된다. '이치 밖의 이치'라고는 하지만, 사실 거기에는 더 고도의 이치, 말하자면 눈에 보이지 않는 높은 섭리가 작용하고 있을 것이다. 그런 것을 깨닫는 것이 이치 밖의 이치를 아는 것이라고 생각한다. 길이

---

32) 상식으로는 추측할 수 없는 불가사의한 이치라는 뜻. (역주)
33 중국 전국 시대의 무장. 생몰년은 불상(不詳).

멀고 험해서 구하기 어렵다는 것은 누구나 생각하는 것
으로, 일반적인 이치라고 할 수 있다. 그러나 바로 그렇기
때문에 용감한 쪽이 이긴다고 하는 것은 그런 일반적인
이치를 뛰어넘은 이치 밖의 이치일 것이다.

《지도자의 조건(指導者の条件)》

늘 온몸이 건강할 수는 없다

조직은 우리의 몸과 마찬가지이다. 때로 견디고
살피면서 해 나갈 필요가 있다.

듣자 하니 신란성인[34]도 아들 때문에 꽤 고생했다고 한다. 여러 가지 문제를 일으키고, 심지어는 아버지의 가르침은 틀렸다고 말하고 다녔다. 다른 사람도 아닌 장남이 그러고 다녔으니 신란성인도 얼마나 힘들었겠는가? 하지만 탄식하면서도 결국 꾹 참고 인내했다.

하물며 우리 범인(凡人)은 그런 사람이 있으면 신경이 쓰일 수밖에 없다. 하지만 사람을 쓸 때는 '알짜배기'만 쓸 수는 없다.

그것은 우리의 몸과 마찬가지이다. 1년 내내 온몸이 건강할 수는 없다. 현실적으로는 위가 약하거나 혈압이 높거나 어딘가 아픈 곳을 가지고 있는 경우가 많다. 그것이 일시적인 것이고 금방 낫는다면 더할 나위 없이 좋겠지만, 쉽게 낫지 않을 때는 무리하지 말고 병이 악화되거나 재발하지 않도록 살피면서 해 나가는 수밖에 없다.

《경영의 비결이 여기에 있다는 것을 깨달은 가치는 100만 냥
(経営のコツここなりと気づいた価値は百万両)》

---

34) 1173~1263년. 신란성인으로 존칭되며, 가마쿠라 종교의 하나인 정토진종의 창시자 신란. 일본 불교 사상 최초로 결혼한 인물. (역주)

연공서열과 발탁

각 기업의 실정과 그때그때의 상황에 따라
발탁함으로써 경영이 활기를 띠게 된다.

연공서열제도 나름대로 좋은 점이 있고, 그것을 잘 활용하면 좋은 인재도 어느 정도 잘 활용할 수 있다. 하지만 역시 그것으로만 일관하다 보면 소위 무사안일주의에 빠져 활기찬 경영은 기대하기 어렵지 않을까? 따라서 적절히 발탁도 섞을 필요가 있다.

구체적으로 어떻게 해야 하느냐 하면, 각 기업의 실정과 그때그때의 상황에 따라 일률적으로 말할 수는 없겠지만, 내 개인적인 경험으로 말하자면 대체로 연공서열 70%, 발탁 30% 정도로 해 왔다고 할 수 있을 것 같다. 반대로 연공서열 30%, 발탁 70%가 되면 매우 흥미롭겠지만, 그러려면 초등학교 교육부터 근본적으로 바꿔야 할 것이다. 시대의 요구에 따라 점점 그렇게 되어 갈 것이라는 생각은 들지만 역시 아직 먼 이야기이고, 오늘날의 경영에서는 연공서열을 주체로 하면서 거기에 적절하게 발탁을 가미하는 것이 무난할 것이다.

《사업은 사람이다(事業は人なり)》

부탁하는 마음,
절하는 마음가짐

사람을 활용하면서 더 잘 일하게 하려면
부탁하고, 바라고, 절하는 마음가짐이 필수적이다.

소수의 직원을 둔 소규모 회사나 상점의 경영자라면 스스로 솔선수범해서 직원들에게 "이렇게 해라, 저렇게 해라"라고 명령하면서 전 직원을 활용해서 성과를 올릴 수 있을 것이다. 하지만 직원이 100명, 1000명이 되면 그런 모습이 꼭 바람직하지는 않게 된다. 직원을 100명, 1000명 둔 곳에서는, 물론 업무의 내용이나 종류에 따라 다르겠지만, 대체로 솔선수범해서 "이렇게 해라, 저렇게 해라"라고 지시하는 타입은 바람직하지 않다. 형태나 표현이야 어떻든 마음의 근저에는 "이렇게 해 주십시오, 저렇게 해 주십시오"라고 부탁하는 마음이 있어야 한다. 그렇지 않으면 모든 사람을 더 잘 일하게 만들 수 없을 것이다.

(규모가 더 커져서) 1만 명, 2만 명이 되면 "이렇게 해 주십시오, 저렇게 해 주십시오"로도 부족하게 된다. "모쪼록 잘 부탁드립니다, 잘해 주십시오"라는 마음을 가져야 한다. 그리고 더 커져서 5만 명, 10만 명이 되면 이제는 "손을 모으고 절하는" 마음가짐이 없으면 직원을 활용하면서 더 잘 일하게 만들기란 불가능하다.

《장사의 마음가짐(商売心得帖)》

불평을 들어줄 사람을 둔다

일에서 큰 성과를 내는 부하는 소중하다.
고민을 잘 들어주는 부하도 중요하다.

자신의 부하중에 불만을 호소할 수 있는 사람, 불평을 잘 들어주는 사람이 있다면 매우 고마운 일이다.

실은 나 자신이 다소 신경질적인 면이 있어서 그런 상황을 몸소 체험해 왔다. 지금의 내가 있을 수 있는 하나의 큰 원인으로 운 좋게 그런 사람이 곁에 있었다는 점을 들 수 있을 것이다. 여러 가지로 골치 아플 때, 그것을 잘 들어주는 사람이 내 경우에는 비교적 많았다. 그래서 다행스럽게도 불평을 할 수 있었다. 사소한 일에도 불평을 하면 속이 시원해졌다. 기분이 개운해져서 일에 몰두하는 식으로 지금까지 해 온 것이다.

그러므로 어떤 일을 하려는 사람, 어떤 의도를 가지고 사업을 하려는 사람은 그런 불평할 수 있는 부하를 곁에 두는 것이 좋다. 물론 유능하고 일을 잘하는 부하, 실제로 물건을 팔아 큰 성과를 내는 사람이 소중하다는 것은 두 말할 것도 없다. 그러나 일은 잘하지 못하더라도 불평을 잘 들어주는 사람이 없으면 사업에 성공하고 사회인으로서 성공하기란 어렵지 않을까 생각한다.

《사업은 사람이다(事業は人なり)》

잘되는 회사, 잘 안되는 회사

당사의 직원은 모두 훌륭하다고 생각하는가?
자신보다 훌륭한 사람만 있다고 말할 수 있는가?

세상의 수많은 회사를 살펴보면, 혹은 우리 회사 거래처를 보면, 훌륭한 사장도 있고 전무도 있는데 잘 안되는 곳이 있다.

잘 안되는 곳은 "우리 회사 직원들은 전부 글러 먹었다. 무능하다. 골치 아프다"라고 호소한다. 그런 곳은 성공할 수 없다.

하지만 "마쓰시타 씨, 우리 회사 직원들은 전부 훌륭합니다. 저보다 나아요"라고 말하는 사장의 회사는 잘 된다. 그것이 이치이다.

그렇게 말할 수 있느냐 없느냐가 관건이다.

《마쓰시타 고노스케 발언집24(松下幸之助発言集24)》

일거수일투족이 영향을 미친다

모든 행동이 실적에 영향을 준다.
태도와 언행으로 호감을 주고 있는가?

얼마 전에도 어떤 큰 회사의 사장님과 만났는데, 아주 정중한 분이셨다. 인사도 내가 70도쯤 머리를 숙이면 그쪽은 90도로 허리를 굽혔다. 말투도 집중력을 흩뜨리지 않고 저절로 빨려 들게 했다. 그 회사는 업계 제일이라고 하는데, "과연 이런 사장이라면 그럴 만하다"라는 생각이 들었다. 그 사람의 그러한 태도와 언행이 각 방면에 호감을 주고, 그것이 그 회사를 성장시키는 커다란 원동력이 된 것이다.

이런 것을 볼 때, 경영자는 그 일거수일투족이 모두 회사 실적에 영향을 준다고 생각할 수 있다. 어떻게 보면 정말 숨 막히는 이야기이다. 그러나 사실은 그것이 바로 경영자이다. 엄격한 말이지만, "그런 숨막히는 것은 싫다"라는 사람은 경영자의 자격이 없다고 할 수 있다.

《경제담의(経済談義)》

이념의 침투

경영 이념은 직원 한 사람 한 사람의 피와 살이 되어서야
비로소 살아난다.

회사의 기본 이념과 방침이 분명하면 경영자나 관리감독자도 그것에 기반해서 강력하게 끌고 나갈 수 있고, 직원들도 그것에 따라 옳고 그름의 판단을 할 수 있어 인재도 육성되기 쉽다. 그러나 그런 것이 없으면 리더십에도 일관성이 없어서 그때그때의 정세나 자신의 감정에 휩쓸리기 쉽기 때문에 인재가 육성되기 어렵다. 그러므로 경영자로서 인재를 얻고자 한다면 스스로 확고한 경영 이념과 사명관을 갖는 것이 선결되어야 한다.

직원들에게도 늘 그것을 호소하고, 그것을 침투시켜야 한다. 경영 이념은 단순히 종이에 적힌 문장이어서는 아무 소용이 없다. 그것이 한 사람 한 사람의 피와 살이 되어서야 비로소 살아나는 것이다. 따라서 틈날 때마다 자꾸만 반복해서 호소해야 한다.

《실천경영철학(実践経営哲学)》

사업욕

사업욕은 지나치면 세상에 폐를 끼친다.
분별력 있게 조절할 필요가 있다.

인간에게는 다양한 욕심이 있다. 그리고 그 욕심이 지나치면 좋지 않은 사태가 벌어진다. 예를 들어 식욕이 지나치면 몸을 망가뜨리는 식이다.

단지 식욕이라면 지나치더라도 자기 몸 하나 괴로운 것으로 끝난다. 하지만 사업욕과 같은 것은 지나치면 자기한 사람에 그치지 않고 다른 수많은 사람들, 더 나아가서는 세상에도 폐를 끼치게 된다. 그런 만큼, 사업을 하는 사람들은 자신의 분별력을 발휘해서 사업욕이 지나치지 않도록 조절하는 것이 중요하다.

《생각하는 대로(思うまま)》

사람을 주체로 생각한다

사람이 있어야 경영도 있다. 따라서 먼저
사람을 생각해야 한다.

경영이든 장사든 결국 사람이 하는 것이다. 사람이 하는 것인 이상, 경영이나 장사는 사람을 빼놓고는 생각할 수 없다. 오히려 사람을 중심으로 생각하고 사람을 주체로 생각하는 것이 매우 중요하지 않을까 생각한다.

사람이 있어야 경영도 있다. 따라서 먼저 사람을 생각해야 한다. 좋은 경영을 실현시키고자 한다면 먼저 사람의 바람직한 모습에 대해 검토해야 한다. 그것이 기반이 된다.

《사람을 활용하는 경영(人を活かす経営)》

적자는 용납할 수 없다

적자는 그 기업의 손실에만 그치지 않고
사회적 손실이기도 하다는 자각이 있는가?

기업이 적자를 내면 그것은 단순히 그 회사의 손실에 그치지 않고 사회적으로도 큰 손실이다. 적자를 냈다고 해서 그 기업이 법적으로 처벌받는 것은 아니지만, 나는 그 기업은 사회에 하나의 잘못을 저지른 것이라는 엄격한 자각을 가지는 것이 마땅하다고 생각한다. 이는 자본이 많은 큰 규모의 회사일수록 엄격하게 요구되어야 한다. 특히 공기업이나 독점기업의 성격을 가진 곳일수록 적정 이윤을 엄중하게 검토해야 한다. 규모가 클수록 사회의 자금과 인재와 물자를 많이 쓰고, 그만큼 사회성이 강하므로 타의 모범이 되어야 하기 때문이다.

가령 대기업이 그 경영 규모에 어울리는 적정 이윤을 착실히 낸다면 국고에도 막대한 수입이 들어오게 되고, 그로써 국민들에게 큰 복지도 베풀 수 있다. 반대로 그 회사가 적자를 냈다면 정부도 내버려둘 수 없다. 실태 조사에 담당관을 파견할 것이고, 여러모로 원조도 해주어야 한다. 여기에는 많은 비용이 드는데, 이는 모두 국민의 세금에서 나온다. 계산해 보면 얼마나 큰 국가적 국민적 손실인가? 이는 기업의 사회적 책임과 사명의 관점에서 볼 때 용납할 수 없는 일이다.

《왜(なぜ)》

중소기업의 강점

직원 한 사람 한 사람을 120% 활용한다.
중소기업은 그것이 가능하다.

나는 중소기업만큼 사람이 그 능력을 십분 발휘하면서 일하기 쉬운 곳은 없고, 또 실제로 그렇게 일하고 있다고 생각한다.

사람들은 중소기업은 약하다고 말한다. 하지만 대기업은 개개인의 능력을 70% 정도밖에 활용하지 못해도 중소기업은 100%, 어떻게 하느냐에 따라서는 120%도 활용할 수 있다. 바로 거기에 중소기업의 커다란 강점이 있다. 중소기업은 그 강점을 적극적으로 살리는 것이 매우 중요하지 않을까?

반면, 대기업은 조직이나 제도상 소위 전문 세분화를 꾀함으로써 직원 한 사람 한 사람이 자신의 능력을 십분 발휘할 수 있는 환경을 조성하도록 끊임없이 노력해야 한다.

《경영의 비결이 여기에 있다는 것을 깨달은 가치는 100만 냥
(経営のコツここなりと気づいた価値は百万両)》

통념을 뛰어넘는 사명감

사회 통념에 따라 노력하는 것만으로 좋은가?
더 높은 사명이 있지 않은가?

내 사업은 원래 아내와 처남 이렇게 셋이서, 말하자면 먹고살기 위해 아주 소박하게 시작한 것이기도 하고, 처음에는 경영 이념 같은 것에 대해서는 아무 생각도 없었다고 해도 과언이 아니다. 물론 장사를 하는 이상 성공하기 위해서는 어떻게 하면 좋을지 이런저런 생각은 당연히 했다. 다만 그것은 당시 세간의 상식이나 장사의 통념에 따라 "좋은 물건을 만들어야 한다. 공부해야 한다. 거래처를 소중히 여겨야 한다. 사입처에도 감사해야 한다"라는 것들을 생각하고, 그것을 열심히 실천하는 모습이었다. 그런 자세로 사업도 어느 정도 성장했고, 그에 따라 직원도 점점 많아졌다. 그리고 그때 나는 "그런 통념적인 것만으로는 안 되지 않을까?"라는 생각을 하게 되었다.

즉 그렇게 장사의 통념, 사회의 상식에 따라 열심히 노력하는 것은 그 자체로 매우 중요하고 훌륭한 일이기는 하지만, 그것뿐만 아니라 "무엇을 위해 이 사업을 하는가"라는 더 높은 '생산자의 사명'이 있지 않을까 하는 생각이 들었던 것이다.

《실천경영철학(実践経営哲学)》

경영에 혼이 깃든다

경영 이념을 명확히 가지면 경영에 혼이 깃든다.
난관이 닥쳐도 버팀목이 되어 주어 힘찬 경영을 할 수 있다.

나 나름대로 생각한 사명에 대해 직원들에게 발표하고, 그 이후 그것을 회사 경영의 기본 방침으로 삼아 사업을 해 왔다. 아직 전쟁 전인 쇼와 7년[35)]의 일이었는데, 그렇게 하나의 경영 이념을 명확하게 가진 결과, 나 자신도 그 전에 비해 매우 확고한 신념을 갖게 되었다. 그리고 직원들에게도, 또 거래처에도 해야 할 말은 하고 해야 할 것은 하는 힘찬 경영을 하게 되었다. 직원들도 내 발표를 듣고 매우 감동하여 소위 사명감에 불타 일에 매진하게 되었다. 한마디로 말해서 경영에 혼이 깃들었다고 할 수 있는 상태가 된 것이다. 그리고 그 이후로 스스로도 놀랄 정도로 사업이 급속히 성장했다.

불행히 그 후 전쟁이 시작되고 패전해서 전후 혼란 속에서 회사 경영이 급격히 어려워졌지만, 그러한 어려움 속에서 버팀목이 되어 준 것은 그 생산인으로서의 사명감이고, 무엇을 위해 이 경영을 해 나가는가 하는 회사의 경영 이념이었던 것 같다.

《실천경영철학(実践経営哲学)》

---

35) 1932년. (역주)

기업의 사회적 책임

기업에는 어느 시대에나
엄격하게 변하지 않는 사회적 책임이 있다.

어느 시대에나 변하지 않는 기업의 사회적 책임이라는 것이 엄격하게 존재할 것이다. 이런 점을 분명히 인식한 후 시대 변화에 대응해 나가는 것이 기업 경영에서 매우 중요하지 않을까 생각한다.

내가 생각하는 기업의 사회적 책임은 크게 다음의 세 가지이다.

첫째는 기업의 본래 사업을 통해 사회생활의 향상과 사람들의 행복에 공헌하는 것이다. 이는 기업의 기본적 사명이라고 생각한다.

둘째는 그 사업 활동으로부터 적정한 이익을 창출하고, 그것을 다양한 형태로 국가 사회에 환원하는 것이다.

셋째는 그러한 기업의 활동 과정이, 공해와 같은 문제를 포함해서, 사회와 조화를 이루어야 한다는 것이다.

《미일·경영자의 발상(日米·経営者の発想)》

사업에 정상은 없다

모든 사업에 정상은 존재하지 않는다.
각각의 입장에서 생각해야 할 것은 끝이 없다.

세상은 움직이고 있기 때문에 하루하루 생각이 발전해 나가야 한다. 직원이 10명 있을 때, 그 10명 있는 때의 생각에 집착하는 것이 아니라 15명이 되는 것도 고려해야 한다. 이번 달은 매출이 1000만 엔이었는데 다음 달에 1500만 엔을 팔려면 어떻게 하면 좋을까 하는 식으로 경영자는 끊임없이 목표를 가져야 한다. 경영은 말하자면 끝이 없는 벽화를 그려 나가는 것과 같아서 늘 그런 희망을 갖고 있어야 한다.

모든 사업에는 "여기가 정상이고, 이걸로 됐다" 하는 것은 존재하지 않는다. 그래서 나는 아직도 "이렇게 해야 한다, 저렇게 해야 한다" 하는 것을 생각하고 있다. 고문이긴 하지만, 고문이라는 입장에서 나름대로 사업의 보다 나은 모습을 계속 생각하는 것이다.

《마쓰시타 고노스케 경영어록(松下幸之助 経営語録)》

인생을 만들기 위한 금언 노트

9월분을 읽은 후, '어떤 말과 문장이 마음에 가장 와닿았나?',
'그것은 왜인가?', '앞으로 행동에 어떻게 살릴 것인가?'
이 세 가지를 자문자답하고, 간결하게 정리해 봅시다.

___ 년 ___ 월 ___ 일

___ 년 ___ 월 ___ 일

___ 년 ___ 월 ___ 일

巨富의 생각들

10 月
/
세상을 믿다

October

뛰는 놈 위에 나는 놈

수련을 쌓고 경험을 쌓을수록
세상의 위대함을 알게 된다.

일본의 옛 속담에 "벼는 익을수록 고개를 숙인다"라는 말이 있는데, 결국 사람은 수련을 쌓고 다양한 경험을 할수록 사물의 위대함 혹은 세상의 무서움을 알게 된다. 일지반해(一知半解) 하는 자는 일면만 보고 전체를 보지 못하기 때문에 자신에게 유리하게 해석해서 사물을 판단한다. 그러나 수련을 쌓으면 점점 세상의 위대함과 무서움을 알게 된다.

검술에서도 조금 배워서 능숙해지면 이 사람 저 사람 할 것 없이 전부 자기보다 약해 보인다. 검만 잡으면 자신이 이길 것 같은 생각이 든다. 하지만 그 수준을 넘어가면 "나도 많이 수련해 왔지만 뛰는 놈 위에는 나는 놈이 있다. 나보다 위인 사람이 많이 있다"라는 것을 깨닫게 된다. 그렇게 되면 그 사람은 더 성장한다.

《마쓰시타 고노스케 발언집25(松下幸之助発言集25)》

세상은 인간 연성(鍊成)의 수련장

자신이 해야 할 일을
널리 세상에 물어보고 있는가?

일에 보람을 느끼지만, 그것을 계속해 나가는 것에 대한 망설임이 있다. 그 망설임을 어떻게 해결하느냐 하면, 나는 많은 사람의 의견을 모으면 된다고 생각한다.

널리 세상에서 그것을 구하면 된다. 세상은 수련장이다. 인간 연성의 수련장이다. 나는 그렇게 생각한다. 여러 가지 상태가 거미줄처럼 얽혀 있기 때문에 모두에게 그것을 물음으로써 자신의 구체적인 활동의 형태를 구할 수 있다. 그런 것들을 묻고 있는가 아닌가가 관건이다.

물어서 대답이 돌아오는 경우도 있을 것이고, 돌아오지 않는 경우도 있을 것이다. 하지만 어느 정도는 돌아온다. 부족하게나마 돌아온다. 따라서 그런 것에 기점을 두고 행동하면 그 보람은 충분히 충족될 거라고 생각한다.

《사원가업(社員稼業)》

뿌리 없는 풀에는
꽃이 피지 않는다

전통을 인식하고 자기만의 신념을 다진 후에
창의적인 노력을 거듭하라.

시대의 흐름과 세상의 변화에 대응하는 것이 중요하다고는 하지만, 세상의 동태에 마음을 빼앗긴 나머지 자신의 신념이나 자신의 가게의 전통을 경시하는 일이 있어서는 절대 안 될 것이다. 여기가 매우 중요한 부분이라고 생각한다. "뿌리 없는 풀에는 꽃이 피지 않는다"고 말하지만, 자기 자신에게 확고한 신념이 없으면 진정한 장사는 할 수 없다.

그러므로 5년이든 10년이든 자신의 가게를 운영해 온 과정에서 쌓아 온 각각의 전통을 이 기회에 더 깊이 재인식하고, 자신의 경험에 바탕을 둔 자기만의 신념을 다져야 한다. 그런 확고한 신념을 가지고 열심히 창의적인 노력을 거듭해 나간다면 빠르게 돌아가는 시대의 흐름에도 임기응변으로 자유자재로 따라갈 수 있을 것이다.

《미쓰시타전기 텐카이타임스(松下電器 店会タイムス)》

세상을 스스로 판단하는 힘

세상을 판단할 줄 알게 되면
어려운 일도 하나의 공부라고 생각하게 된다.

전에 회사를 그만두겠다는 사람이 찾아왔길래 그 이유를 묻자, "일 자체는 싫지 않지만 왠지 재미가 없다"는 대답이 돌아왔다. 가만히 생각해 보니, 그 사람은 진지하게 고민하고 생각한 결과 그렇게 된 것이었다.

그 사람이 스스로 생각해서 불쾌한 것을 자신의 힘으로 제거하고 자신의 생각으로 그것을 없애고 그 일에서 사명감을 느끼게 된다면 더할 나위 없이 좋겠지만, 그렇게 되는 사람도 있고 안 되는 사람도 있다. 안 되는 사람은 지금 말한 사람처럼 된다.

그러므로 그 사람을 그렇게 되지 않도록 앞에서 이끌어 주고 늘 고민을 들어주어 광명을 주면서 일하게 해야 한다. 그러면 그 사람도 일정한 고민의 시기가 지나면 "세상은 이런 것이구나" 하고 스스로 판단하는 힘도 생기고, 일시적으로 어떤 곤란한 상황에 놓이더라도 "오히려 이건 하나의 공부다. 이런 환경에 놓이는 것도 긴 인생에서 하나의 경험이다." 하고 그것을 기쁨으로 바꿔 나갈 수 있다. 어려운 상황에서, 어려운 일에서, 어려운 분위기에서 자신이 하고자 하는 일을 훌륭하게 해 나가게 될 것이다.

《마쓰시타 고노스케 발언집26(松下幸之助発言集26)》

마음의 연결, 무형의 지지

마음먹기에 따라서 상대방과 마음이 연결된다.
무형의 지지를 얻을 수 있다.

최근, 어떤 회사와 일적으로 알게 되어 그곳 사장님이 찾아오셨다. 그때 그 사람이 가지고 온 선물을 보고 나는 매우 감동했다. 나에게는 내가 주재하고 있는 《PHP》라는 잡지의 창간호[36]를, 동석한 우리 관계사 사장에게는 그 회사에서 십수 년 전에 발매했던 전기 면도기의 제1호 제품을 가지고 오신 것이다.

그렇게 오래된 것을 읽고 사용하셨구나 생각하니 나는 그 사장님의 마음이 1천만 엔을 받은 것보다 더 반갑게 느껴졌다. 그리고 그런 사람이 사장으로 있는 회사와 일적으로 관계를 맺게 된 것이 기뻐졌다. 그 회사는 치열한 업계에서 1위의 실적을 올리고 있다고 했는데, 그것은 역시 그런 사장님의 마음이 상대방의 마음과 연결되고, 그것이 그 회사에 대한 무형의 지지를 부르기 때문이 아닐까 생각한다.

《경제담의(経済談義)》

---

36) 1947년 4월호.

세상이 정해 준다

일은 사회가 시켜서 하는 것이다.
일이 성장하느냐 마느냐도 세상이 정해 준다.

세상이 구하지 않는 직업은 그 어떤 것도 존재할 수 없다. 그런 의미에서 우리의 일과 직업은 스스로 하고 있다기보다는 사회가 시켜서 하는 것이라고 생각한다.

이렇게 생각하면 하나의 커다란 안심감과 감사의 마음이 생기지 않을까? "이 일은 내 작은 의지만으로 하고 있는 것이 아니다. 세상이 필요로 하고 있는 것이다. 일이 성장하느냐 마느냐는 세상이 정해 준다. 나는 그저 세상이 구하는 것에 대해 성찰하고 실수하지 않으려고 노력하면 된다. 그 이외의 것에는 신경쓸 필요가 없다." 이런 하나의 안심의 경지를 얻을 수 있으리라 생각한다. 그리고 그와 동시에 그런 일을 세상이 시켜 주는 것은 정말 고마운 일이라는 감사의 마음도 생길 것이다.

《인연, 이 신비한 것(縁、この不思議なるもの)》

모든 것이 거래처

사입처는 고객이고,
어떠한 형태로든 모든 것이 고객이다.

흔히 "이익은 근본에 있다"고 말하는데, 장사에서 사입은 정말 중요한 것이다.

나는 전부터 사원들에게 "사입처는 거래처"라고 말하고 있다. 이는 회사가 가정용 전기 제품을 많이 만드는 회사이기 때문에 사입처의 직원들뿐만 아니라 길거리에서 마주치는 모든 사람이 고객이라는 생각을 가지고 있기 때문이다. 하지만 그렇게 직접적으로 우리 회사 제품을 구매해 주지 않더라도 이렇게 사람과 사람, 회사와 회사의 관계가 복잡다단한 오늘날에는 큰 틀에서 보면 어떤 사람이든 어떤 회사든 어떤 형태로든 고객이라고 말할 수 있을 것이다.

그러므로 직접적으로는 납품업체라고 생각해도 다른 면에서 보면 어찌 거래처라고 하지 않을 수 있겠는가?

《마쓰시타 고노스케 경영어록(松下幸之助 経営語録)》

한 곳의 거래처를 지킨다

한 곳의 거래처를 지키는 것은
백 곳의 거래처를 늘리는 것으로 이어진다.

가령 항상 애용해 주시는 단골손님 중 한 분이 그 친구에게 다음과 같은 말을 했다면 어떨까?

"나는 늘 그 가게에서 구입하는데, 정말 친절하고 기분이 좋아. 서비스도 좋아서 감동이야." 이것이 그 사람의 솔직한 감정에서 나온 것이라면 친구는 "자네가 그렇게 말하니 틀림없겠지. 나도 그 가게에 가 봐야겠어."라고 할 것이다. 그러고 나서 가게를 찾아줄 수 있을 것이다. 장사를 하는 입장에서는 스스로 구하지 않아도 저절로 단골손님이 한 명 늘어나는 길이 열린 셈이다.

이런 것을 생각해 보면 평소 장사를 하면서 단골손님을 늘리려는 노력을 꾸준히 하는 것도 물론 중요하지만, 지금 있는 단골손님을 소중히 지키는 것도 그에 못지않게 중요한 일일 것이다.

즉 극단적으로 말하면, 한 곳의 거래처를 지키는 것은 백 곳의 거래처를 늘리는 것이고, 반대로 한 곳의 거래처를 잃는 것은 백 곳의 거래처를 잃는 것이라는 마음으로 장사에 임하는 것이 중요하다.

《장사의 마음가짐(商売心得帖)》

세상이 용납하지 않는다

허황된 이야기는 세상이 용납하지 않는다.
어렵게 얻은 것까지 잃게 된다.

세상은 묘해서 실제로 불로 소득이란 것은 없고, 용납되지 않는 것이다. 허황된 이야기에는 큰 반작용이 있고, 자칫 잘못하면 어렵게 얻은 것까지 잃기 쉽다.

혼자만 앞으로 나아가려 하거나 자기만 잘되려고 하다 보면 평정심을 잃게 된다. 그러면 남을 의심하는 마음도 생겨서 실수가 생긴다.

따라서 "일본이라는 나라도 한 걸음 한 걸음 조바심 내지 않고 조용히 나아가고 있다", "안심하고 외국과도 거래할 수 있다"는 것을 스스로 행동을 통해 다른 나라들에 이해시키도록 노력하지 않으면 안 된다.

《마쓰시타 고노스케 경영어록(松下幸之助 経営語録)》

경제는 자연 현상이 아니다

경제 현상은 인간이 생각하고
인간을 위해 만들어 가는 것이다.

경기, 불경기는 정말 자연 현상처럼 피할 수 없는 것일까? 물론 옛날에는 경제도 농업을 중심으로 한 것이고 기술도 발달하지 않았기 때문에 수확도 그때그때 날씨에 의해 좌우되는 바가 매우 컸을 것이다. 따라서 호황과 불황이 수확에 따라 결정된다고 한다면 경기, 불경기는 절반은 자연 현상이었다고 할 수 있을 것이다.

그러나 지금은 농업에서도 과학 기술의 진보 등에 의해 옛날만큼 날씨에 좌우되지 않게 되었다. 즉 어느 정도 경기를 인위적으로 움직이는 것도 가능해졌다. 하물며 오늘날의 경제에서 큰 비중을 차지하는 공업과 상업은 그 대부분이 인위적 현상이다. 따라서 경제 현상은 비가 내리거나 해가 내리쬐는 자연 현상과는 전혀 다르게 인간이 생각하고, 인간이 만들어내는 것이다. 이를 이해했으면, 그다음에는 인간이 생각하는 대로 이것을 움직이면 된다. 마치 인간이 여러모로 생활의 편의를 고려해서 집을 설계하고 건축한 후 그 안에서 쾌적하게 사는 것과 같다. 마찬가지로 어떻게 하면 인간이 가장 안락하게 살 수 있을지를 생각해서 그것에 따라 경제를 움직여 나가면 되는 것이다.

《경제담의(経済談義)》

경기와 인간의 본질

호황기에는 배가 부르고, 불경기에는 배가 고프다.
경기는 인간의 본질에 따라 움직인다.

경제계도 점점 호황으로 전환되어 갈 것이다. 왜냐하면 인간은 배가 부르면 먹지 않기 때문이다. 아무리 요리가 있어도 필요 없다고 한다. 배가 고파지면 어떤 것이라도 먹게 된다. 즉 호경기 때는 쉽게 말해 배가 불러진다. 그러면 일하지 않게 된다. 얼마쯤 지나면 다시 불경기가 찾아온다. 배가 고파진 것이다. 그래서 아무거나 먹는다. 경기는 반복된다고 하지만, 인간의 본질에 따라 움직이는 것이 아닐까 생각한다. 특히 마음가짐이 좋은 사람은 이성적으로 어려움을 극복한다. 배불리 먹지 않고 늘 80%만 먹는다. 그 대신 일정 기간은 잘 먹어 둔다.

《일의 꿈 삶의 꿈(仕事の夢 暮らしの夢)》

불황은 인력으로
전환시킬 수 있다

인간이 만들어낸 것은
인간의 정신력을 통해 전환시킬 수 있다.

불황이나 침체는 우리가 만들어낸 것이다. 정부 당국도 같이 만들어낸 것이다. 따라서 이는 반드시 우리 정신의 전환, 사고의 전환으로 바로잡을 수 있다고 분명히 말할 수 있을 것이다.

하지만 나 혼자 떠들어 봤자 대중이 믿지 않고, "그렇게 하자"는 강력한 움직임이 일어나지 않는다면 말만으로는 아무 소용이 없다. 그렇지만 나는 그런 식으로 서로가 "이렇게 해야 한다"는 것에 다행히 모두의 생각이 일치하고, 또 정부 당국도 그런 것을 고려해서 한다면 이것은 반드시 바로잡을 수 있다고 생각한다. 자연 현상이라면 사람의 힘으로 어쩔 수 없는 것도 있겠지만, 이것은 인위적 현상이다. 따라서 서로의 정신력을 통해 전환시킬 수 있는 것이니 반드시 바로잡을 수 있을 것이라고 생각한다.

《위기 일본을 향한 나의 호소(危機日本への私の訴え)》

마음을 먹으면 길은 생긴다

황기에는 그것을 맞이할 각오와 준비를 한다.
자신을 채찍질하고 노력하면 지혜는 반드시 나온다.

불황은 큰 폭풍우를 만난 것과 같다. 큰 폭풍우일지라도 뚫고 걸어가야 한다. 걷지 않고 피하는 것도 때로는 하나의 방법일 수 있지만, 기업 경영에서 피하기만 하는 것은 용납되지 않는다. 결국 마지막에는 싫더라도 맞서서 걸어가야 한다.

그러려면 그를 위한 각오도 하고 준비도 해야 한다. 우산이나 우비를 더 튼튼한 것으로 준비하거나 방한복이라도 입어야 한다.

그리고 내 경험에서 말하자면, 차분히 생각만 잘 한다면 비의 강도, 바람의 강도에 맞춰 우산을 쓰는 방법도 있고, 바람막이를 준비하자는 마음도 생길 것이다. "이대로 피할 수는 없다. 반드시 이 폭풍우를 뚫고 나아가야 한다."라고 마음을 먹으면 길이 생긴다는 것이다.

어느 때에든 절절한 심정으로 고민하면서 용기를 고무시켜야 한다. 무너지려 하는 자신을 스스로 채찍질하면서 필사적으로 노력해야 한다. 그러면 지혜와 통찰력이 반드시 생기기 마련이다.

《경영의 비결이 여기에 있다는 것을 깨달은 가치는 100만 냥
(経営のコツここなりと気づいた価値は百万両)》

지위가 올라가면 올라갈수록

사람은 정말 지위가 높아지면 머리와 허리가 낮아진다.
회사도 커질수록 그래야 한다.

옛날 말이기는 하지만, 익을수록 고개를 숙이는 벼를 비유한 노래가 있다. 사람은 지위가 높아질수록 그만큼 예의 바르고 정중해지는 법인데, 어설프게 높아지면 반대로 우쭐해서 거들먹거리지만 참된 인간이 되면 완전히 허리와 머리를 낮추게 된다는 뜻일 것이다.

이와 마찬가지로 회사가 커지면 커질수록 사원들의 태도는 친절하고 정중해져야 하고, 머리도 낮아지고, 모든 사람을 배려할 줄 알게 되어야 한다. 이런 상태가 되지 않으면 그 회사의 존엄도 유지될 수 없다.

회사가 잘 나간다고 해서 으스대고, 거만하게 굴고, 불친절해지고, 예의를 잃는다면 이윽고 사회가 그런 태도에 채찍을 가할 것이다.

《나의 경영을 말하다(わが経営を語る)》

불평하기보다는 유쾌하게

유쾌하게 생각하고, 기뻐하고, 감사할 때
많은 사람이 행복을 가져다준다.

불평을 해서 일이 잘 풀리는 경우도 있다. 그러나 그 불평은 개인적인 불평이어서는 안 된다. 소위 '공공'의 의미에서의 불평이어야 한다. 즉 그것은 불평이 아니라 '공공'을 위해 하나의 제언을 하는 것이다. 기꺼이 "이렇게 하면 어떻겠습니까?"라고 말하는 것이다. '내' 감정에 사로잡혀 '나'를 중심으로 생각할 때 불평이 된다.

교훈적인 말씀을 드리게 됩니다만, 내 경험을 통해 생각해 보면 불평불만을 가질 때보다 유쾌하게 생각할 때, 말하자면 기쁨을 가질 때, 더 나아가 감사하다고 생각할 때 더 많은 사람들이 나에게 행복을 가져다준다. 내 주장이 받아들여진다.

《마쓰시타 고노스케 발언집11(松下幸之助発言集11)》

알린다

세상에 올바른 모습을 알린다.
진실을 있는 그대로 알린다.

평소부터 기업의 생각이나 실적, 제품 등에 대해 세상에 올바른 모습을 알리는 것이 중요할 것이다. 광고 활동이나 홍보는 그 때문에 하는 것이다.

이 경우에도 소위 과대광고처럼 자신의 모습을 실제보다 좋게 보이려는 것을 엄격히 삼가야 하는 것은 두말할 것도 없다. 그렇게 해서 일시적으로 대중의 눈을 속일 수 있지만, 결국 대중은 진실을 알게 되고, 그 결과 오히려 신뢰를 잃게 될 것이다.

링컨은 "모든 사람을 잠깐 속이는 것은 가능하고, 일부 사람을 오랫동안 속이는 것도 가능하다. 그러나 모든 사람을 영원히 속일 수는 없다."라고 말했다고 한다. 그는 정치가로서 그런 말을 한 것이겠지만, 경영에서도 마찬가지이다. 진실을 있는 그대로 알리는 것이 장기적으로 가장 중요하다.

《실천경영철학(実践経営哲学)》

세상으로부터 꾸지람을 듣는다

칭찬만 받으면 자만하고 방심하게 된다.
세상의 지적과 꾸지람이 필요하다.

뭔가 잘못을 했으면 회사도 거래처나 세상으로부터 엄하게 꾸짖음을 들어야 한다. 지금 가령 마쓰시타전기는 좋은 회사라는 칭찬을 듣고 있다 하더라도 칭찬만 받다 보면 자칫 자만하거나 방심하게 된다. 역시 회사는 늘 세상으로부터 "좋은 점도 있지만 이런 점은 안 좋다"는 꾸지람을 들을 필요가 있다.

오늘도 나는 한 30분쯤 어느 판매점과 이야기를 나누었는데, 그때 그 판매점이 "마쓰시타전기의 전통 정신은 얼마나 철저하게 지켜지고 있는가? 요즘은 한 사람 한 사람의 사원이 그런 것을 가지고 있지 않은 경우가 있지 않은가?" 하는 식으로 지적해 주었다. 나는 그 말을 겸손한 마음으로 들었는데, 이처럼 세상으로부터 마쓰시타전기가 꾸지람을 듣는 것은 정말 감사한 일이다. 판매점이 일부러 나를 만나러 와서 지적해 주고, 그것을 겸손한 마음으로 듣는 것, 바로 그런 부분에 우리의 발전이 있고, 또 안정된 모습이 유지된다.

《쇼후(松風)》 1966년 8월호

회사에 대한 신뢰

작은 실수가 있어 불량품이 나온다.
그 대책에 얼마나 진지하게 임하고 있는가?

우리 회사가 제품을 만들 때 작은 실수가 있어 부품 한 개에 불량이 있는 상품을 어느 판매점에 보내고 말았다. 그곳은 우리 회사에 오랫동안 든든한 성원을 보내 주신 곳으로, 우리가 만드는 제품에 늘 큰 관심을 갖고 계셨다. 그런 만큼 그 불량품을 받고서 "어떻게 이런 제품을 보낼 수가 있나? 단단히 주의를 줘야겠군……" 하고 일부러 회사까지 찾아오신 것이다.

그런데 막상 회사에 와 보니 전 직원이 열심히 일하고 있었다. 응대하러 나온 사람도 친절하게 응대해 주고, 그 불량품에 대해서도 각자가 마치 자기 일처럼 진지하게 대책을 세웠다. 공장을 둘러봐도 모두 열심히 일하고 있었다. 그런 모습을 보고 그분은 "모두가 한마음으로 이렇게 열심히 일하고 있는데 어쩌다 이런 불량품이 하나 나왔다고 해서 화를 낼 수야 없지" 하고 도리어 회사에 대한 더 깊은 신뢰를 가지고 안심하며 돌아가셨다.

《인간으로서의 성공(人間としての成功)》

웃는 얼굴이라는 경품

친절한 웃는 얼굴로 서비스에 최선을 다한다.
덕으로 보답하는 자세로 영업에 임한다.

하와이 여행이라는 경품도 물론 좋지만, 늘 애용해 주시는 고객에게 감사의 마음이 담긴 '웃는 얼굴'이라는 경품을 평소에 제공한다면 하와이 여행 같은 것을 경품으로 걸지 않아도 고객은 분명 만족해 주시지 않을까 생각한다. 반대로 그런 경품이 없다면 설령 해외여행에 초대했다 하더라도 고객과의 관계는 일시적인 것으로 끝나지 않을까?

그러므로 가령 다른 가게가 그저 팔기 위해 고액의 경품을 걸었다고 해서 그 겉모습에 현혹되어 우리도 똑같은 경품을 걸어야 하지 않느냐고 생각한다면, 그것은 결코 바람직한 일이 아닐 것이다. 결국 과당 경쟁만 발생할 뿐이다. "그 가게는 그런 비상식적인 경품을 걸고 있지만, 우리는 친절한 웃는 얼굴이라는 서비스에 최선을 다하자"라고 생각하고 소위 '덕으로 보답하는' 자세로 임해야만 고객이 진심으로 기뻐할 것이고, 가게의 열렬한 팬이 되어 주지 않을까? 생각은 다양하지만, 나는 그렇게 믿는다.

《장사의 마음가짐(商売心得帖)》

고객이 평가한다

끊임없이 고객의 날카롭고 엄중한 평가를 받으며
우리는 우리의 일을 하고 있다.

장사에서는 고객이 끊임없이 예리한 평가를 하고 있다. 학교에 교사가 부족하면 어떤 교사든 모셔오면 되지만, 교사가 넘쳐나면 우수한 교사만 채용한다. 어떤 학교나 그렇게 한다. 그러나 일반 상업계는 그보다 더 엄격하다. 경기든 불경기든 끊임없이 엄중한 평가를 받고 있다. 저쪽 상품은 이쪽 상품보다 질도 좋고 값도 싸다는 것을 고객들은 평가하고 있다. 우리는 끊임없이 평가를 받으면서 일하고 있는 것이다.

만약 그렇지 않고 어떤 물건이나 잘 팔린다면 신이 아닌 이상 누구도 연구하지 않을 것이다. 연구한다 해도 범위가 한정적일 것이다. 따라서 실업계에서는 평가가 매우 중요하다.

《일의 꿈 삶의 꿈(仕事の夢 暮らしの夢)》

10을 받으면 11을 돌려준다

서로 서비스하는 것이 이 세상의 법칙이다.
많이 주는 사람이 많은 회사일수록 발전한다.

서로 서비스하는 것이 이 세상의 법칙 아닐까? 즉 머리가 좋은 사람은 머리로, 능력 있는 사람은 능력으로, 수완 좋은 사람은 수완으로 자신이 가진 것을 다른 사람들에게 주고, 그에 상응하는 것을 받는다. 세상은 그렇게 돌아간다. 그러므로 많이 받고 싶으면 많이 주면 된다. 충분히 주지도 않고 많이 받고 싶어 하는 것은 뻔뻔스러운 생각이다. 그런 사람만 있으면 세상은 풍요로워질 수 없을 것이다.

회사를 예로 들자면, 모든 직원이 자신이 한 일보다 많은 급여를 받고 싶어 한다면 어떻게 될까? 그 회사는 금방 망할 것이다. 성과와 급여 사이에는 언제나 플러스 알파가 있어야 한다. 그 알파가 있어야 회사가 비로소 성장하는 것이다. 사회도 마찬가지다. 사회가 풍요롭게 발전해 나가기 위해서는 "10을 받으면 11을 돌려준다"라는 서비스 정신이 중요할 것이다.

《인생담의(人生談義)》

경쟁이 있기에

경쟁이 있기에 서로가 지혜를 발휘한다.
품질 향상이나 적정 비용의 실현을 위해 노력한다.

경쟁이 있다는 것 자체는 바람직한 일이다. 경쟁이 있기에 서로 상대에게 지지 않기 위해 지혜를 발휘하고, 노력도 한다. 그러면 제품의 품질도 향상되고, 비용도 더 합리화되어 적정해진다. 경쟁이 없는 곳에서는 품질도 좋아지기 어렵고 비용도 높아진다는 것은 서로 자주 보고 듣는 부분이다.

《실천경영철학(実践経営哲学)》

자신의 점포와 마을의 품위

자신의 가게는 자신의 것인 동시에
자신이 사는 환경의 일부를 이루는 것이다.

자신의 가게를 늘 깨끗이 해서 손님이 들어오기 쉽도록, 또 상품이 잘 보이도록 하는 것은 장사를 키워 나가는 데 대단히 중요한 것 중 하나이다. 단, 그렇게 점포를 깨끗이 하는 것은 단순히 손님의 구매욕을 자극하기 위해서만이 아니라 한 단계 높은 이유에서도 더 많은 노력을 기울일 필요가 있다.

그 이유란 것이 어떤 것이냐 하면, 자신의 점포는 자신의 장사를 위한 것인 동시에 자기가 사는 마을의 일부를 이루는 것이다. 따라서 자신의 점포는 그 마을의 외관에도 큰 영향을 준다. 한 마을에 바람직한 점포만 늘어서 있으면 그 마을은 활기차고 깨끗한 마을이 된다. 마을 전체에 바람직한 환경이 조성된다.

그러므로 우리는 마을의 미화, 다시 말해 마을의 품위를 높인다는 한 단계 높은 견지에서 자신의 점포를 깨끗이 하는 것이 중요하다. 이는 '사회에 이바지한다'는 장사의 참된 사명에 기반한 고귀한 의무라고도 할 수 있을 것이다. 또 이는 동시에 장사의 번영으로도 이어진다.

《장사의 마음가짐(商売心得帖)》

대립하면서 조화한다

올바른 의미에서의 경쟁을 하면서
그 대립과 경쟁 속에서 조화를 발견해 나간다.

그 업계에 속하는 가게가 각각 건전하고 손님에게 신뢰받는 곳이어야 한다. 그렇지 않고 업계에 불건전한 가게가 많다면, "그 업계는 글렀다. 신뢰할 수 없다."라는 인식이 퍼져 업계 전체도 공동의 큰 손해를 입게 될 것이다.

이런 것을 생각해 보면, 서로 장사를 함에 있어서 자신의 가게를 건전하게 만들어 나가는 것이 가장 중요하다는 것은 두말할 필요도 없지만, 그와 동시에 다른 가게와도 잘 협력해서 업계 전체의 신뢰를 높여나가려는 노력도 해야 한다. 물론 그렇다고 해서 다른 가게와 사이좋게 지내는 것에만 얽매여 서로 경쟁하는 모습을 보이지 않게 되면 안 된다. 그런 경쟁 없는 상태에서는 업계의 진보나 발전은 없을 것이다. 그러므로 서로 올바른 의미에서의 경쟁과 질서 있는 대립은 적극적으로 해야 하지만, 그 대립과 경쟁 속에서 조화를 찾아 나가야 한다. 즉 대립하면서 조화를 이룸으로써 서로의 건전화를 꾀하고, 동시에 업계 전체의 신뢰를 높이겠다는 생각을 하는 것이 중요하다.

《장사의 마음가짐(商売心得帖)》

대중의 판단

대중은 어설프고 신뢰할 수 없다고 생각하는가?
아니면 신처럼 옳다고 생각하는가?

기업 활동은 여러 가지 직간접적인 형태로 세상과 대중을 상대로 이루어진다. 이 세상과 대중의 생각과 행동을 어떻게 보고 있느냐가 기업 경영에서 매우 중요하다.

세상은 어설프고 신뢰할 수 없다고 생각하면 경영은 그런 생각을 따라가게 되고, 세상은 옳다고 생각하면 세상의 요구에 부응하는 경영을 하게 된다.

이 점에서 나는 세상은 기본적으로 신처럼 옳은 존재라고 생각한다. 그리고 일관되게 그런 생각으로 경영을 해 왔다.

물론 개개인을 보면 다양한 사람이 있어서 그 생각이나 판단이 모두 옳다고는 할 수 없다. 소위 시대의 흐름에 따라 일시적으로 여론이 잘못된 방향으로 흘러가는 경우도 있다. 하지만 그렇게 개개인으로는 일시적으로 잘못될 수 있어도 전체적으로, 장기적으로 보면 세상과 대중은 신처럼 옳은 판단을 내리는 존재라고 나는 생각한다.

《실천경영철학(実践経営哲学)》

공존공영의 이념

사람 간에 공존공영의 이념은
오래 사귀면 이해받을 수 있다.

예를 들어 네덜란드는 국토가 규슈보다도 작아서 국내
만 상대해서는 대기업은 살아남을 수 없다. 큰 회사는 모
두 해외에서 사업을 벌이고 있다. 그것이 본국인 네덜란
드에도 이익이 되고, 상대국에도 어떤 형태로든 이익이
된다. 나는 이런 모습에서 자극받았다.

"마쓰시타전기도 일본의 장래를 생각하면 그렇게 해
야 한다. 할 수 있으면 해야 한다. 할 수 있다면 어떤 이념
에 바탕을 두고 실시해야 하는가?" 이런 고민을 하게 되
었다. "서구 기업을 흉내 내는 것만으로는 부족하지 않은
가? 마쓰시타전기만의 의의를 찾아야 한다." 그래서 나는
공존공영의 이념을 명확히 내세우기로 결심했다. "상대
방이 소위 발전도상국일 경우에는 장사를 하지 말자. 상
대국이 어떻게 하면 번영할 수 있을지를 가장 중점적으
로 생각하자. 그 나라를 발전시키고 그 나라의 이익을 창
출할 수 있는 일을 하자." 이렇게 분명하게 마음을 먹었
다. 공존공영의 이념은 말하면 이해받을 수 있다. 잠시 오
해가 있을지라도 오래 사귀면 알아준다. 서로 사람이지
않는가?

《길은 내일에(道は明日に)》

서로 살리는 시대

일본과 일본인의 특징을 바르게 파악한다.
그런 후에 다른 나라로부터 배우고, 흡수한다.

일본인이라면 일본과 일본인의 특징을 바르게 이해하고, 이를 바르게 다른 나라 사람들에게 전달하면서 공동의 행복을 추구해 나가는 것이 중요하다고 생각한다. 물론 국제화 시대에는 다른 나라로부터 배울 점도 더 많아질 것이다. 그런 점은 겸손히 배우고 고스란히 흡수해야 한다. 새로운 지식, 새로운 기술을 인류의 공유 재산으로서 함께 살릴 수 있어야 인류의 진보가 있고 발전이 있기 때문이다.

그러나 국제화 시대에는 많이 배우고 흡수하는 것만으로는 부족하다. 일본에서도 외국으로 적극 전파하고 참고로 삼게 할 만한 것이 있어야 한다. 그런 것으로서 경제적인 것뿐만 아니라 전통이나 문화, 사고방식 등 물질적인 것과 정신적인 것을 두루 생각할 수 있지 않을까?

즉 국제화 시대는 세계 인류가 함께 가르치고 함께 배우면서 각자의 지혜와 경험을 살려 나가는 시대이다. 그런 만큼 우리 일본인은 세계 전체를 바라보는 동시에 자기 자신, 자신들의 국가, 사회 자체를 제대로 파악하는 것이 선결 과제라고 할 수 있을 것이다.

《젊은 당신들에게 전하고 싶다(若い君たちに伝えたい)》

기업 발전의 유일한 길

모든 관계처와의 공존공영이야말로
기업이 계속 발전할 수 있는 유일한 길이다.

기업이 사업 활동을 할 때는 다양한 관계처가 있다. 사입처, 거래처, 수요자, 자금을 대 주는 주주나 은행, 더 나아가 지역 사회 등 수많은 상대와 다양한 형태로 관계를 유지하면서 기업을 경영한다. 이러한 관계처의 희생으로 자신의 발전을 꾀하는 것은 용납할 수 없는 태도이고, 이는 결국 자기 자신까지 망치는 길이다. 모든 관계처와의 공존공영을 생각하는 것이 중요하며, 이것이 기업 자체를 오래도록 발전시키는 유일한 길이라고 해도 과언이 아니다.

예를 들면, 수요자의 요구에 따라 비용을 절감하기 위해 사입처에 가격 인하를 요청한다. 이는 어디서나 흔히 벌어지는 일이다. 그러나 이 경우, 단지 가격 인하만 요구하면 안 된다. 가격을 낮추더라도 상대방의 경영이 성립할 수 있도록, 바꿔 말하면 상대방의 적정 이윤이 확보되도록 배려해야 한다. 나는 늘 이렇게 생각하면서 해 왔다.

《실천경영철학(実践経営哲学)》

공공을 위한 분노

지도자는 사사로운 감정에 휘둘리지 말고, 공공을 위한
분노를 가지고 행동하는 것이 중요하다.

일국의 수상은 수상으로서의 분노를 가져야 하고, 회사의 사장은 사장으로서의 분노를 갖지 않으면 진정으로 강력한 경영은 불가능하다고 해도 과언이 아니다. 더군다나 요즘처럼 일본뿐만 아니라 전 세계가 어려운 상황에 직면하고 골치 아픈 문제가 산적해 있을 때는 지도자가 마땅히 사사로운 감정에 휘둘리지 말고, 공공을 위한 분노를 가지고 행동하는 것이 중요할 것이다.

《지도자의 조건(指導者の条件)》

자본의 폭력

자본은 현대에 하나의 강력한 힘이다.
바르게 행사해야 사회에 유익하게 작용한다.

이 회사에서는 부품 하나를 20엔에 팔고 있었는데 최근 어떤 거대 기업이 이 부품의 제조에도 손을 뻗쳐 10엔에 팔기 시작했다. 회사를 어떻게 합리화하더라도 상대가 이쪽의 반값이면 도저히 경쟁할 수 없다. 이러다가 회사가 망할 것이 불 보듯 뻔하니 나더러 부디 인수해 달라는 것이었다.

"그럼 그 상대 제조사는 제조 과정을 개선해서 그렇게 싸게 팔아도 될 만큼 비용을 절감시킨 건가요?" "절대 그렇지 않습니다. 저도 이 일을 오래 해서 잘 아는데, 절대 그 가격에는 팔 수 없습니다. 결국 거대 자본을 내세워 손해를 각오하고 박리다매를 해서 시장 점유율을 높이겠다는 거죠."

한쪽 얘기만 듣고 속단하는 것은 위험하지만, 만일 사실이라면 그것은 자본의 폭력이다. 자본은 현대에는 하나의 강력한 힘이다. 이를 바르게 행사하면 사회에 유익한 작용을 하지만, 잘못 사용하면 터무니없는 결과를 초래하게 된다. 사사로운 횡포가 되어 그 업계를 어지럽히고, 나아가서는 사회 전체에 큰 손해를 가져온다.

《왜(なぜ)》

번영주의

사상에도 수명이 있다. 그러니까
앞으로의 새로운 '번영주의'에 기대를 걸자.

나는 모든 것에 수명이 있다고 생각한다. 예를 들어 노면전차. 지금은 점점 없어지고 있지 않는가. 문명의 이기로서 시내전차가 등장하자 모두 "이렇게 좋을 수가! 편리한 것도 다 생겼네." 하며 놀랐고, 전차는 점점 늘어났다. 그러던 것이 이번에는 방해가 된다는 이유로 철거되기까지 고작 60년밖에 걸리지 않았다. 남성의 평균 수명인 70살보다도 짧지 않는가.

사상도 자본주의라는 사상도 있고 공산주의도 있고 사회주의도 있고 다양하지만, 각각 수명이 몇 년이냐가 관건 아니겠는가? 여기에도 반드시 수명이 있다. 수명이 있으니까 새로운 '번영주의'에 배턴을 넘기고 세상의 진보를 꾀하는 즐거움과 기대감을 가질 수 있는 것이다.

《길은 내일에(道は明日に)》

___________ 년   월   일

___________ 년   월   일

___________ 년   월   일

巨富의 생각들

11 月

/

사람을 생각하다

November

운이 있는 사람도 없는 사람도

운이 있는 사람만이 아니라 운이 없는 사람도 필요하다.
둘 다 있어야 인간 생활이 성립된다.

흔히 말하는 운이 있는 사람, 운이 없는 사람은 둘 다 필요하다. 운이 없는 사람만 있어도 안 되고, 운이 있는 사람만 있어도 안 된다. 그러면 인간 생활이 성립할 수 없다.

연극을 예로 들어 보자. 무대에서 당당하게 연기하는 사람도 있고, 무대 뒤에서 일하는 사람도 있다. 둘 다 필요하다. 그렇지 않으면 연극은 진행될 수 없다. 연극의 필요성이라는 관점에서 보면 명배우도, 뒤에서 무대를 꾸미는 사람도 둘 다 같은 일을 하고 있는 것이다.

무대를 꾸미는 사람이 없으면 명배우도 명배우가 될 수 없다. 따라서 운이 좋은 사람을 부러워하는 것은 생각이 얕은 것이다. 운이 있어서 성공한 사람도 그 운명에 따르고 있는 것이고, 운이 나쁜 사람도 자신의 운명에 따르고 있는 것이다. 크게 보면 둘 다 필요하다. 따라서 운이 좋은 사람만 존경하고 운이 없는 사람을 존경하지 않는 것은 잘못이다. 무대 뒤에서 일하는 사람도 명배우도 똑같이 존경해야 한다.

《마쓰시타 고노스케 발언집19(松下幸之助発言集19)》

5전짜리 백동화

사람의 마음은 묘하다. 어떤 계기 하나로 외로움과 슬픔이 날아간다.

고용살이를 한 지 보름쯤 지났을 때, 주인으로부터 월급이랄까 용돈이랄까, 아무튼 5전[37]짜리 동전을 받았다. 번쩍번쩍한 5전짜리 백동화였다. 나는 깜짝 놀랐다. 집에 있을 때는 매일 학교에서 돌아오면 어머니한테 1문을 받아서 알사탕 두 개를 사 먹곤 했었다. 5전이라고 하면 그 1문 50개분이다. 그런 큰돈을 받은 적은 물론 없었다. 그러니까 태어나서 처음 받은 5전 동전이었다. 나는 너무 기뻤다. 받은 5전 동전을 손바닥 위에 올려놓고 뚫어지게 바라보았다. "우와, 이렇게 많이 받다니!" 하고 실감이 났다. 게다가 이것을 한 달에 두 번 받는다는 것이었다. "뎃치로 일하는 것은 정말 외롭지만, 이곳에서 이렇게 고용살이를 하면 5전을 받을 수 있다. 썩 나쁘지 않다. 싫지만은 않다"라는 마음이 나도 모르게 조금씩 생겨났었던 것 같다.

그 5전을 받은 날부터 신기하게도 밤에 잠자리에 들 때 눈물이 나오지 않게 되었기 때문이다. 사람의 마음은 실로 묘하다. 처음 갖게 된 5전짜리 동전의 위력으로 외로움과 슬픔이 싹 날아가 버렸다. 그리고 새로운 기분으로 다시 열심히 일하게 되었다.

《사람을 활용하는 경영(人を活かす経営)》

---

37) 일본의 옛 화폐단위인 円、銭、文은 각각 일본식으로 읽으면 엔, 센, 몬이다. 엔은 현재도 쓰이는 화폐단위라 일본식으로 '엔'이라고 읽지만 현재는 쓰이고 있지 않은 銭、文은 편의상 한문식 발음으로 '전', '문'이라고 표기했다. (역주)

습성은 제2의 천성

근면과 노력이라는 습성이 밸 수 있는 환경에
청년기부터 몸을 두는 것이 중요하다.

생각건대 오늘날의 사회 현실을 보면 근면과 노력이 발휘되고 있다. 장사꾼도 그렇고, 상점도 그렇고, 회사도 그렇고 역시 근면과 노력이 있는 곳이 성장한다. 입으로는 근면과 노력을 별로 말하지 않지만 실제 사회는 근면과 노력에 의해 움직이고 있고, 모두 그것을 통해 성장하고 있다. 그렇다면 지금의 젊은이들에게도 근면과 노력을 가르쳐야 하지 않을까 하는 생각이 든다.

더 나아가 나는 습관이나 습성이 사람이 살아가는 데 있어 매우 중요하다고 생각한다. 습성은 제2의 천성이라고 일컬어진다. 그만큼 강력한 힘을 가지고 있다. 따라서 좋은 습성을 기르는 것이 매우 중요하다. 좋은 습성을 기르지 않고 게으름과 같이 좋지 않은 습성이 몸에 배어 버리면 도중에 고치려 해도 잘 되지 않는다. 이렇게 보면 청년기에 근면, 노력, 분투라는 좋은 습성을 기를 수 있는 환경에 몸을 두는 것이 무엇보다도 중요한 것 같다.

《일의 꿈 삶의 꿈(仕事の夢 暮らしの夢)》

아량이 있는 사람, 없는 사람

제안을 받아들일 줄 모르는 사람은 발전하지 못한다.
끊임없이 의논하고 힘을 빌리는 사람은 성과를 거둔다.

한 사람의 뜻으로 정한 일에는 결점이 많다. "이런 식으로 하고 싶다. 그러려면 이렇게 해야 할 것 같은데 여러분의 생각은 어떤가?"라고 물어야 한다. 거기에는 좋은 제안도 있고 나쁜 제안도 있다. 나쁜 제안은 걸러야 한다. 하지만 좋은 제안이라도 그것을 받아들일 수 있는 아량과 마음가짐이 없다면, 그 사람 자체는 의지력이 강하고 훌륭한 사람일지라도 결국 성공할 수 없고 발전할 수 없다. 반대로 의지력은 강하지만 엄청 머리가 좋은 것도 아니고 능력이 있는 것도 아니어서 끊임없이 다른 사람과 의논하고 힘을 빌리는 사람은 의외로 큰일을 해내고, 사내에서도 큰 성과를 내기도 한다.

"혼자서 하지는 않겠다. 해내겠다는 의지력은 물론 있지만, 바로 그렇기 때문에 더욱 많은 사람의 협조를 받아야 한다. 무슨 일이 있어도 해내고야 말겠다, 해내야 한다"라고 생각하는 만큼 더 많은 사람의 힘을 빌리겠다는 태도를 가진 사람과 "이게 제일이다. 내 똑똑한 머리로 생각한 것이다. 이렇게 하자"라는 사람, 이렇게 두 종류의 사람이 있는 것이다. 그것이 매우 극단적이냐 극단적이지 않느냐에 따라서 그 사이에도 수많은 종류가 있지만 말이다.

《마쓰시타 고노스케 발언집25(松下幸之助発言集25)》

서비스는 사회를 윤택하게 만든다

서비스는 사람에게 기쁨을 주는 반듯한 예의이다.
사람, 가게, 회사, 국가를 윤택하게 한다.

특히 오늘날은 윤택함이 부족해지고 있다. 서비스 정신이라는 윤활유가 더 필요한 시대지 않는가? 장사를 하는 사람은 물론이고, 모든 사람이 서비스 정신이 부족하다. 친구에 대해서나 자신이 속한 회사, 상점, 사회에 대해서나 전부 서비스이다. 국가끼리도 서비스를 게을리하는 나라는 낙오된다. 낙오까지는 아니더라도 인기를 잃게 된다. 복도에서 마주쳐도 웃는 얼굴로 인사하고 지나가는 것이 서비스이다. 그러니까 서비스라는 것은 반듯한 예의인 셈이다.

장사의 비결에는 여러 가지가 있지만, 그중 하나는 비용을 크게 들이지 않고 많은 서비스를 할 수 있느냐 하는 것이다. 그러면 물건도 싸게 공급할 수 있다. 따라서 웃으면서 서비스하는 것이 가장 돈도 들지 않고 타인에게 기쁨도 줄 수 있는 방법이다. 이 방법이 가장 좋다. 그런 게 비결 아닐까?

《마쓰시타 고노스케 발언집18 (松下幸之助発言集18)》

가르치지 않으면

가르침에 열정을 가져라.
배움에 겸손하라.

인간은 위대한 존재이다. 대단한 존재이다. 동물은 도저히 생각해낼 수 없는 것을 생각해내고, 사상도 탄생시키고 제작도 한다. 그야말로 만물의 영장이다.

하지만 그런 위대한 인간도 태어난 상태로 방치되어 인간으로서의 아무런 교육도 받지 못한다면 짐승과 다를 바 없이 살 수 밖에 없을지도 모른다.

예로부터 아무리 훌륭한 현자라도 어린 시절에는 부모나 선배에게 가르침과 지도를 받았다. 그랬기에 현자가 될 수 있었던 것이지, 그러한 가르침과 지도가 없었다면 현자의 소질도 빛을 보지 못하고 묻혀 있었을 것이다.

가르치지 않으면 아무것도 탄생하지 않는다. 가르친다는 것은 후배에 대한 선배의 인간으로서의 중요한 임무이다. 이 중요한 임무를 인간으로서의 깊은 애정과 열정을 가지고 투철하게 수행하고 있는가?

가르침에 더 열정을 가져라. 그리고 배움에는 더 겸손하라. 가르치지 않으면 아무것도 탄생하지 않는다.

《길을 열다(道をひらく)》

반복해서 말한다

중요한 것은 몇 번이든 반복해서 말한다.
동시에 문서로도 작성한다.

아무리 좋은 말을 해도 입에서 나온 말은 금방 사라져 버린다. 들은 사람도 금방 잊어버린다. 정말 인상 깊게 들은 말이면 그렇게 금방 잊어버리지 않겠지만, 보통은 2~3일이면 거의 잊어버리는 경우가 많지 않을까? 하지만 말한 사람은 당연히 상대가 기억하고 있을 거라고 생각한다. 그래서 잊어버렸다는 것을 알면 괘씸한 생각이 든다. 아닌 게 아니라 괘씸한 일이기는 하지만, 인간의 기억력은 일면 못미더운 것이다. 반드시 기억해야겠다고 생각해도 금방 잊어버릴 수 있다. 그러면 어떻게 하면 좋은가?

우선 반복해서 말해야 한다. 중요한 것, 상대가 꼭 기억해야 할 것은 몇 번이고 반복해서 말한다. 두 번이든 세 번이든, 다섯 번이든 열 번이든 말한다. 그러면 싫어도 머리에 들어간다. 외우게 된다. 그와 동시에 글로 작성해서 문서로 만들어 두는 것도 중요하다. 글로 작성해 두고 읽으라고 하면 끝이다. 글로 읽게 하면 반복해서 말하는 것과 같은 효과이다.

《사람을 활용하는 경영(人を活かす経営)》

남의 일을 방해하지 말라

사람은 본디 일하고 싶어 한다. 그러므로
열심히 일하는 사람을 방해하면 안 된다.

사람은 본디 일하고 싶은 마음, 남에게 도움이 되고자 하는 마음을 가지고 있다. "자네는 일하지 말고 놀게"라는 말을 들으면 잠깐은 기뻐할 사람도 있겠지만, 시간이 지나면 대부분 곤란해 한다. 이러한 인간 본성을 생각할 때, 나는 부하가 열심히 일하게 만드는 비결 중 하나는 부하의 일을 방해하지 않는 것이라고 생각한다. 일하고 싶은데 찬물을 끼얹는 말을 들으면 부하도 기분이 상한다. "오늘 확 쉬어 버려?" 하는 마음이 들게 된다.

나는 직원들이 열심히 일하는 것을 최대한 방해하지 않도록 노력해 왔다. 그렇다고 지적도 하지 않느냐 하면, 그렇지 않다. 책임자로서 해야 할 말은 하려고 하지만, 그때는 일을 방해하지 않도록 말투에 신경을 쓴다. "그 사람 밑에 있으면 왠지 모르게 일이 잘 된다", "그 사람은 나를 잘 이해해 준다"라는 말을 자주 듣는데, 그것은 결국 방해하지 않기 때문일 것이다.

《사원의 마음가짐(社員心得帖)》

특색을 인정한다

적재적소에 배치하려면 서로의 특색을 인정하고, 그 특색을 살려야 한다.

이런 이야기를 읽은 적이 있다. 구스노키 마사시게[38]의 가신[39] 중에 매우 곡을 잘하는 사람이 있었다. 그가 울면 주변 사람들도 따라 울었기 때문에 다른 가신들은 그를 집안에 두기 싫어했다. 마사시게는 전쟁 중에 자신이 싸우다 죽은 것처럼 꾸미고, 그 남자에게 승복을 입혀 마치 슬픔에 잠겨 명복을 빌고 있는 것처럼 연기하게 했다. 어찌나 절절하게 우는지 적들도 마사시게가 전사했다고 생각하고 마음을 놓았다. 마사시게는 그 틈을 노려 기습을 가해 대승을 거두었다. 얼핏 무사와는 어울리지 않는 '잘 우는' 특기를 가진 가신이지만 그것을 인정해 주고, 그 특색을 살린 작전을 생각해내서 전과를 거둔 것이다. 그런 점에도 마사시게가 명장인 이유가 있지 않았나 싶고, 또 그것은 모든 사람을 있는 그대로 인정해 주고 적절한 처우를 통해 활용하는 '인간도(人間道)'와도 통하는 것이라고 할 수 있을 것이다. 현실의 경영에서는 연공서열이나 기타 여러 가지 문제도 있어서 100%의 적재적소는 어렵지만, 우선 각자의 특색을 인정하고 최대한 모든 사람을 활용하도록 노력하는 것이 중요하다.

《사업은 사람이다(事業は人なり)》

---

38) 가마쿠라 시대(1185~1333년) 말기부터 난보쿠초 시대(1336~1392년)까지 활약했던 무장. (역주)

39) 주군에게 충성을 맹세하고 섬기는 사람. (역주)

논리로는 이해되지 않는다

이득이어도 거절하고 손해여도 감수하는
인간의 미묘한 마음의 작용을 알고 행동하라.

인간은 가령 어떤 부탁을 받았을 때, 소위 '이해득실에 따라 움직이는' 면과 '이해득실만으로는 움직이지 않는' 두 가지 면을 가지고 있다. 부탁한 사람의 태도가 어쩐지 거만하거나 고압적으로 느껴지면 그것이 자신에게 아무리 이득인 내용일지라도 거절하는 경우가 있다. 반대로 아무리 부담스럽고 손해가 되는 내용일지라도 부탁하는 사람의 태도가 매우 정중하고 진심이 담겨 있으면 그 진심에 이끌려 부탁을 들어주는 경우도 있다. 우리 인간에게는 이렇게 논리로는 이해되지 않는 미묘한 마음의 작용이 있지 않나 생각한다.

따라서 부탁 하나를 하더라도 이러한 두 가지 마음의 작용을 이해한 후에 행동하는 것이 중요하며, 이러한 인간의 미묘한 감정을 서로가 실천함으로써 보다 원만한 인간관계도 형성될 수 있지 않을까 생각한다.

《인생의 마음가짐(人生心得帖)》

무언가를 만들어내는 원동력

서로 마음이 통하는 가운데 일이 진척되고,
무언가를 만들어내는 원동력이 생긴다.

가령 당신이 과장님과 함께 밤늦게까지 야근을 했다고 치자. 당신은 젊어서 활력이 넘치지만, 연배가 꽤 높은 과장님은 피로를 느낄 수도 있을 것이다. 그럴 때 "과장님, 어깨 좀 주물러 드릴까요?"라고 말할 수 있는가?

회사는 일을 하는 곳이니 그런 말은 할 필요가 없다고 한다면 그것도 맞는 말이다. 하지만 만일 당신이 그런 말을 한두마디 건넨다면 과장님은 얼마나 위로가 되겠는가? "어디 주물러 봐"라고 말하는 경우는 없다. 대개는 "괜찮아. 고맙네"라고 말할 것이다. 그러나 그 말 한마디로 과장님의 마음에는 안마를 받은 것 이상의 기쁨이 생긴다. 그리고 과장님의 입에서는 "늦게까지 붙잡아 둬서 미안하네. 데이트 약속이 있었다고 했지?"와 같은 따뜻한 말이 나올 것이다.

나는 이렇게 서로 마음이 통하는 가운데 일이 진척되고, 무언가를 만들어내는 원동력이 생긴다고 생각한다. 그래서 당신도 상사는 물론이고 주위 사람들에게도 그런 배려를 자연스럽게 할 줄 아는 사람이 되었으면 좋겠고, 그래야 업무에서도 큰 성과를 거둘 수 있지 않겠는가?

《**사원의 마음가짐**(社員心得帖)》

서로 칭찬하는 것은 서로의 유대감이다

칭찬하는 것은 노고를 위로하는 것이고,
서로를 이어주는 소중한 유대감이다.

이만큼 오랜 세월을 부부로 지내다 보면 가끔 "부부에게 중요한 것은 무엇입니까?"라는 질문을 받을 때도 있다. 내가 거기에 대답할 만한 자격이 있는 사람인지 아닌지는 모르겠지만, 나름대로 이것만큼은 중요하다고 생각하는 것이 있다.

그것은 아내는 응당 남편을 칭찬하고, 즉 장점을 인정하고 솔직하게 그것을 표현하고, 남편 역시도 어느 정도 아내를 칭찬해 주는 것이다. 칭찬한다는 것은 노고를 위로하는 것이고, 사람과 사람을 단단히 이어주는 소중한 유대감이 아닐까 생각한다.

나는 지금까지 수많은 부부를 보아 왔지만, 사이가 좋지 않은 부부는 서로를 별로 칭찬하지 않는 것 같다. 반대로 사이가 좋은 부부는 매우 자연스럽게 서로를 칭찬하는 것 같다. 남자는, 아니 사람은 타인에게 칭찬을 듣는 것도 기쁘지만 자신의 아내, 자신의 남편에게 그런 칭찬을 듣는 것도 기쁜 법이다.

《인생담의(人生談義)》

질투는 적당히 한다

질투심도 살릴 수 있다.
적당한 질투는 인간 생활을 부드럽게 해 준다.

질투심이라는 것이 있다. 이것은 하나의 법칙이다. 부처님도 인간에게는 이런 질투심이 있다고 말씀하셨지만, 이는 부처님이 만든 것이 아니다. 우주 근원의 힘에 의해 인간에게 주어진 하나의 법칙이다. 부처님은 그것을 깨달은 것이고, 이는 뉴턴이 만유인력을 발견한 것과 마찬가지이다.

그렇다면 이 법칙을 어떻게 다룰 것인가 하는 문제가 발생한다. 우주의 법칙으로서 주어진 한, 이 질투심을 없앨 수는 없다. 만유인력을 없앨 수 없는 것과 같다. 하지만 이것이 우주의 법칙임을 깨닫지 못하면 오히려 인간은 불행에 빠지게 된다. 그러나 없앨 수 없다고 해서 남용하면 매우 추악한 모습으로 변질된다. 무분별하게 질투심을 드러내면 이는 법칙을 살리지 않는 것과 마찬가지이다. 따라서 질투는 적당히 해야 한다. 즉 적당히 질투하면 오히려 인간의 정은 깊어지고, 인간 생활은 매우 부드러워질 것이다.

《PHP의 말(PHPのことば)》

늙음도 젊음도 서로 존중한다

나이에 따라 서로 다른 개성을 살리면
더 강력한 사회가 만들어질 수 있다.

50세, 60세의 나이에도 사장이라는 책임감 있는 자리에서 업무를 수행하고 훌륭한 성과를 내고 있는 사람이라도 혼자 힘으로 그런 모습을 만들어낸 것은 아니다. 그 사람의 부하, 다시 말해 30세, 40세의 주변 사람들의 협력이 있고, 그 위에서 자신의 경험을 발휘하고 있기에 가능한 것임을 잘 알아야 한다.

30세, 40세의 사람들도 자신들이 능력을 더 발휘할 수 있는 것은 선배들이 풍부한 경험으로 이끌어 주고 있기 때문임을 잘 알아야 한다. 나아가 언젠가는 자신들도 나이를 먹고, 장래에는 자신들도 이 선배들과 같은 입장이 된다는 것을 염두에 두고 그들의 경험을 배우려는 자세를 갖는 것이 중요하다.

각자가 발휘하는 개성은 나이에 따라 다르지만, 나이가 많은 사람도 젊은 사람도 그 나이에 의한 차이를 서로 존중하면서 각각을 살려야 한다. 그런 모습에서 더 강력한 사회가 만들어질 수 있지 않을까 생각한다.

《인생의 마음가짐(人生心得帖)》

장점은 70%, 단점은 30%

사람은 누구나 장점과 단점이 있다.
주로 장점을 보고, 키워 나가도록 해야 한다.

사람은 누구나 장점과 단점이 있다. 그런 다양한 장점과 단점을 가진 사람을 써서 일을 할 때는 각각의 장점을 보도록 노력하는 것이 중요하다. 장점을 보면 "그는 아주 훌륭한 사람이야"라고 생각하게 되어 대담하게 그 사람을 사용하게 된다. 그 사람도 자신의 장점을 인정받은 기쁨에서 의욕적으로 일하게 된다. 당연히 업무 성과도 오르고, 그 사람도 성장한다.

그러나 단점에 눈이 가면 "이 사람은 이런 점이 안 된다, 저 사람은 이런 면이 좀…" 하는 식으로 생각하게 되어 과감하게 기용할 수 없게 된다. 그렇게 평가받은 쪽도 흥미를 잃고 위축되어 충분한 성과를 내지 못하게 된다.

따라서, 장점만 보고 단점은 전혀 보지 않아서도 안 되겠지만, 주로 장점을 보고 그 장점을 키워 나갈 수 있도록 노력해야 한다. 장점을 70% 보고 단점을 30% 보는 시각을 갖는 것이 중요하다.

《마쓰시타 고노스케 경영어록(松下幸之助 経営語録)》

무한한 풍요로움을 느끼며

다양한 사람으로부터 풍부한 역량이 나온다.
다양한 사람이 있어서 다행이다.

봄이 와서 꽃이 피고, 초여름이 와서 새싹이 돋고, 산과 들은 화려하게 단장한다. 다양한 꽃이 피고, 다양한 초목이 자라고, 다양한 새가 날아다닌다. 이토록 다양하기에 이토록 화려할 수 있는 것이다. 이것이 자연이다.

꽃은 벚꽃만 있고, 나무는 벚나무만 있고, 새는 휘파람새만 있는 것도 나름 정취는 있겠지만, 이 세상의 산과 들에 고작 그 정도 종류밖에 없었더라면 이러한 자연의 풍요로움은 탄생하지 못했을 것이다.

여러 가지 꽃이 있어서 다행이다. 다양한 나무가 있어서 다행이다. 수많은 새가 있어서 다행이다. 자연의 고마운 이치이다. 사람도 다양한 사람이 있어야 풍부한 역량도 나온다. 나와 타인은 생김새도 다르고 기질도 다르다. 취향도 다르다. 그걸로 좋다. 다르다고 탄식하기보다는 그 다름 속에서 무한한 묘미를 느껴야 한다. 무한한 풍요로움을 느껴야 한다. 그리고 저마다 힘을 다하고, 저마다 서로 도와야 한다.

다양한 사람이 있어서 다행이다. 다양한 사람이 있어서 다행이다—.

《길을 열다(道をひらく)》

지식에 얽매이는 사람은 나약하다

자기가 가진 지식에 얽매이면
안 되는 이유만 생각하게 된다.

자동차의 왕이라고 불렸던 헨리 포드의 말 중에 "좋은 기술자일수록 불가능의 이론을 알고 있다"라는 말이 있다. 무슨 뜻인가 하면, 포드는 기업 경영에 컨베이어 시스템을 비롯해 계속해서 새로운 아이디어를 도입한 사람인데, 그의 공장에서 그것들을 살리기 위해 기술자와 의논을 하러 가면 "사장님, 그건 무리입니다. 불가능합니다. 이론상으로도 무리입니다"라고 말하는 경우가 많았다. 특히 뛰어난 기술을 가진 사람일수록 그러한 경향이 강해서 애를 먹었다고 술회하고 있다. 나는 이 포드의 말은 하나의 진리를 담고 있다고 생각한다.

즉 우리나라에서도 '지식인의 나약함'이라는 말을 자주 듣고, 우리도 실제로 그 말을 사용한다. 하지만 생각해 보면, 지식인의 나약함이라는 것은 이상한 표현이다. 충분히 배우고 지식을 가지고 있는 사람이 나약할 리 없다. 실제로도 세상에는 일정 정도 이상의 지식이 없으면 할 수 없는 일이 많다. 그런데도 왜 지식인이 나약하다고 하는 것일까? 나는 결국 그 사람이 자신의 지식에 얽매일 때 그렇게 되는 것이라고 생각한다.

《사원의 마음가짐(社員心得帖)》

여러 사람의 의견이 섞어

전 세계의 지식이 골고루 혼합된 지혜는
실로 위대한 작용을 한다.

위인, 현인이라 불리는 사람은 실로 존경할 만한 위대한 재능을 가지고 있지만, 그럼에도 위인 한 사람의 지혜와 재능만으로 독불장군적으로 경영하는 것은 절대 금물이다. 한 사람의 현인, 한 사람의 위인에 의해 전제적으로 경영되는 국가는 히틀러나 무솔리니의 국가처럼 된다. 일시적으로는 발전해도 결국 붕괴하게 된다. 그래서 안 된다는 것이다.

그렇다면 어떤 경영이 좋은가, 최고의 경영은 무엇인가 하면, 여러 사람의 의견을 통한 경영이다. 모두가 머리를 맞댄 경영이다.

인간은 신도 아니고 동물도 아니다. 인간은 인간이지만, 여러 사람에게서 나온 지혜는 신과 같은 작용을 한다. 지금 만약 전 세계 사람들의 의견이 골고루 섞어 하나의 지혜가 되어 우리 인간 세상에 내려온다면, 그것은 신의 지혜라고 해도 좋을 것이다. 따라서 중심에 있는 사람이 자신의 지혜뿐만 아니라 여러 사람들의 의견을 골고루 섞어서 활용한다면, 이것은 실로 위대한 작용을 할 것이다.

《마쓰시타 고노스케 발언집23(松下幸之助発言集23)》

병을 줄이는 마음

솔직한 마음이 커지면 고민이 줄어들고,
마음의 병이 덜어지지 않겠는가?

솔직한 마음이 되면 사물의 실체도 알게 되고, 세상의 이치도 알게 된다. 그래서 예를 들면 자기 입장에서만 사물을 생각하거나 자신의 감정이나 이해득실만 따져서 판단하지 않게 된다. 또 그런 마음이 커지면 융통성도 생긴다.

따라서 자신의 감정이 채워지지 않는다고 고민하거나, 자신의 이익이 훼손된다고 고민하거나, 일이 잘 풀리지 않는다고 고민하는 모습은 좀처럼 나타나지 않을 것이다. 그리고 마음은 늘 평온하게 안정될 것이다. 그러므로 마음이나 정신적인 측면에서 오는 병은 서로 솔직한 마음을 키워 나가면 점차 줄여나갈 수 있지 않을까 생각한다.

《솔직한 마음이 되기 위해(素直な心になるために)》

외국에 나갈 자격이 있는 사람

자기 나라의 장점과 단점을 잘 알고,
분명히 말할 줄 아는 사람이 되어야 한다.

"우리 일본은 글러먹었어요. 좋은 거라곤 하나도 없다니까요. 우리 일본인도 정말 못 믿을 국민이에요. 신용하면 안 됩니다."라는 말이 실수로라도 입밖으로 나오는 그런 마음가짐이 되어서는 안 된다. 그러면 일본은 신뢰받는 국가가 될 수 없을 것이고, 나아가서는 그런 말을 하는 본인도 신뢰받지 못할 것이다. 나는 그런 사람은 외국에 나가지 않았으면 좋겠다. 아니, 외국에 나갈 자격이 없다고까지 생각한다.

외국에 나가거나 외국인과 사귀기 전에 우선 자기 나라에 대해 잘 알아야 한다. 일본인이라면 일본의 장점과 단점을 제대로 구분해서 말할 줄 알아야 한다. 장점도 솔직히 말하고, 단점을 지적받으면 분명하게 대답해야 한다. 그리고 마지막에는 "일본인은 세계에 봉사하고 있습니다. 우리를 친구로 삼으면 당신한테 이득입니다. 결코 당신에게 폐를 끼치거나 명예를 훼손하는 일은 없을 것입니다."와 같은 말을 신념을 가지고 말할 줄 아는 사람이었으면 좋겠다.

《젊은 당신들에게 전하고 싶다(若い君たちに伝えたい)》

"한 번 더"라고
자신을 격려한다

될지 안 될지를 판단한 후에
자신을 격려하고, 용기와 끈기를 가지고 도전한다.

세상은 늘 변화하고 유동적이다. 한 번 뜻을 이루지 못했더라도 그것에 흔들리지 말고 "한 번 더 해 보자"라고 마음을 다잡고 다시 끈기 있게 묵묵히 노력하다 보면 주위 정세가 유리하게 바뀌고, 새로운 길이 열리는 경우도 있다. 세상에서 말하는 실패는 대부분 그런 인내심이 없어서 성공하기 전에 포기해 버리는 데에 원인이 있지 않을까?

물론 그렇다고 해서 무언가에 집착해서 한 가지 일만 맹목적으로 고집해서는 안 된다. 한 가지에 집착한 나머지 이치에 맞지 않는 방향으로만 노력을 계속한다면 아무리 인내심을 가지고 매달려도 성과를 내지 못할 것이다. 그러므로 될지 안 될지를 판단해야 한다. 그러나 곰곰이 생각했을 때 그것이 이치에 맞는다고 판단했으면 쉽게 포기하지 말고 "한 번 더"라고 자신을 격려하고 새로운 마음으로 도전하는 것이 매우 중요하지 않을까? "한 번 더", "한 번 더" 하는 용기와 끈기가 길을 열어줄 것이다.

《인생담의(人生談義)》

파벌도 활용하기 나름이다

파벌도 인간의 본성임을 인정하고
공동의 번영을 위해 적절히 활용하면 된다.

오늘날 정치 분야 등에서는 '파벌 해체'를 부르짖고 있다. 물론 쓸데없이 파벌을 만들고 파벌의 이해관계에 얽매여 분파 활동을 일삼아 전체의 조화를 어지럽히는 것은 결코 바람직하지 않다. 그러나 파벌을 만드는 것이 인간의 본성이라고 한다면, 이는 아무리 노력해도 해소할 수 없지 않을까? 무리하게 없애려 들면 오히려 폐해가 생길지도 모른다. 그러므로 중요한 것은 파벌도 인간의 본성에 기반한 것임을 인정한 뒤, 자신의 이해득실에 얽매이지 않고 공동의 번영을 위해 적절히 대처하고 활용하는 것이라고 생각한다. 그리고 그때 필요한 것이 '화합을 중시하는 정신'이라고 할 수 있을 것 이다.

이것이 이미 1400년 전에 일본 헌법 제1조에 분명히 명시되어 있다.[40]

《사람을 생각하다(人間を考える)》

---

40) "和を以て貴しと為す"라는 문구로, 서로 다투지 말고 화합하는 것이 중요하다는 뜻. 쇼토쿠 태자가 제정한 일본 최초의 성문법인 〈17조 헌법〉 제1조 조문 서두에 나오는 말. (역주)

인간을 제대로 파악한다

번영, 평화, 행복을 가져다주는 인간관을
주권자가 가져야 한다.

저마다 입장은 달라도 사람은 모두 번영, 평화, 행복을 소망해 왔다. 그런 인간의 소망이 이 세상에 똑같이 공통적으로 존재함에도 불구하고 그 행동과 내용과 결과가 전혀 다른 이유는 무엇일까? 나는 이런 의문이 강하게 들었다. 그리고 모든 사람의 바람과는 달리 불행을 낳고 있는 것은 인간이 인간 자신을 제대로 파악하고 있지 않기 때문이 아닐까 하는 생각이 들었다.

성악설과 성선설이라는 두 가지 인간관이 있다. 이 경우, 그중 어느 쪽을 취하느냐에 따라서 당신의 인간관은 바뀔 것이다. 성악설을 취하는 제왕이나 주권자, 혹은 정치가로부터는 그런 정치가 나오고, 성선설을 믿는 주권자에게서는 그것을 전제로 한 정치가 나올 것이다. 권력의 위치에 있는 사람의 인간관에 차이에 따라서 정치 방식과 경제 운영이 달라진다고 나는 생각했다.

그러나 한편에서는 성악설과 성선설 두 가지 모두 옳다고 생각하는 사람도 있다. 인간의 본성은 본디 악하다는 주장도 옳고, 선하다는 주장도 옳다고 한다. 정말 그럴까? 그것은 연구해 보지 않으면 모른다.

《젊음에 보내다(若さに贈る)》

공동생활을 발전시키는 존재

만물을 활용하고, 서로의 공동생활을
무한히 발전시키는 데에 인간의 본질이 있다.

내 경영 이념의 바탕에도 내 나름의 인간관이 있다. 그것은 한마디로 말하면, 인간은 만물의 영장이라고 할 수 있는 위대하고도 숭고한 존재라는 것이다.

생성과 발전이라는 자연의 법칙에 따라 인간 스스로를 살리고, 또 만물을 활용하면서 공동생활을 무한히 발전시킬 수 있다. 그런 타고난 본질을 지니고 있는 것이 인간이라고 생각한다.

《실천경영철학(実践経営哲学)》

만물의 왕으로서

인간은 자비심과 공정심을 가지고
모든 것을 살릴 책무를 지고 있는 존재이다.

오늘날과 같은 고도의 문명과 문화를 만들어 온 것이 인간이라면 동시에 고민하고, 싸우고, 불행을 끊임없이 스스로 낳아 온 것 역시 과거와 현재의 인간의 일면이다. 그래서 서구에서는 인간은 신과 동물의 중간에 위치하는 존재라고도 일컬어진다. 신과 같은 면과 동물과 다를 바 없는 면을 동시에 가지고 있는 것이 인간이라는 뜻이다.

나는 인간이 현실에서 그런 모습을 보이고 있다는 것을 부정하는 것이 아니다. 말하자면 신에게도 동물에게도 향할 수 있는 면을 내면에 가지고 있는 것이 인간일 것이다. 그러나 그런 다양한 면을 가진 인간을 종합적으로 볼 때, 인간은 만물의 왕으로서의 위대한 본질을 가지고 있다고 생각한다. 만물의 왕이라는 표현은 불손하게 들릴지도 모른다. 그러나 내가 생각하는 왕은 한편으로는 모든 것을 지배하고 활용하는 권능을 가지고 있는 동시에 자비심과 공정심을 가지고 모든 것을 살릴 책무를 동시에 지고 있는 존재이다. '인간은 왕이다'라는 의미는 바로 그런 것이지 결코 자신의 욕망이나 감정에 따라 마음대로 만물을 지배한다는 뜻이 아니다.

《실천경영철학(実践経営哲学)》

왕으로서의 권한과 책무

경영자에게는 그 경영체를 무한히
발전시켜 나갈 권한과 책무가 주어져 있다.

경영자라고 하면 그 경영체의 '왕'이다. 거기에 있는 모든 사람, 물자, 자금 따위를 마음대로 움직일 권한을 부여받은 것이 경영자이다. 그러나 동시에 그는 사람, 물자, 자금 등 모든 것에 대하여 애정과 공정성, 그리고 충분한 배려를 가지고 각각을 가장 잘 살릴 수 있는 방법을 써서 그 경영체를 무한히 발전시켜 나갈 책무를 지고 있다.

경영자에게 그런 경영체의 왕으로서의 권한과 책무에 대한 자각이 없으면 그 경영은 결코 충분한 성과를 낼 수 없다.

인간은 생성과 발전이라는 자연의 법칙에 따라 인간 자신의, 그리고 만물과의 공동생활을 무한히 발전시켜 나갈 권능과 책무를 부여받은 만물의 왕이다. 그러한 자각, 즉 인간 자신에 의한 인간관의 확립을 바탕으로 개개의 경영체에서 경영자라는 자각을 가져야 한다. 바로 거기에서 확고한 신념을 바탕으로 한 강력한 경영이 나온다.

《실천경영철학(実践経営哲学)》

생성과 발전은 자연의 법칙이다

낡은 것은 사라지고 새로운 것이 탄생한다.
이는 자연의 법칙에 따른 생성과 발전의 모습이다.

생성과 발전은 한마디로 말하면 날마다 새로워지는 것이다. 매일매일이 새로운 인생이고, 매순간 새로운 생명이 있는 것이다. 매일매일이 새로운 재탄생이고, 매순간 새로운 생명이 약동하는 것이다. 바꿔 말하면, 낡은 것은 사라지고 새로운 것이 탄생하는 것이다. 모든 것은 한순간도 멈춰 있지 않다. 끊임없이 움직이고, 끊임없이 변화한다. 낡은 것이 이윽고 사라지고, 그 대신 새로운 것이 계속해서 탄생하는 것이다. 바로 이러한 모습이 생성과 발전의 모습이다. 그리고 모든 만물이 그것에 따라 움직이는 자연의 법칙이다. 즉 낡은 것은 사라지고 새로운 것이 탄생하는 것은 모두 자연 법칙에 따라 영위되는 모습이고, 이는 움직일 수 없는 우주의 섭리가 아닐까 생각한다.

이렇게 생각하면 살아 있는 것이 죽는 것도 사실은 생성과 발전의 모습이라는 것을 깨닫게 된다. 죽는다는 것은 사라진다는 것이다. 그러나 이는 그다음 새로운 생명의 싹을 틔워내는 것이다.

《마쓰시타 고노스케의 철학(松下幸之助の哲学)》

죽음도
생성과 발전의 모습이다

죽음을 두려워하고 피하려 들지 말고
생성과 발전의 한 과정이라고 생각하라.

지금까지는 본능적으로 죽음을 두려워하고, 기피하고, 그것에 참을 수 없는 공포심을 가지고 있었다. 또한 여러 가지 가르침도 죽음의 공포를 설파해 왔다. 참으로 인간으로서 당연한 감정이라고 생각한다. 그렇지만 이렇게 죽음을 두려워하고 죽음을 피하고자 하는 본능에 사로잡힌 나머지 주변 사람을 힘들게 하고, 혼란을 초래하게 되었다.

따라서 번영, 평화, 행복을 실현하기 위해서는 죽음에 대한 확고한 생각을 가져야 한다고 생각한다. 죽음을 찬미하는 것은 이상한 생각이다. 그런 게 아니라 진리에 입각하여 자연의 이치에 따라 순응하며 죽음을 맞이한다는 사생관을 가져야 한다.

생성과 발전의 원리는 이에 대한 해답을 준다. 즉 생성과 발전의 원리에 입각해서 보면 죽음은 두려워할 것도, 슬퍼할 것도, 괴로운 것도 아니고 오히려 생성과 발전의 한 과정이고 만물이 성장하는 모습이라고 할 수 있다. 그리고 죽는다는 것은 이 커다란 천지의 법칙에 따르는 모습이고, 따라서 거기에는 기쁨과 안도감이 있어야 한다.

《마쓰시타 고노스케의 철학(松下幸之助の哲学)》

제행무상과 생성발전

제행무상은 만물유전이다.
그것은 즉 생성, 발전, 진보라고 생각해야 한다.

제행무상이라는 말이 있다. 오늘날 일반적으로 "세상은 덧없는 것이다"라는 뜻으로 해석되는 듯하다. 그러나 이를 '제행'이란 '만물', '무상'이란 '유전', 즉 만물은 늘 변화하는 것이고, 이는 즉 진보 발전이라는 의미로 생각할 수 없을까?

사람의 생각도 바뀌고 사회도 바뀐다. 정치도 국가도 변화한다. 이는 모두 진보이다.

즉 제행무상은 만물유전, 생성발전, 바꿔 말하면 날마다 새로워야 한다는 뜻으로 해석해야 한다.

《생각하는 대로(思うまま)》

인연을 맺고

서로 솔직한 모습을 인정하면
인연이 맺어지고, 공영의 길을 걸을 수 있다.

서로를 '인연'의 고리로 묶어야 한다. 그러기 위해서는 서로의 솔직한 모습을 인정하면서 다 같이 조화롭게 공생해 나가자는 마음을 가져야 한다. 이것이 인간으로서의 길, 즉 '인간도'이다. 서로 '인간도'에 입각한 생성 발전의 대장정을 중지를 모아 힘차게 걸어나가야 한다.

《길은 내일에(道は明日に)》

✎ 인생을 만들기 위한 금언 노트

11월분을 읽은 후, '어떤 말과 문장이 마음에 가장 와닿았나?',
'그것은 왜인가?', '앞으로 행동에 어떻게 살릴 것인가?'
이 세 가지를 자문자답하고, 간결하게 정리해 봅시다.

___________ 년   월   일

___________ 년   월   일

___________ 년   월   일

巨富의 생각들

12 月

/

길을 개척하다

December

역경도 순경도 귀하다

자신에게 주어진 환경에서 살아간다.
역경이든 순경이든 순종하며 살아간다.

역경, 그것은 그 사람에게 주어진 귀한 시련이고, 이런 시련에 단련된 사람은 실로 강인하다. 예로부터 위대한 사람은 역경에 시달리면서도 불굴의 정신으로 극복해낸 경험이 수없이 많다.

참으로 역경은 귀하다. 그러나 이를 귀하게 여긴 나머지 그것에 사로잡혀 역경이 없으면 인간은 완성되지 못한다고 믿는 것은 일종의 편견이 아닐까?

역경은 귀하다. 그러나 순경도 귀하다. 요컨대 역경이든 순경이든 그 주어진 환경에 순종하며 살아야 한다. 겸손한 마음을 잊지 않아야 한다.

순종함을 잃었을 때, 역경은 비굴함을 낳고 순경은 자만함을 낳는다. 역경과 순경을 따지면 안 된다. 그것은 그때 그 사람에게 주어진 하나의 운명이다. 그저 그 환경에 순종하며 살아야 한다.

순종함은 사람을 강하고 바르고 총명하게 만든다. 역경에 순종하며 극복한 사람과 순경에 순종하며 성장한 사람은 그 과정은 달라도 똑같이 강인함과 반듯함과 총명함을 가지고 있다.

서로 연연하지 말고, 자만하지 말고, 운명에 순종하며 살아야 한다.

《길을 열다(道をひらく)》

곤경에 처해도 좌절하지 않는다

곤경에 처했을 때일수록 마음을 다잡고
힘차게 자신의 꿈을 개척해 나가야 한다.

세상은 넓고, 인생은 길다. 그 세상, 그 인생에는 어려운 일, 난처한 일, 힘든 일, 괴로운 일이 많다. 정도의 차는 있을지언정 누구에게나 있다. 나만 그런 것이 아니다. 그럴 때 어떻게 생각하느냐, 어떻게 대처하느냐에 따라서 그 인생이 행복하냐 불행하냐, 도약하느냐 후퇴하느냐가 결정된다. "큰일났다", "어쩌지?", "방법이 없다" 이렇게 생각하면 마음이 점점 좁아지고, 나올 지혜도 나오지 않게 된다. 지금까지 쉽게 생각해냈던 것도 생각나지 않게 된다. 결국 원인도 책임도 모두 남에게 전가하고, 불만으로 마음이 어두워지고, 불평으로 자신을 해치게 된다.

단호히 행하면 귀신도 피해 간다고 한다. 곤경을 곤경으로 여기지 않고, 마음을 다잡고 굳은 결심으로 나아가면 곤경이 도리어 도약의 디딤돌이 된다. 요컨대 사고방식이다. 굳은 마음이다. 곤경에 처해도 좌절하지 않는 것이다.

인간의 마음은 손오공의 여의봉처럼 자유자재로 늘어났다 줄어들었다 한다. 그런 신축성 있는 마음으로 곤경에 처했을 때일수록 도리어 자신의 꿈을 개척하는 힘찬 길을 가야 한다.

《길을 열다(道をひらく)》

자기만의 길이 있다

밖에 갈 수 없는 이 길을
마음을 정하고, 최선을 다해서 걸어가야 한다.

나에게는 나에게 주어진 길이 있다. 하늘이 주신 귀한 길이 있다. 어떤 길인지는 몰라도, 다른 사람은 갈 수 없다. 나밖에 갈 수 없고 두 번은 갈 수 없는 오직 한 번뿐인 길. 넓을 때도 있다. 좁을 때도 있다. 오르막길도 있고 내리막길도 있다. 평탄할 때도 있고, 땀을 뻘뻘 흘릴 때도 있다.

이 길이 과연 좋은 길인지 나쁜 길인지 아무리 생각해도 모를 때도 있을 것이다. 위로를 구하고 싶을 때도 있을 것이다. 그러나 어차피 이 길밖에 없지 않은가.

포기하라는 것이 아니다. 지금 서 있는 이 길, 지금 걷고 있는 이 길, 아무튼 이 길을 쉬지 않고 걸어야 한다. 나밖에 갈 수 없는 소중한 길이지 않은가? 나에게만 주어진 둘도 없는 길이지 않은가?

남의 길에 마음이 빼앗겨 고민에 빠져 주춤거려 봤자 길은 조금도 열리지 않는다. 길을 열기 위해서는 먼저 나아가야 한다. 마음을 정하고, 최선을 다해서 걸어가야 한다.

아무리 멀게 느껴지는 길일지라도 쉬지 않고 걷는 자세로부터 반드시 새로운 길이 열린다. 깊은 기쁨도 생겨난다.

《길을 열다(道をひらく)》

인간으로서의 성공

성공이란 자신에게 주어진 천분을
그대로 완전하게 살리는 것 아닐까?

"하늘은 두 가지를 주지 않는다[41]"라는 속담이 있다. 이는 뒤집어 보면 "하늘은 반드시 한 가지는 주신다"는 뜻일 것이다.

이처럼 서로 다른 천분이나 개성을 받았다는 것은 바꿔 말하면 모두가 다른 삶을 살고, 모두가 다른 일을 하도록 운명 지어졌다고 생각할 수도 있을 것이다. 어떤 사람은 정치가에 가장 어울리는 천분이 주어졌을지도 모르고, 또 어떤 사람은 학자에, 기술자에, 상인에, 하는 식으로 모두 저마다 다른 사명이 주어졌고 각기 다른 재능을 가지고 있다고 생각한다.

성공이란 자신에게 주어진 이러한 천분을 그대로 완전하게 살리는 것 아닐까? 그것이 인간으로서 올바른 삶이고, 자기 자신도 만족하는 동시에 일의 성과도 높여 주위 사람들을 기쁘게 하는 것이라고 생각한다. 그런 의미에서 보면 바로 이것이 '인간으로서의 성공'이라고 할 수 있지 않을까?

《인생담의(人生談義)》

---

41) 하늘은 한 사람에게 여러 가지 재능을 주지 않는다는 뜻의 일본 속담. (역주)

천분의 발견

자신의 천분을 발견하라.
먼저 간절히 바라는 것부터 시작하라.

천분이나 특질이 어디에 있는가 하는 것은 사실 그리 쉽게 알 수 없다. 즉 그리 간단히 찾을 수 없는 형태로 주어져 있다. 조금 불합리하게 들릴지도 모르지만, 여기에 인생의 재미와 묘미가 있는 것이라고 생각한다. 그렇게 쉽게 알아 버리면 별로 재미없지 않을까? 쉽게 알 수는 없지만, 그것을 구하고 노력해 나가는 데에 이루 말할 수 없는 인생의 묘미가 숨어 있는 것이라고 생각한다.

천분의 발견이란 그러한 것임을 먼저 안 다음에, 그렇다면 어떤 방법으로 구하면 좋은가 하면, 먼저 뭐니 뭐니 해도 자신의 천분을 찾고 싶다는 간절한 바람을 가져야 한다. "성공하고 싶지만, 그러기 위해서는 나의 천분을 발견해야 한다, 어떻게 해서든 그것을 찾아내야 한다"라는 강한 소망을 늘 가슴에 품고 있는 것이 가장 필요할 것이다. 그 소망이 강하면 일상생활 속에서 자연스럽게 자신의 천분을 발견할 수 있을 것이다.

《인간으로서의 성공(人間としての成功)》

하늘의 뜻에 순종한다

인간으로서 해야 할 일을 다하고 나서 조용히 하늘의 뜻을 기다릴 때,
반드시 그다음 새로운 길이 저절로 열린다.

당신에게는 당신에게, 나에게는 나에게 주어진 천명이 있다. 나는 이 천명에 순종해야 한다고 생각한다.

인간으로서 해야 할 일은 다하지만 하늘의 뜻을 기다릴 줄 모르는 경향을 나는 현대에서 본다. 이만큼 했으니 이 정도는 보상받아야 한다고 생각하는 것이다. 그것도 당연하긴 하지만, 바로 거기에 고민과 다툼이 발생하는 큰 원인이 있지 않을까?

당신의 앞날에는 다양한 시련이 있을 것이다. 하지만 어떤 때라도 뜻을 잃지 말고, 사심에 얽매이지 말고, 당신이 할 수 있는 노력을 다해야 한다. 그리고 다음 일을 조용히 기다려야 한다. 기대대로 될 수도 있고, 기대와 어긋날 수도 있을 것이다. 그것은 당신의 능력을 뛰어넘은 일이다.

어떤 힘이 작용하든 초조해할 것 없다. 당신은 최선을 다했다. 그렇게 하고 기다릴 때, 반드시 그다음 새로운 길이 저절로 열리지 않을까?

《젊음에 보내다(若さに贈る)》

모든 것이 나의 스승

사람뿐만이 아니라 집, 전등, 빛
모든 것이 내 스승이다.

나는 겸손하다느니 겸손하지 않다느니 하는 것은 의식하지 않지만, 결국 어떤 일이든 간에 여러 사람의 의견에 따라야 한다고 생각한다.

그래서 사람이 10명 있으면 10명의 지혜를 빌리고, 100명 있으면 100명의 지혜를 빌리고, 1억 명이 있으면 1억 명의 지혜를 빌리자는 마음으로 하고 있다.

다시 말해서 여러분을 비롯해서 이 집, 전등, 빛, 그 모든 것이 내 스승이라는 생각으로 하고 있다.

어디든 나보다 잘난 사람뿐이다, 내가 제일 못났다는 생각으로 하고 있다.

《마쓰시타 고노스케 발언집5(松下幸之助発言集5)》

장사는 진검승부

열심히 하면 반드시 성공하는 것이 사업이다.
성공하지 못하는 것은 경영이 적절하지 않기 때문이다.

나는 K씨에 대한 격려의 의미를 담아 조금 강한 어조로 K씨에게 말했다.

"당신처럼 열정적인 사람이 성공하지 못하는 것이 더 이상하군요. 열심히 하면 하는 만큼 성공하는 것이 사업입니다. 그러니 성공하지 못하는 것은 아직 열정이 부족하다는 것 아닐까요? 정말로 열심히, 진심으로 하면 반드시 성공으로 이어질 것이라고 생각합니다. 또 그것이 장사라는 것입니다. 장사는 진검승부와 같습니다. 상대방의 목을 날리고 내 목이 날아가고 하는 사이에 이기더라 하는 경우는 없지요. 반드시 이겨야 합니다. 반드시 성공해야 합니다. 즉 장사는 성공하는 것입니다. 성공해야 비로소 진짜 장사를 한 것이 됩니다.

만약 그 장사가 성공하지 못했다면 그것은 그 경영 방식이 적절하지 않기 때문이라고 생각해야 합니다. 시대가 나빠서도 아니고, 경영 상황이 나빠서도, 거래처가 나빠서도 아닙니다. 전부 경영이 나쁘고, 경영이 적절하지 않아서라고 생각해야 합니다."

《사람을 활용하는 경영(人を活かす経営)》

괜찮은 시대의 장사

언제 죽을지 모르는 시대에 태어난 상인이 볼 때
우리의 경영 환경은 꽤 괜찮은 것이다.

상인에게는 물건을 공급한다는 사명이 있기 때문에 "당신은 맘에 안 드니 팔지 않겠다", "당신은 마음에 드니 팔겠다" 하는 것은 그릇된 장사 태도다. 아무리 미워도, 아무리 좋아도 장사는 공평하게 해야 한다. 우리의 조상들은 그렇게 해 왔다. 그것은 어떤 경우에는 적을 편드는 행위로 오해받아 죽임을 당할 수도 있는 태도다. 그러나 그런 것조차 두려워하지 않고 당당하게 장사했던 것이다.

수천년 전부터 상인들은 동서양을 막론하고 전쟁터에서 총알에 맞아 죽을지도 모르는 상황에서도 장사를 해 왔다. 이런 것을 생각하면 오늘날 우리를 둘러싼 경영 환경이 아무리 혹독하다 해도, 그래도 편한 환경이고 괜찮은 시대라고 할 수 있지 않을까?

《경영의 비결이 여기에 있다는 것을 깨달은 가치는 100만 냥
(経営のコツここなりと気づいた価値は百万両)》

사회를 발전시키는 선수

나는 사회와 함께 발전한다.
이렇게 생각하면 힘든 일도 기쁜 일이 된다.

단지 내 가게를 확장시키자는 생각, 나만 잘 벌면 된다는 생각, 나는 이런 생각만으로는 부족하다고 생각한다. 더 높은 곳을 바라보며 사회와 함께 발전한다, 혹은 세상을 이롭게 한다는 생각을 가져야 한다. 그리고 나는 사회를 발전시키는 한 명의 선수라는 생각으로 내 사업관과 인생관도 바뀌어 갔다.

이렇게 생각하게 된 이후부터는 지금까지 힘들게 느껴졌던 일들이 조금도 힘들지 않게 되었다. 도리어 힘들게 느껴졌던 것이 일하는 기쁨으로 바뀌었다. 같은 힘든 일을 해도, 지금까지는 힘들지만 장사니까 어쩔 수 없다고 생각했던 것이 이번에는 장사니까 어쩔 수 없다는 생각이 사라졌다. 힘든 일이 기쁘고 소중한 일로 바뀌었다. 그래서 어려운 일에 부딪힐 때마다 새로운 용기가 샘솟아 사업에 매진하게 되었된 것 같다.

《사물을 보는 방식 생각하는 방식(物の見方 考え方)》

걱정이 있기에 공부한다

매일 걱정과 고민이 있기에 공부하고,
새로운 아이디어도 낼 수 있다.

매일 일을 함에 있어서 아무 걱정 없이 순조로울 수만은 없는 것이 본래의 모습이고, 따라서 오히려 이것저것 고민하고 걱정하는 모습이 없어서는 안 된다고 생각한다.

이는 힘들다면 힘들고, 괴롭다면 괴로운 일이다. 그렇지만 어떤 걱정과 고민에도 서로가 놓인 처지와 환경이라는 것이 있는 법이다. 즉 먼저 "간부 사원은 고민이나 불안이 많은 것이 당연하고, 그것이 싫으면 그 직을 그만두면 된다"는 식으로 마음을 먹는다. 그런 다음 "우리는 그런 걱정과 고민이 있기에 공부하는 것이다. 그것이 서로에게 자극이 되고 약이 되어 새로운 아이디어와 뛰어난 제품을 만들어낼 수 있는 것이다."라는 생각으로 그 걱정과 고민을 극복해 나가야 한다. 그런 식으로 간부 사원으로서의 일의 기쁨, 나아가 삶의 보람을 발견해 나가는 자세가 중요하지 않을까 한다.

《사원의 마음가짐(社員心得帖)》

톱니바퀴와 윤활유

기계의 톱니바퀴를 잘 맞물리게 하려면 윤활유가 필요하다.
사람 간에도 예절이라는 윤활유가 필수적이다.

인간은 평등하다는 것이 기본 이념이다. 예절은 그것을 실제 생활에서 드러내기 위한 윤활유 같은 것이다. 아무리 좋은 기계라도 윤활유가 없으면 불꽃이 튀고, 마모되고, 파손되어 버린다. 기계 자체를 못쓰게 되는 것이다. 이와 마찬가지로, 예절이 없으면 인간 자체가 못쓰게 된다.

즉 기계 자체는 평등하다. 큰 톱니바퀴도, 작은 톱니바퀴도 그 가치는 똑같다. 하지만 그것이 잘 맞물려 돌아가게 하려면 윤활유인 예절이나 예의가 필요해진다고 할 수 있다.

그런데 그것을 윤활유라고 생각하지 않고 큰 톱니바퀴와 작은 톱니바퀴를 맞물렸을 때의 차이로 본다는 데에 큰 잘못이 있는 것 같다. "크든 작든 기계는 똑같이 소중하다. 하지만 그것들을 부드럽게 움직이려면 예의라는 윤활유가 필요하다. 예를 들어 선후배 간에 후배는 선배를 어떻게 대해야 하고 선배는 후배를 어떻게 대해야 하는가, 어떤 것이 바람직한 태도인가 하는 것이 윤활유로서의 예의이다." 이런 것을 생각해야 한다.

《하루하루를 새롭게(日々を新たに)》

마음과 형태

정확하게 마음으로 생각한 것이라면
정확하게 형태로 나타나는 법이다.

마쓰시타 씨, 당신은 지금 이번 분기는 100억 엔의 매출을 올리겠다고 하셨는데, 100억 엔이 가능합니까? 이런 불경기에 조금 무책임하신 것 아닙니까?"라고 하기에 나는 이렇게 말했다. "결코 무책임하지 않습니다. 이것은 정확하게 말씀드리는 것입니다. 그렇게 판매하겠다는 계약이 엄밀히 체결되어 있거든요. 말하자면 사회 구성원들 혹은 대리점, 소매점과 그런 계약이 되어 있는 것입니다. 그래서 가장 정확하게 판매해야 하고, 또 가장 정확하게 그만큼을 제조할 의무가 있죠. 이것이 지금 제 마음가짐입니다. 하지만 이 계약은 계약서에 의한 계약이 아닙니다. 마음의 계약입니다. 지금 눈에 보이지 않는 서로가 모두 계약을 맺고 있는 것이죠. 사회 전 구성원이 개별적으로 계약을 맺고 있습니다. 그 계약이 마음으로 보이는 사람과 보이지 않는 사람이 있습니다. 문제는 거기에서 발생합니다. 제가 100억 엔어치를 팔겠다는 것은 그 계약이 잘 보이기 때문입니다. 계약이 있으니까 괜찮다, 팔린다고 생각하고 제조도 할 수 있다고 생각하는 것입니다. 그러니까 문제 없습니다."

정확하게 마음으로 생각한 것은 정확하게 형태로 나타나는 법이라고 나는 생각한다.

《마쓰시타 고노스케 발언집31(松下幸之助発言集31)》

순응하고 동화하는 마음가짐

자신의 배후에 흐르는 큰 힘을 간과하지 말고,
그 안에서 자신을 살리도록 노력해야 한다.

전쟁이 끝날 때까지 나는 늘 사회의 발자취, 일본의 방침, 전통을 생각하고 이에 순응하는 한편, 직원들의 목소리에 귀를 기울이면서 결정해 마쓰시타전기만의 방침으로 삼았다. 따라서, 결정하는 나를 보고 '독단적'이라고 생각했을지 모르지만, 결정하기까지의 마음가짐에는 항상 순응하는 자세가 있었던 것이다. "결코 혼자 판단하지 않는다. 혼자 결정하면 도리어 불안해지고 동요하게 된다. 늘 사회의 흐름에 순응하고, 국가의 전통과 사회 정의의 통념에 근거해서 자기를 살리자." 이런 마음가짐으로 있었다. 그런 마음이 겉으로 드러나 마쓰시타전기가 준수해야 할 7가지 정신 중 하나인 '순응동화의 정신'이 된 것이다.

여러분도 마쓰시타전기를 통해 사회와 연결되어 있으니 이 마음을 잘 간직해 주기 바란다. 꼭 회사 경영에만 국한되는 것이 아니라, 인생을 살아가는 한 이 마음가짐은 중요하다. 사물의 한 면에만 얽매여 그것을 주장하다 보면 그 뒤에 흐르는 큰 힘을 간과하기 쉽다. 그것이 '예상치 못한 실패'로 나타난다. 늘 자기의 배후에 있는 흐름, 관계, 연결을 꿰뚫어 보는 눈과 마음을 기르고, 그 안에서 자신을 살리도록 훈련해야 한다.

《마쓰시타 고노스케 발언집22(松下幸之助発言集22)》

바람직한 발전

달리거나 빠르게 걷지 말고
보통 속도로 꾸준히 나아가자.

———————————————————

일본 경제가 고도성장의 한가운데에 있었던 지금으로부터 십수년 전, 어느 미국인과의 대담 중에 일본의 급속한 성장 자체를 내심 크게 걱정하고 있다는 취지의 말을 한 적이 있다.

당시 일본은 소득 배증 계획[42]에 따라 엄청난 속도로 달리고 있었다. 말하자면 빠른 속도로 달리는 상태였다. 빠른 속도로 달리면 분명 잠깐은 선두에 설 수 있다. 하지만 그렇게 달리기만 하면 곧 숨이 차서 도중에 한숨 돌릴 수밖에 없게 된다. 심하면 심장마비를 일으킬 수도 있다. 개인도, 국가도, 사회도 마찬가지이다. 따라서 달리기는 결코 바람직한 자세가 아니다. 이런 취지의 말을 했다.

그럼 '빠르게 걷기'는 어떨까? 이것은 달리기보다는 오래 할 수 있다. 그러나 오래 지속되더라도 어딘가에 피로가 쌓이는 것은 어쩔 수 없을 것이다. 그렇다면 가장 바람직한 자세는 무엇인가? '보통 속도'이다. 보통 속도로 꾸준히 걸어간다. 그러면 자신과 타인과의 균형을 유지할 여유도 생긴다. 나는 이런 생각을 그 사람에게 말했던 것이다.

《마쓰시타 고노스케 경영어록(松下幸之助 経営語録)》

---

42) 기시 노부스케 내각이 주도하고, 1960년 기시 내각의 통산산업부 장관이자 계획의 추진자였던 이케다 하야토가 총리 취임 후 본격적으로 정책을 추진한 장기 경제 계획. 이듬해인 1961년 4월부터 10년간 실질 국민총생산(GDP)을 26조 엔까지 두 배로 늘리겠다는 목표를 세웠는데, 이후 일본 경제는 계획보다 더 큰 성장을 이뤘다. (역주)

시대를 앞서간다

시대를 따라간다. 더 나아가
시대를 앞서가고, 시대를 만드는 경영을 해라.

시시각각 빠르게 변화하는 오늘날에는 몇 년씩 똑같은 경영을 하는 회사는 낙오되기 쉽다. 따라서 그렇게 시시각각 변화하는 시대에 따라가는 것이 오늘날의 경영법 중 하나일 것이다.

또한 거기서 한 걸음 더 나아가 기업이 시대를 앞서가고, 새로운 시대를 만들어 가는 경영법도 있을 것이다. 이 둘 중 하나는 반드시 해야 한다. 그렇지 않으면 설령 살아남을 수 있다 하더라도 발전은 기대할 수 없지 않을까?

그리고 그 둘 중 지금은 역시 시대를 만들어가는 것이 더 중요하다고 생각한다.

《실천경영철학(実践経営哲学)》

성공할 때까지 계속한다

중간에 그만두면 그것으로 실패다.
성공할 때까지 계속하니까 성공하는 것이다.

성공하기 위해서는 성공할 때까지 계속해야 한다. 중간에 포기해 버리면 그것으로 실패다. 따라서 아무리 문제가 발생해도 차근차근 궁리해서 그것들을 해결해 나가면 된다. 이것을 좌절하지 말고 반복한다. 절대 포기하지 않는다. 성공할 때까지 계속한다. 그러면 이윽고 반드시 성공하게 된다.

장사라는 것, 경영이라는 것은 본디 그런 것이 아닐까? 그래야만 진정한 장사, 진정한 경영이라고 할 수 있지 않을까? 한두 번 실패했다고 해서 포기하고 다른 곳에서 길을 찾는다면 진정한 경영이 될 수 없다. 어떤 상황이 벌어지든, 어떤 곤경에 처하든 좌절하지 말고 대처하고, 해결의 길을 찾으려는 노력을 거듭하여 더 나은 모습을 실현해 나가는 것이 경영이라는 것 아닐까?

《사람을 활용하는 경영(人を活かす経営)》

해야 할 일을 한다

오로지 해야 할 일을 한다.
사심을 버리고, 해야 할 일을 한다.

히데요시는 가장 멀리 떨어진 곳에서 난적과 전쟁을 벌이고 있었으나, 노부나가가 패배했다는 소식을 듣자 즉시 적과 화해하고, 부랴부랴 돌아와 불굴대천의 주군의 원수를 단숨에 무찔렀다. 이는 당시의 도덕에 충실하게 따른 모습이었다고 할 수 있지 않을까? 이 히데요시의 행동에 대해서는 후세의 역사가들도 여러 의견을 가지고 있을 것이다. 히데요시가 자신이 천하를 얻을 기회가 온 것에 기뻐하며 돌아왔다는 견해 등 다양할 것이다. 그러나 히데요시는 그런 타산에서가 아니라 "이건 응당 해야 할 일이다. 이렇게 하는 것이 마땅하다."라는 생각으로 서둘러 돌아왔을 것이다. 그래서 노부나가의 원수를 갚을 수 있었고, 자연스럽게 그 공적도 인정받게 된 것이라고 생각한다.

천하를 얻겠다는 야심이 앞섰다면 그렇게 잘 풀릴 수 없었을 것이다. 자신의 이익을 초월하여 오로지 해야 할 일을 한 것이고, 해야만 하는 일을 한 것이라고 생각한다. 그리고 그런 사심을 떠난 태도와 행동은 솔직한 마음이 아니면 나올 수 없을 것이다.

《솔직한 마음이 되기 위해(素直な心になるために)》

길은 무한히 열려 있다

스스로 개척하겠다는 열정으로 가득 차서 마음으로 사물을 바라보고
배우는 사람에게 길은 무한히 열려 있다.

발명왕 에디슨은 초등학교에서는 선생님에게 열등생으로 찍혀 3개월 만에 퇴학당한다. 그러니까 학교에서는 공부다운 공부는 하지 못한 것이다.

하지만 에디슨은 어려서부터 사물에 대한 연구 의욕이 매우 왕성했다. 즉 자연 현상이나 세상의 일을 아무 생각 없이 보지 않았다. 모든 것에 "왜?"라는 의문을 가졌다.

때로는 새를 잡아와서 어떻게 하늘을 날 수 있는지 날개의 구조를 열심히 관찰했다. 또 어떤 때는 멈춰 있는 증기기관차의 밑으로 기어들어가 기름 범벅이 되면서 기계의 구조를 관찰하다 운전사에게 크게 혼났다고 한다. 그 정도로 열정적이었던 것이다.

바로 거기에 수많은 발명품을 낳은 근본이 있었던 것이다. 소위 학문상의 선생님은 없었을지라도 자연의 사물 속에서 자신의 선생님을 발견했다.

다시 말해서, 스스로 개척하고자 하는 열정으로 가득 차서 마음으로 사물을 보고, 거기에서 배우려고 한다면 길은 무한히 열려 있다. 마음가짐에 따라 훌륭한 스승은 수없이 많다는 것이다.

《인생담의(人生談義)》

올바른 투쟁심을 갖는다

올바른 투쟁심과 경쟁심이 없으면
사업의 성공과 개인의 발전은 절대 기대할 수 없다.

우리 회사가 준수해야 할 정신 중에 '역투향상(力鬪向上)'[43]이라는 것이 있다. 회사의 발전도, 개개인의 성공도 이 정신 없이는 있을 수 없다. 사업을 하는 것도, 장사를 하는 것도 그 자체가 진지한 싸움인 이상, 반드시 이기겠다는 정신이 왕성하지 않으면 결국 패자가 될 수밖에 없다. 단, 그 싸움은 정정당당해야 한다. 남을 깔아뭉개고 상처 입혀서 자기 혼자 독차지하려는 정신과 행동은 처음부터 배제해야 하며, 어디까지나 올바른 투쟁이어야 하는 것은 물론이다.

좋은 의미에서의 투쟁심과 올바른 의미에서의 경쟁심이 없으면 사업의 성공도 개인의 발전도 절대 기대할 수 없다. 이런 정신이 없는 사람은 결국 열정이 없는 사람이고, 일을 발전시키는 데 도움이 되지 않는 사람이다.

다행히 마쓰시타전기의 사람들은 이런 정신이 전통적으로 왕성했다는 것이 오늘날을 이룰 수 있었던 큰 요인이었다고 생각한다. 그러니 앞으로도 여러분은 이 올바른 투쟁심을 끝까지 간직하고 날마다 업무에 임해 주시기를 희망하는 바이다.

《마쓰시타 고노스케 발언집29 (松下幸之助発言集29)》

---

43) 마쓰시타 고노스케가 마쓰시타전기의 전 직원이 따라야 할 기본 지침으로 정한 7가지 정신 중 하나. 7가지 정신이란 산업보국의 정신, 공명정대의 정신, 화친일치의 정신, 역투향상의 정신, 예절겸손의 정신, 순응동화의 정신, 감사보은의 정신. (역주)

사업가의 사명

물자의 꾸준한 생산이
사회 전체의 부를 증가시키고, 번영의 원동력이 된다.

사업가의 사명은 가난의 극복이다. 사회 전체를 가난에서 구제해 풍요롭게 하는 데에 있다. 장사나 생산은 상점이나 제작소를 번영시키는 것이 아니라 그 작용과 활동을 통해 사회를 풍요롭게 만드는 데에 그 목적이 있다. 사회가 풍요로워지는 원동력으로서 그 상점, 그 제작소의 작용과 활동을 필요로 하는 것이다. 그 상점이나 제작소의 번성과 번영은 그런 의미에서만 용납된다. 상점이나 제작소의 번영은 어디까지나 부차적인 것이다.

그렇다면 가난을 극복하고 부를 증대시킨다는 사업가의 사명은 무엇으로 이루어야 하는가? 그것은 말할 것도 없이 물자의 꾸준한 생산을 통해 이룰 수 있다.

《나의 가는 방식 사고방식(私の行き方 考え方)》

몸도 풍요롭게
마음도 풍요롭게

몸도 풍요롭고 마음도 풍요로운 상태가 되어야만
인간에게 진정한 행복이 찾아온다.

"사람은 빵만으로는 살 수 없다"라는 말이 있듯이, 사람은 물질만으로는 행복해질 수 없다. 아무리 물질적으로 풍요로워도 마음의 평안, 다시 말해 심적으로 충족되지 못하면 결코 행복해질 수 없다. 그렇기 때문에 예로부터 마음의 근심을 덜어주고 마음의 평화를 가져다주는 종교를 비롯한 정신적 인도라는 것이 인간의 삶에 필수적인 요소일 터이다.

그러나 빵 없이 살 수 없다는 것, 즉 물질적 풍요가 매우 중요한 것도 사실이다. 결국 몸과 마음의 풍요로움, 즉 몸도 풍요롭고 마음도 풍요로운 상태가 되어야 비로소 진정한 행복이 찾아온다.

그러므로 정신적인 풍요로움을 만들어내는 게 종교라고 한다면, 그것과 함께 물질적인 풍요로움을 만들어내고 이 세상에서 가난을 없애기 위한 활동이 바로 물자의 생산이라고 할 수 있을 것이다. 물자의 생산은 그만큼 가치가 있으며, 그런 만큼 그것에 종사하는 기업의 사회적 책임은 막중하다.

《[복각판]기업의 사회적 책임이란 무엇인가?
([復刻版]企業の社會的責任とは何か?)》

울지 않으면 그것 또한 좋다

뭔가에 집착하면 잘 되지 않는다.
자연에 순응하며 살아라.

무슨 일이든 순응하지 않고 무언가에 집착하면 잘 되지 않는다.

흔히 노부나가는 "두견새가 울지 않으면 죽여 버려라", 히데요시는 "두견새가 울지 않으면 울게 만들어라", 이에야스는 "두견새가 울지 않으면 울 때까지 기다려라"라고들 한다. 세 사람이 한 말인지, 아니면 후세 사람들이 세 사람의 특징을 극적으로 표현하기 위해 지어낸 말인지는 모르겠지만, 각각 두견새가 울 것을 기대하니까 나온 말이다. 즉 두견새가 운다는 것에 모두 집착하고 있는 것이지.

나는 무슨 일이든 무언가에 집착하면 잘 될 수 없다고 생각한다. 그러니까 나라면 이런 태도로 있고 싶다. "두견새가 울지 않으면 그것 또한 좋다" 즉 자연에 순응하자는 것이다. 퍽 어려운 일이지만 말이다.

《인생담의(人生談義)》

자연의 섭리에 따르는 것

자연의 섭리를 거스르기란 불가능하다.
자연의 섭리에 따르면 반드시 이루어진다.

분명 사람에게 불가능한 일도 많이 있다. 불가능이란 것이 어떤 의미냐 하면, 소위 자연의 섭리를 거스르는 것이 불가능이다. 가령 사람은 반드시 나이를 먹고, 이는 자연의 섭리이다. 따라서 그 섭리를 거슬러 늙지 않기를 바란다고 해도 그것은 절대 불가능하다.

그러나 이는 반대로 말하면 자연의 섭리에 따른다면 모두 가능하다는 뜻이다. 즉 건강이든 인간관계나 장사든 자연의 섭리에 따르다 보면 반드시 이루어진다.

《인생의 마음가짐(人生心得帖)》

때에 따른다

시시각각 변화하는 시대에 맞게 생각한다.
지키는 데만 급급하면 시대에 뒤처진다.

막부 말기의 일화인데, 유신 지사 중 한 명인 사카모토 료마는 자주 사이고 다카모리[44]와 대화를 나눴다. 그런데 이 사카모토 료마의 의견은 만날 때마다 바뀌었다. 그래서 대화를 나눠도 사이고 다카모리가 그에게서 받는 인상은 매번 달랐다. 어느 날, 사이고가 "자네는 그제 만났을 때와 오늘 하는 말이 또 다르군. 이러면 자네의 말을 신뢰할 수 없네. 천하의 인재로서 믿을 수 있는 사람에게는 확고한 신념이 있어야 해."라며 비난했다.

그러자 사카모토 료마는 "그렇지 않습니다. 공자는 '군자는 때에 따른다'라고 했습니다. 때는 시시각각 변하고, 사회 정세는 하루가 다르게 바뀌고 있습니다. 그러니 어제 옳았던 것이 오늘 틀린 것은 당연하지요. 이 때에 따르는 것, 이것이 군자의 도입니다. 사이고 씨, 당신은 한 번 생각한 것은 끝까지 그것을 지키는 경향이 있지요. 하지만 그러면 장차 반드시 시대에 뒤처지게 됩니다."라고 대답했다.

《마쓰시타 고노스케의 철학(松下幸之助の哲学)》

---

44) 막부 말에서 메이지 초기에 활약한 일본의 정치가, 군인. 1828~1877. (역주)

시대에 맞추어 고친다

훌륭한 이념을 가졌다고 성공하는 것은 아니다.
시대에 맞춰 고쳐 나갈 필요가 있다.

긴 역사와 전통을 가진 '노포'도 경영난에 빠질 때가 있다. 그런 곳은 올바른 경영 이념을 갖고 있지 않느냐 하면, 결코 그렇지 않다. 오히려 어디에도 뒤지지 않는 창업 이래의 훌륭한 경영 이념이 뚜렷하게 존재한다. 그런 것을 가지고 있으면서도 그것을 실제로 적용하는 방침이나 방식이 지금 시대와 맞지 않았던 것이다. 옛날에 통했던 오래된 방식을 10년을 하루같이 고수하는 경우도 적지 않다. 물론 옛날 방식이라도 좋은 것은 그대로 지켜나가면 되지만, 역시 시대와 함께 고칠 것은 하나하나 고쳐 나가야 한다.

예를 들어 종교를 생각해 봐도 알 수 있다. 매우 위대한 창시자나 시조라고 불리는 사람들이 설파한 가르침은 본질적으로 어느 시대에나 통용되는 매우 훌륭한 것이 많다. 그러나 그 오래전에 썼던 표현을 오늘날에도 쓴다면 많은 사람들에게 쉽게 받아들여지지 않을 것이다. 그 훌륭한 가르침을 요즘 시대에 맞춰서 설파해야 비로소 사람들에게 널리 받아들여질 수 있다.

《실천경영철학(実践経営哲学)》

신용은
하루아침에 무너진다

오랜 기간 동안 쌓아 올린 신용도 하루아침에 무너진다.
실력을 길러라. 제대로 일하라.

더 이상 간판으로 먹고살 수 있는 시대는 아니다. 실력 없는 가게, 제대로 일하지 못하는 가게는 아무리 훌륭한 간판을 달고 있어도 유지될 수 없다. 그것이 새로운 요즘 시대의 모습이라고 할 수 있을 것이다.

과거의 신용도 물론 중요하다. 그러나 오랜 기간에 걸쳐서 착실하게 쌓아 올린 신용도 무너질 때는 하루아침에 무너진다. 1년을 들여 지은 건물도 사흘이면 무너지는 것과 같다.

따라서 과거의 신용과 간판만 가지고 장사할 수 있다고 생각하면 안 된다.

《경영의 마음가짐(経営心得帖)》

비관할 것 없다

내가 얼마나 축복받은 존재인지 깨닫고
어려움 속에서도 비관하지 말고 일하라.

곤경에 빠지더라도 비관하면 안 된다. 나는 재산이 한 순간에 없어졌던 적이 있다.[45] 게다가 막대한 개인 부채까지 생겼다. 하지만 "그래도 죽은 사람보다는 낫다, 총에 맞아 죽은 사람도 많다"라고 생각하니 감사한 마음이 들었고, 그러자 비관할 것도 없었다. 그래서 기쁜 마음으로 이 어려움을 극복해 나가자는 생각으로 지금껏 해왔다.

보통이라면 목을 매야 할 정도로 힘든 상황이었다. 하지만 목을 매지 않은 것은 더 불행한 사람이 있다는 것을 깨닫고, "나는 축복받았다. 이렇게 축복받은 나는 행복한 사람이다."라는 생각을 했기 때문이다. 그래서 비관하지 않고 열심히 일한 것이 성공으로 이어졌던 것 같다.

《사장이 될 사람들이 알아 두어야 할 것
(社長になる人に知っておいてほしいこと)》

---

45) 태평양전쟁 종전 후의 일.

멈추지 않는다

인간 사회가 본질적으로 멈추는 일은 없다.
이런 신념을 기본적으로 가질 필요가 있다.

　나는 이 인간 사회가 본질적으로 멈추지 않을 거라고 생각한다. 즉 오랜 옛날부터 인류는 수백만년 동안 살면서 점점 발전해 왔다. 결코 멈추고 끝나는 일은 없었다. 그러므로 앞으로도 지금처럼 여러 가지 현실적 문제에 부딪히고 어려움이 있을지라도 결국은 각자 길을 찾아 나아갈 것이라고 믿는다.

　물론 실제로는 결코 쉽지 않겠지만, 적어도 경영자로서 격동의 시대에 대처해 나가려면 그런 신념을 기본적으로 가질 필요가 있지 않을까 하는 생각이 든다.

《경영의 비결이 여기에 있다는 것을 깨달은 가치는 100만 냥
(経営のコツここなりと気づいた価値は百万両)》

신념이 있으면

확고한 신념을 가지고, 소신을 관철하고,
담담히 처세의 길을 걸어가라.

확고한 신념이 있으면 마음의 동요도 없어질 것이고, 자신의 소신도 관철할 수 있다. 크게 성공해도 별로 놀라지 않고, 크게 실패해도 놀라지 않는다. 늘 담담히 큰길을 가듯이 처세의 길을 걸어갈 수 있다.

반면 그러한 신념이 없다면 조금만 좋은 일이 있으면 들떠서 기뻐하고, 반대로 조금만 나쁜 일이 있으면 비관하고 낙담하는 식으로 마음이 동요하지 않겠는가? 혹은 자신의 실패는 제쳐 두고 남을 시기할 것이다. 그런 사람에게서 결코 적극적인 태도는 나오지 않는다. 참으로 비생산적이고 속 좁은 자세밖에 나오지 않을 것이다.

《왜(なぜ)》

천마가 하늘을 달리듯이

지금 나는 운이 좋다.
지금부터 분명 잘될 것이다.

연말 NHK 홍백가합전에 심사위원으로 참석했어요. 우리는 TV를 팔아 먹고 사는 입장이니 부탁을 받으면 거절할 수가 없잖아요……. 보셨어요? 제 표정이 아주 엄숙했죠. 스포트라이트를 받으면 우스운 표정도 지을 수 없고, 역시 의식하게 되잖아요. 어찌나 피곤하던지. 12시 15분 전에 끝났는데, 마지막 비행기 편까지 20분밖에 남지 않았죠. 제시간에 도착할 수 있을지 알 수 없는 상황이었는데, NHK의 배려로 제시간에 도착할 수 있었습니다.

비행기가 뜨고 나서 문득 정신을 차리고 보니, 쇼와 41년 오년[46] 설날 새벽에 나를 태운 비행기가 하늘을 날고 있었습니다. "천마가 하늘을 달리듯이"라는 표현이 있죠. "오년에 태어난 내가 지금 하늘을 날고 있지 않은가! 이 얼마나 기막힌 우연인가!"라는 생각에 기분이 좋아졌습니다. 경제계가 아직 불황에 허덕이고 있는 가운데, 우리 회사는 실제로 천마가 하늘을 달리듯이 훨훨 날았더랬죠.

《길은 내일에(道は明日に)》

---

46) 1966년·오년(午年). (역주)

인생을 만들기 위한 금언 노트

12월분을 읽은 후, '어떤 말과 문장이 마음에 가장 와닿았나?',
'그것은 왜인가?', '앞으로 행동에 어떻게 살릴 것인가?'
이 세 가지를 자문자답하고, 간결하게 정리해 봅시다.

_____________ 년   월   일

_____________ 년   월   일

_____________ 년   월   일

저자소개

마쓰시타 고노스케

1894년 와카야마현 출생. 9세에 홀로 오사카로 나가 화로가게와 자전거가게에서 일한 뒤, 오사카덴토(현 간사이전력)에서 근무. 22세에 독립하여 1918년에 마쓰시타전기기구제작소(현 파나소닉)을 창업, '개량 어태치먼트 플러그', '2구용 삽입 플러그', '포탄형 전지식 자전거 램프' 등 실용적이고 창의적인 상품을 차례차례 개발하여 히트시킨다. 또한 독자적 판매망을 구축하고 내셔널 램프 외 다리미, 라디오 세트 등의 상품 개발과 판로 개척에 주력했다. 동시에 인재 육성에도 힘썼는데, "물건을 만들기 전에 사람을 만든다"라는 말을 한 것은 1920년대 후반이었다.

그 후 사업의 성장과 더불어 '기업은 사회의 공기(公器)'라는 사업관을 함양, 확립한다. 1932년에 제1회 창업기념식을 거행하면서 '산업인의 진짜 사명'을 천명하고, 이 해를 '명지 원년(命知元年)'으로 정했다. 이듬해인 1933년에는 타사보다 먼저 사업부제를 도입하고, 이를 분사제(分社制)로 발전시켜 사업을 힘차게 추진했다. 그러나 점차 전쟁의 기운이 짙어가는 분위기 속에서 군수품 생산을 강요당하면서 뜻대로 사업을 전개하기가 어려워졌다. 종전 후, 연합군 최고사령부에 의해 재벌가로 지정되는 등 7가지 제재에 발이 묶여 물질적으로, 정신적으로 궁지에 몰리지만 1946년, "번영에 의해 평화와 행복을"이라는 생각에서 PHP연구소를 설립하고 PHP활동을 시작한다. 어렵고 고통스러운 시기를 보내야 했지만, 1949년 후반에는 7가지 제재가 거의 풀려 자유롭게 경제 활동을 할 수 있게 되었다.

부흥기에 직원들에게 '다시 개업'이라는 결의를 보여준 고노스케는 1951년, 유럽과 미국으로 첫 시찰에 나선다. 미국 기업들의 풍요로운 모습을 목격하고 기술 혁신의 필요성을 통감한 그는 이듬해인 1952년에 네덜란드의 필립스사와 기술제휴를 맺고, 합병회사(마쓰시타전기공업)을 설립한다. 필립스사와의 제휴는 기술의 비약적 발전을 가져왔고, 이후 발전의 원동력이 되었다. 1961년에 사장직을 퇴임하고 회장에 취임. 1964년에 개최된 도쿄올림픽 이후 일본 경제가 불황에 빠지는 가운데 영업본부장대행으로서 현장에 복귀, 판매제도를 개혁하여 경영위기를 극복했다. 1979년, 차세대 리더를 양성하는 마쓰시타 전경숙을 설립. PHP연구소에서 출판 및 제언 활동을 시작하고, 일본의 번영에 공헌하고자 온힘을 쏟았다. 1989년, 94세로 생애의 막을 내렸다.

역자소개

김진희

홍익대학교 경영학과 졸업. 일본에서 한일통번역 전공하던 중 <제7회 시즈오카국제번역콩쿨> 한국어 부문 장려상을 수상했다. 귀국 후 방송국에서 통번역 업무를 하다가 이후 전문 번역가로서 다양한 분야의 번역을 하고 있다. 주요 번역서로 <<210번관에 어서 오세요>> 등이 있다.

droo79@hanmail.net

부기·출전 내용 일람

본서 편집에 있어 다음과 같은 점에 유의하였습니다.

↳ 본문 표기는 각 출전의 최신 발행판을 중시하면서 통일을 기하였습니다. 또한 독자의 편의 등을 고려해서 중략하는 등 최소한의 필요한 조치를 하였습니다.

↳ 본문에 나오는 기업명 및 개인명 등은 출전에 따랐으며, 필요에 따라 주석을 달았습니다. 예를 들어 마쓰시타 고노스케가 창업한 '마쓰시타전기산업 주식회사' 및 각 그룹은 2008년 10월 1일에 '파나소닉 주식회사' 등으로 사명이 변경되었으나 본서에서는 각각 출전에 따라 그대로 수록하였습니다.

↳ 발췌·수록한 총 366항의 각 출전의 서명은 본문 중에 명기했으나, 각각의 내용에 대해서는 발간년도가 오래된 순으로 아래에 정리하였습니다. 또한 참고로 본서에 게재되어 있는 날짜도 병기하였습니다.

✿서적

《PHP의 말(PHPのことば)》

[단행본·단행본 개정판(모두 PHP연구소)]

진정한 번영, 평화, 행복으로 가득한 사회를 실현시키는 길은? 본서는 그 생각을 정리한 PHP연구의 원점이라고 할 수 있는 책이다. 개정판에는 〈제1차 연구 목표 10〉을 수록했다. 단행본은 1953년에 코초쇼린(甲鳥書林)에서 동시 출판.

▶11월 13일

《나의 가는 방식 사고방식(私の行き方　考え方)》

[단행본(실업지일본사)·문고(PHP연구소)]

자신의 출생, 뎃치 시절, 창업기…… 1933년까지 있었던 다양한 에피소드를 곁들여 사업 성공의 비결을 이야기하는 반생의 기록. 1954년 코초쇼린 출간, 1959년 의식주출판 간행을 거쳐 1962년 실업지일본사 출간.

▶12월 21일

《일의 꿈 삶의 꿈(仕事の夢　暮らしの夢)》

[단행본(실업지일본사)·문고(PHP연구소)]

9세에 오사카로 일을 하러 간 이래로 배운 일의 비결, 사람을 쓰는 비결 등을 에피소드를 곁들여서 이야기한다.

▶1월 1일 / 1월 5일 / 2월 17일 / 6월 18일 / 6월 20일 / 6월 27일 / 7월 26일 / 8월 10일 / 8월 12일 / 8월 14일 / 9월 1일 / 10월 11일 / 10월 20일 / 11월 3일

《사물을 보는 방식 생각하는 방식(物の見方 考え方)》

[단행본(실업지일본사)·문고(PHP연구소)·신장복각판(실업지일본사)]

사업 경영에서 얻은 사물을 보는 방식과 생각하는 방식을 소개하면서 경영과 인생의 묘미를 이야기한다.

▶2월 12일 / 2월 25일 / 5월 13일 / 7월 3일 / 7월 31일 / 8월 26일 / 12월 10일

《날마다 새롭게(日に新た)》

[단행본(PHP연구소). 구타이틀은 《세월과 함께(月日とともに)》(마쓰시타전기산업)]

매달 사원들에게 주는 월급봉투에 동봉했던 리플릿의 글귀를 정리해서 제작한 책.

▶3월 28일 / 6월 15일

《경영의 가치 인생의 묘미(経営の価値　人生の妙味)》

[단행본<구타이틀 《다 같이 생각하자(みんなで考えよう)》>(실업지일본사)·문고(PHP연구소)]

종전 후 약 20년에 걸쳐 전기를 맞은 일본. 일본인의 특징과 전통을 서로 생각하며 살릴 것을 제언한 책.

▶5월 31일

《번영을 위한 생각(繁栄のための考え方)》

[단행본(실업지일본사)·문고(PHP연구소)]

번영을 가져오기 위한 생각, 즉 만인의 행복을 만들어내고 이익을 만들어내는 생각을 세상에 묻는다.

▶8월 23일

《왜(なぜ)》

[단행본·문고(모두 문예춘추)]

당시(1965년대) 세상의 문제점을 지적하고, 그것을 어떻게 생각하고 대처해야 하는지를 말한 책.

▶2월 1일 / 2월 6일 / 2월 9일 / 3월 30일 / 4월 28일 / 6월 24일 / 9월 25일 / 10월 30일 / 12월 30일

《젊음에 보내다(若さに贈る)》

[신서(고단샤)·문고·신서(PHP연구소)]

앞으로 세상에 나올 젊은이들에게 자신의 경험에서 나온 공감을 담아 응원하는 책.

▶1월 2일 / 1월 3일 / 2월 3일 / 4월 13일 / 7월 17일 / 9월 7일 / 11월 23일 / 12월 6일

《길을 열다(道をひらく)》

[단행본(실업지일본사)·단행본 개정판(PHP연구소)]

인생에 대한 깊은 통찰을 바탕으로 써내려간 단편 수필집. 발행부수 530만부 이상의 롱셀러&베스트셀러.

▶2월 18일 / 3월 1일 / 3월 11일 / 3월 21일 / 4월 9일 / 4월 10일 / 5월 11일 / 5월 30일 / 6월 26일 / 6월 29일 / 11월 6일 / 11월 16일 / 12월 1일 / 12월 2일 / 12월 3일

《하루하루를 새롭게(日々を新たに)》

[공저, 단행본(문예춘추)]

후지시마 다이스케(藤島泰輔)와의 대담록. 일, 인생, 정치, 경제 등 다양한 주제로 대화를 나눈다.

▶12월 12일

《생각하는 대로(思うまま)》

[단행본·문고·신장판(모두 PHP연구소)]

일상의 순간순간에 대한 느낌이나 인생, 사회, 일에 대한 생각 240여편을 모은 수상록.

▶2월 19일 / 3월 20일 / 3월 25일 / 4월 23일 / 7월 8일 / 9월 23일 / 11월 29일

《그 마음가짐이 좋다(その心意気やよし)》

[단행본·문고(모두 PHP연구소)]

인간으로서, 또 사회인으로서의 마음가짐을 이야기하는 직장인이 꼭 읽어야 할 46편의 수상록.

▶1월 20일 / 1월 21일 / 1월 26일 / 1월 28일 / 2월 16일 / 4월 14일 / 5월 5일 / 5월 8일

《사람을 생각하다(人間を考える)》

[단행본·단행본 증보개정판·문고·신서(모두 PHP연구소)]

"인간이란 무엇인가, 어떻게 살아야 하는가"를 다시 묻는 마쓰시타 고노스케가 당도한 궁극의 철학서.

▶11월 22일

《장사의 마음가짐(商売心得帖)》

[단행본·문고·신서(모두 PHP연구소, 신서는 《경영의 마음가짐》과의 합본)]

사업에 매진한 반세기, 풍부한 경험과 깊은 사색에서 장사의 비결, 일의 기본을 말한 책.

▶3월 18일 / 4월 27일 / 5월 4일 / 5월 20일 / 5월 22일 / 5월 23일 / 6월 5일 / 6월 21일 / 6월 22일 / 6월 25일 / 8월 9일 / 8월 16일 / 9월 18일 / 10월 8일 / 10월 19일 / 10월 23일 / 10월 24일

《경영의 마음가짐(経営心得帖)》

[단행본·문고·신서(모두 PHP연구소, 신서는 《장사의 마음가짐》과의 합본)]

격동하는 경영 환경에서도 늘 사업을 확장시켜 나가는 경영자의 사명과 경영의 진수를 말한다.

▶1월 15일 / 1월 29일 / 4월 16일 / 5월 17일 / 6월 4일 / 8월 30일 / 12월 27일

《사원가업(社員稼業)》

[단행본·문고·신장판·신서(모두 PHP연구소)]

사원 한 사람 한 사람이 경영자적 입장에서 생각하고 일하는 '사원가업'의 사고방식을 제언한 책.

▶1월 17일 / 1월 19일 / 2월 22일 / 2월 24일 / 3월 5일 / 3월 13일 / 4월 1일 / 4월 21일 / 5월 10일 / 5월 14일 / 6월 1일 / 8월 28일 / 10월 2일

《길은 내일에(道は明日に)》

[단행본(마이니치신문사)]

《선데이 마이니치》지에 연재된 것을 정리한 책. 반생의 추억을 말한다.

▶10월 26일 / 10월 31일 / 11월 30일 / 12월 31일

《길은 무한하다(道は無限にある)》

[단행본·문고·신장판(모두 PHP연구소)]

늘 새로운 것을 도입하고, 꾸준히 더 나은 지혜를 낳기 위한 지침서.

▶2월 26일 / 3월 31일 / 4월 5일 / 4월 29일 / 5월 27일 / 6월 14일 / 7월 12일

《젊은 당신들에게 전하고 싶다(若い君たちに伝えたい)》

[단행본(고단샤)]

젊은이의 불굴의 정신이야말로 혼란한 세상을 개척하는 힘이라고 말하는 청년을 위한 책.

▶4월 20일 / 10월 27일 / 11월 20일

《위기 일본을 향한 나의 호소(危機日本への私の訴え)》

[단행본(PHP연구소)]

1975년도에 했던 강연 중에서 9편을 발췌해서 정리한 것.

▶1월 24일 / 2월 7일 / 10월 12일

《지도자의 조건(指導者の条件)》

[단행본·문고·신장판·신서(모두 PHP연구소)]

동서고금의 정치가, 무장 등의 예를 들면서 구체적으로 설명하는 지도자의 마음가짐 102개조.

▶3월 22일 / 4월 18일 / 4월 26일 / 7월 18일 / 7월 20일 / 7월 22일 / 7월 27일 / 7월 30일 / 8월 4일 / 9월 14일 / 9월 15일 / 10월 29일

《솔직한 마음이 되기 위해(素直な心になるために)》

마쓰시타 고노스케가 평생 추구했던 '솔직한 마음'. 사물의 실체를 파악하고, 강하고 바르고 총명한 인생의 발걸음을 가능케 하는 마음을 서로 길러 모두의 행복을 실현하기 위한 처방전.

▶2월 14일 / 2월 15일 / 3월 6일 / 3월 7일 / 3월 8일 / 3월 9일 / 3월 10일 / 4월 15일 / 11월 19일 / 12월 18일

《경제담의(経済談義)》

요미우리신문에 〈경제담의〉라는 제목으로 1973년 6월부터 1976년 5월까지 연재된 것을 정리한 책.

▶2월 4일 / 3월 15일 / 4월 6일 / 4월 8일 / 5월 21일 / 6월 11일 / 9월 4일 / 9월 21일 / 10월 5일 / 10월 10일

《나의 경영을 말하다(わが経営を語る)》

전쟁 직후 부흥기에서 고도성장기까지의 격동과 파란의 시대에 마쓰시타전기 사원들에게 뜨겁게 말했던 신념과 열정의 말.

▶6월 12일 / 10월 14일

《사업은 사람이다(事業は人なり)》

복잡하고도 변화무쌍한 사람의 마음을 이해하고, 그 사람을 기르고 활용하기 위한 사고방식을 말한 책.

▶6월 9일 / 6월 23일 / 7월 1일 / 7월 4일 / 7월 9일 / 7월 14일 / 7월 15일 / 7월 21일 / 7월 23일 / 7월 24일 / 8월 7일 / 9월 5일 / 9월 17일 / 9월 19일 / 11월 9일

《인간으로서의 성공(人間としての成功)》

"인간은 어떻게 살아야 하는가"에 대해 자신의 경험과 식견을 바탕으로 생각하고 느낀 것을 정리한 책.

▶1월 18일 / 2월 13일 / 4월 12일 / 10월 18일 / 12월 5일

《속편·길을 열다(続·道をひらく)》

[단행본(PHP연구소)]

일본과 일본인의 미래에 대한 생각을 진지하게 이야기한 116편의 단편 수필집.

▶2월 8일 / 2월 10일

《실천경영철학(実践経営哲学)》

[단행본·문고·신서(모두 PHP연구소,
신서는 《경영의 비결이 여기에 있다는 것을 깨달은 가치는 100만 냥》과의 합본)]

수많은 어려움과 경험 속에서 정립된 독자적 경영관과 경영철학. 마쓰시타 경영의 진수가 담긴 책.

▶1월 4일 / 7월 10일 / 8월 3일 / 8월 13일 / 8월 21일 / 9월 6일 / 9월 9일 / 9월 10일 / 9월 22일 / 9월 27일 / 9월 28일 / 10월 16일 / 10월 22일 / 10월 25일 / 10월 28일 / 11월 24일 / 11월 25일 / 11월 26일 / 12월 16일 / 12월 26일

《결단의 경영(決断の経営)》

[단행본·문고·신장판(모두 PHP연구소)]

독립창업, 사업부제의 채용, 아타미 회담, 주5일 근무제 도입……. 경영의 요소요소에서 어떻게 고민하고 결단했는지를 밝힌 책.

▶7월 7일

《사람을 활용하는 경영(人を活かす経営)》

[단행본·문고·신장판·신서(모두 PHP연구소)]

'신뢰', '설득', '사람', '성찰', '신념'이라는 주제로 상세히 설명한 실천경영서.

▶2월 20일 / 3월 3일 / 3월 4일 / 7월 28일 / 8월 5일 / 8월 8일 / 8월 22일 / 9월 24일 / 11월 2일 / 11월 7일 / 12월 8일 / 12월 17일

《미일·경영자의 발상(日米·経営者の発想)》

[공저, 단행본(PHP연구소)]

미국의 대표적인 경영자인 뱅크오프아메리카의 루이스 런드보그 전 회장과 함께 경영관, 사회관, 인생관에 대한 동일한 질문에 각각의 입장에서 대답한다.

▶8월 1일 / 8월 25일 / 9월 29일

《경영의 비결이 여기에 있다는 것을 깨달은 가치는 100만 냥
(経営のコツここなりと気づいた価値は百万両)》

[단행본·문고·신서(모두 PHP연구소, 신서는 《실천경영철학》과의 합본)]

어떤 것에든 '비결'이 있다. 비결만 알면 일은 놀랄 만큼 순조롭게 진행되지만, 이는 배울는 것이 아니라 '깨닫는' 것이다. 자신의 경험을 통해 이러한 생각을 말한 경영자들에게 보내는 메시지.

▶1월 22일 / 6월 3일 / 6월 19일 / 6월 28일 / 7월 11일 / 7월 19일 / 8월 31일 / 9월 2일 / 9월 3일 / 9월 11일 / 9월 16일 / 9월 26일 / 10월 13일 / 12월 9일 / 12월 29일

《리더를 꿈꾸는 당신에게—마쓰시타 정경숙 숙장 강의록
(リーダーを志す君へ—松下政経塾　塾長講話録)》

[단행본<구타이틀《마쓰시타정경숙 숙장강의록(松下政経塾　塾長講話録)》>·문고(모두 PHP연구소)]

10년간의 숙고 끝에 창설한 사숙에서 직접 강사가 되어 학생들에게 했던 열띤 말들.

▶1월 9일

《사원의 마음가짐(社員心得帖)》

[단행본·문고·신서(모두 PHP연구소, 신서는 《인생의 마음가짐》과의 합본)]

기업 조직에서 살아갈 사람에게는 어떤 마음가짐이 필요한가? 신입 사원에서 중견, 간부까지 사원으로서 일하는 기쁨과 보람을 음미하고, 자신의 능력을 높이기 위해 무엇을 해야 하는지를 말한 자기계발서.

▶1월 11일 / 1월 16일 / 2월 2일 / 3월 17일 / 4월 25일 / 5월 1일 / 5월 3일 / 5월 6일 / 6월 13일 / 7월 2일 / 7월 25일 / 7월 29일 / 8월 6일 / 11월 8일 / 11월 11일 / 11월 17일 / 12월 11일

《마쓰시타 고노스케 경영어록(松下幸之助　経営語録)》

[단행본·문고(모두 PHP연구소)]

리더와 경영자가 반드시 명심해야 할 경영의 요체를 간결하게 요약.

▶1월 14일 / 5월 18일 / 6월 16일 / 8월 20일 / 8월 24일 / 8월 29일 / 9월 13일 / 9월 30일 / 10월 7일 / 10월 9일 / 11월 15일 / 12월 15일

《인연, 이 신비한 것(縁、この不思議なるもの)》

모든 사람을 스승으로 삼아 그 가르침을 배우고 실천해온 마쓰시타 고노스케가 말하는 추억의 인물들.

▶5월 12일 / 5월 15일 / 5월 16일 / 9월 12일 / 10월 6일

《그대에게 뜻은 있는가—마쓰시타 정경숙 숙장 문답집 (君に志はあるか—松下政経塾　塾長問答集)》

21세기를 대하는 뜨거운 마음이 스승 마쓰시타 고노스케와 젊은 학생들 간의 일문일답으로 폭발한다.

▶1월 6일 / 1월 23일

《인생의 마음가짐(人生心得帖)》

자신에게 주어진 천분을 철저하게 살린다. 그 천분을 발견하고, 발휘시키려면 어떻게 해야 하는가? 마쓰시타 고노스케가 자신의 경험을 통해서 말하는 인생 철학.

▶1월 7일 / 2월 28일 / 3월 16일 / 4월 7일 / 5월 2일 / 8월 17일 / 11월 10일 / 11월 14일 / 12월 24일

《인생담의(人生談義)》

92세부터 사망하기 직전까지 《PHP》지에 썼던 에세이. 말년의 감회가 여기에 있다.

▶1월 13일 / 2월 21일 / 3월 14일 / 4월 3일 / 4월 30일 / 5월 9일 / 9월 8일 / 10월 21일 / 11월 12일 / 11월 21일 / 12월 4일 / 12월 19일 / 12월 23일

《마쓰시타 고노스케의 철학(松下幸之助の哲学)》

어지러운 인간의 마음과 사회를 깊이 관찰한 끝에 당도한 번영에의 길을 제시하는 책.

▶11월 27일 / 11월 28일 / 12월 25일

《[복각판]기업의 사회적 책임이란 무엇인가?
([復刻版]企業の社会的責任とは何か?)》

[단행본(PHP연구소)]

1974년 간행 《기업의 사회적 책임이란 무엇인가?》(비매품)를 복간. 단, 본문은 이 책을 《내일의 기업에 무엇이 있는가》(공저, 1975년 간행)에 수록하면서 가필·수정한 것에서 발췌했다.

▶6월 10일 / 12월 22일

《신판 마쓰시타 고노스케 경영회상록 ([新版　松下幸之助経営回想録)》

[공저, 단행본(프레지던트사)]

《프레지던즈》지에 연재한 것(1973년 2월~1974년 1월)을 단행본으로 만든 《〈구〉 마쓰시타 고노스케 경영 회상록(《求》松下幸之助経営回想録)》(다이아몬드타임사, 1974년 간행)에 가필·수정하여 간행한 책.

▶7월 16일

《리더가 될 사람이 알아 두어야 할 것
(リーダーになる人に知っておいてほしいこと)》

[단행본(PHP연구소)]

마쓰시타정경숙 소장 미공개 테이프 약 100시간분에서 엄선하여 편집한 구술서.

▶4월 4일

《사장이 될 사람들이 알아 두어야 할 것
(社長になる人に知っておいてほしいこと)》

[단행본(PHP연구소)]

앞으로 '사장이 될' 사람들이 명심해야 할 것을 마쓰시타 고노스케의 발언에서 엄선하여 정리한 구술서.

▶1월 27일 / 12월 28일

발언집, DVD집, 월간지 외

《마쓰시타 고노스케 발언집(松下幸之助発言集)》

전45권(PHP연구소)

마쓰시타 고노스케의 강연, 강의, 대담, 인터뷰 등의 일부를 글로 재현하고 편집한 것.

▶1월 8일(가도마시 성인식 1967년 1월 15일) / 1월 10일(마쓰시타전기 사원들에게 하는 말 1958년 2월 11일) / 1월 12일(호텔 프라자 사원연수회 1969년 10월 1일) / 2월 11일(마쓰시타전기 사원들에게 하는 말 1958년 6월 18일) / 2월 23일(마쓰시타전기 사원들에게 하는 말 1973년 1월 6일) / 3월 2일(오사카증권연수소 제1기 연수 1962년 4월 9일) / 3월 12일(전국전기통신노동조합 긴키지방본부 간부강좌 1967년 3월 4일) / 3월 23일(마쓰시타전기 사원들에게 하는 말 1973년 1월 6일) / 3월 27일(마쓰모토 세이초(松本清張)와의 대담《문예춘추(文藝春秋)》1968년 12월호) / 3월 29일(마쓰시타전기 사원들에게 하는 말 1961년 8월 7일) / 4월 2일(YPO 〈청년사장회〉 국제사장대학 1983년 4월 12일) / 4월 19일(마쓰시타전기 사원들에게 하는 말 1959년 5월 28일) / 4월 22일(마쓰시타전기 사원들에게 하는 말 1933년 12월 12일) / 4월 24일(마쓰시타전기 사원들에게 하는 말 1946년 10월 2~4일) / 5월 7일(오사카증권연수소 제1기 연수 1962년 4월 9일) / 5월 19일(마쓰시타전기 사원들에게 하는 말 1965년 1월 30일) / 5월 24일(마쓰시타전기 사원들에게 하는 말 1972년 1월 10일) / 5월 25일(마쓰시타전기 사원들에게 하는 말 1958년 9월 1일) / 5월 28일(마쓰시타전기 사원들에게 하는 말 1958년 12월 6일) / 5월 29일(마쓰시타전기 사원들에게 하는 말 1973년 1월 6일) / 6월 2일(마쓰시타전기 사원들에게 하는 말 1959년 9월 28일) / 6월 7일(마쓰시타전기 사원들에게 하는 말 1949년 1월 8일) / 6월 8일(마쓰시타전기 사원들에게 하는 말 1937년 5월 24일) / 6월 17일(마쓰시타전기 사원들에게 하는 말 1946년 1월 15~18일) / 6월 30일(마쓰시타전기 사원들에게 하는 말 1934년 1월 1일) / 7월 6일(마쓰시타전기 사원들에게 하는 말 1978년 10월 19일) / 8월 2일(마쓰시타전기 사원들에게 하는 말 1959년 10월 1일) / 8월 11일(마쓰시타전기 사원들에게 하는 말 1958년 2월 11일) / 8월 19일(마쓰시타전기 사원들에게 하는 말 1946년 1월 15~18일) / 8월 27일(마쓰시타전기 사원들에게 하는 말 1974년 1월 15~18일) / 9월 20일(마쓰시타전기 사원들에게 하는 말 1974년 1월 10일) / 10월 1일(마쓰시타전기 사원들에게 하는 말 1958년 6월 18일) / 10월 4일(마쓰시타전기 사원들에게 하는 말 1961년 8월 7일) / 10월 15일(오사카증권연수소 제1기 연수 1962년 4월 9일) / 11월 1일(《매니지먼트》1979년 8월호) / 11월 4일(마쓰시타전기 사원들에게 하는 말 1959년 9월 28일) / 11월 5일(《주니치신문》1973년 11월 2일자) / 11월 18일(마쓰시타전기 사원들에게 하는 말 1960년 1월 10일) / 12월 7일(와세다대학 특별강연회 1961년 6월 7일) / 12월 13일(마쓰시타전기 사원들에게 하는 말 1955년 5월 3일) / 12월 14일(마쓰시타전기 사원들에게 하는 말 1950년 7월 17일) / 12월 20일(마쓰시타전기 사원들에게 하는 말 1941년 3월 31일)

《마쓰시타 고노스케 경영백화(松下幸之助　経営百話)》

전10권 [카세트테이프, CD, DVD(모두 PHP연구소)]

마쓰시타 고노스케의 강의, 강연을 수록한 테이프 중에서 경영에 관한 100가
지 이야기를 발췌, 편집한 것.

▶7월 5일(마쓰시타전기 사원들에게 하는 말 1976년 1월 15일)

월간지 《PHP》

(PHP연구소)

1947년에 창간한 활동기관지. 매달 10일 발행.

▶3월 19일(1984년 10월호) / 3월 24일(1984년 4월호) / 4월 17일(1984년 3월호) / 5
월 26일(1984년 4월호) / 6월 6일(1966년 12월호) / 7월 13일(1978년 5월호) / 8월 15일
(1967년 11월호)

《쇼후(松風)》

(마쓰시타전기산업)

마쓰시타전기의 사보로서 1954년에 창간.

▶1월 25일(1964년 1월호) / 1월 30일(1960년 6월호) / 1월 31일(1978년 10월호) / 2월
5일(1967년 11월호) / 2월 27일(1964년 2월호) / 2월 29일(1977년 5월호) / 3월 26일
(1964년 2월호) / 8월 18일(1976년 5월호) / 10월 17일(1966년 8월호)

《마쓰시타전기 텐카이타임스(松下電器 店会タイムス)》

(마쓰시타전기산업)

주로 전기제품 전문판매점을 대상으로 발행했던 마쓰시타전기의 정보지.

▶10월 3일

《판매의 마음(販売のこころ)》

(마쓰시타전기산업)

마쓰시타전기 창업 50주년 기념으로 간행. 당시(1968년)의 전지사업본부가
편집.

▶4월 11일

거부의 생각들 : 마쓰시타 고노스케 운명을 살리는 가르침 365 *PHP연구소 편*

초판 1쇄 발행	2026년 2월 2일

지은이	마쓰시타 고노스케
옮긴이	김진희

펴낸이	송서림
편집	차민정
디자인	이소현
마케팅	송서림
본문사진	카이즈카 유타카

펴낸 곳	시그니스
주소	서울 영등포구 당산로 41길 11, SK V1 center W동 1504호
홈페이지	https://signisbook.com/
ISBN	979-11-94347-17-0 (03190)